사
명
자
반

믿음이란 한 알의 밀알이 땅에 떨어져 죽음으로 많은 열매를 맺음과 같이 진리의 열매를 위하여 스스로 죽는 것을 뜻합니다. 눈으로 볼 수는 없으나 영원히 살아 있는 진리와 목숨을 맞바꾸는 자들을 우리는 믿는 이라고 부릅니다. 「믿음의 글들」은 평생, 혹은 가장 귀한 순간에 진리를 위하여 죽거나 죽기를 결단하는 참 믿는 이들의, 참 믿는 이들을 위한, 참 믿음의 글들입니다.

사명자 반

복음을 삶으로 행동으로
이재철 지음

홍성사

책을 열며

피리는 소리가 되기 위해 존재한다. 설령 금으로 만들어진 피리여도 사람의 숨을 청아한 소리로 바꾸어 줄 수 없다면, 그것은 피리가 아니다. 연주가의 능력은 연주를 통해 드러난다. 연주 이외에 연주자의 능력을 확인할 길은 없다. 화가의 재능도 그가 그린 그림으로만 알 수 있다. 그리스도인의 믿음도 이와 같다. 그리스도인의 믿음은 삶이라는 피리, 인생이라는 연주, 일생이라는 화판을 통해 드러난다. 믿음과 삶은 결코 분리되지 않는다.

신약성경 첫머리의 복음서는 사도행전으로 이어진다. 사도행전의 헬라어 제목 '프락세이스 아포스톨론 πράξεις ἀποστόλων'을 정확하게 번역하면 '사도들의 행함들'이다. 사도들의 일시적이거나 한순간의 행동이 아니라, 그들의 삶이라는 의미다. 왜 복음서 다음에 사도들의 삶인가? 그들이 믿고 영접한 예수 그리스도의 복음이 그들의 삶을 통해 드러났기 때문이다. 그들의 삶—그들의 '행함들'이 복음을 입증하는 피리요, 연주요, 화판이었다. 사도행전이 없다면, 우리가 알고 있는 사도들은 아예 존재하지도 않을 것이다. 사도들은 이처럼 삶으로 복음을 입증한 사명자들이었기에,

사도행전은 곧 사명자행전이다.

사명자행전은 2천 년 전에 종결되지 않았다. 그리스도인이 된다는 것은, 예수 그리스도의 복음을 입증하는 사명자로 살아가는 것을 의미한다. 그러므로 그리스도인들이 삶으로 복음을 엮어 가는 사명자행전은 주님 오시는 날까지 중단 없이 계속될 것이다. 공동묘지에서 한 줌의 흙으로 끝나 버릴 허망한 삶을 벗어던지고 예수 그리스도 안에서 새로운 삶을 시작하는《새신자반》이, 믿음의 깊이와 넓이와 높이를 더하는《성숙자반》을 거쳐, 복음을 삶으로 입증하는《사명자반》에서 끝나는 이유가 여기에 있다. 이 책을 읽는 분들의 삶이 사명자행전으로 엮어지는 복음의 피리, 복음의 연주, 복음의 화판이 될 수 있다면, 그것은 전적으로 주님의 공로요 주님의 은혜다.

2013년 7월 24일

차례

책을 열며 4

1 믿음의 재정립 9
2 사명자란 43
3 사명자의 조건 79
4 복음과 사명자행전의 연결고리 I 113
5 복음과 사명자행전의 연결고리 II 145
6 복음과 사명자행전의 연결고리 III 179
7 사명자 노아 217
8 사명자 모세 253
9 사명자 예수님 289
10 그날이 오면 323

책을 닫으며 358

일러두기

* 본문에 인용한 성경구절은 개역개정판 성경을, 찬송가는 새찬송가를 따랐습니다.

1 믿음의 재정립

에베소서 4장 15절
오직 사랑 안에서 참된 것을 하여 범사에 그에게까지 자랄지라 그는 머리니 곧 그리스도라 우리는 주님을 믿는 그리스도인이다. 주님을 믿는 그리스도인이 아니라면 내가 이 책을 쓸 이유도, 그대가 이 책을 읽을 까닭도 없다. 그러나 그대에게 한 가지 물어보자. 믿음이란 무엇인가? 왜 똑같이 주님을 믿는다면서도 교회마다 크고 작은 내홍(內訌)을 겪고 있는가? 주님을 믿는 그리스도인이라면 세상의 빛이요 본이 되어야 마땅하겠건만, 왜 도리어 세상이 주님을 믿는 사람들의 모임인 교회를 걱정하고 있는가? 우리 믿음의 대상인 주님께 문제가 있기 때문인가? 그것이 아니라면, 문제는 우리 자신의 믿음에 있음이 분명하다. 대체 믿음은 무엇이고, 우리의 믿음에는 무엇이 잘못되어 있는가?

다음은 주님의 '과부와 재판장 비유'이다.

예수께서 그들에게 항상 기도하고 낙심하지 말아야 할 것을 비유로 말씀하여 이르시되 어떤 도시에 하나님을 두려워하지 않고 사람을 무시하는 한 재판장이 있는데 그 도시에 한 과부가 있어 자주 그에게 가서 내 원수에 대한 나의 원한을 풀어 주소서 하되 그가 얼마 동안 듣지 아니하다가 후에 속으로 생각하되 내가 하나님을 두려워하지 않고 사람을 무시하나 이 과부가 나를 번거롭게 하니 내가 그 원한을 풀어 주리라 그렇지 않으면 늘 와서 나를 괴롭게 하리라 하였느니라 주께서 또 이르시되 불의한 재판장이 말한 것을 들으라 하물며 하나님께서 그 밤낮 부르짖는 택하신 자들의 원한을 풀어 주지 아니하시겠느냐 그들에게 오래 참으시겠느냐 내가 너희에게 이르노니 속히 그 원한을 풀어 주시리라 그러나 인자가 올 때에 세상에서 믿음을 보겠느냐 하시니라(눅 18:1-8)

항상 기도하라는 주님의 비유의 말씀이다. 한 도시에 불의한 재판장이 살고 있었다. 불의한 재판장은 뇌물을 받고 판결을 굽게 하는 사람이다. 돈 없고 가련한 과부의 원한과 관련된 재판을 그가 공정하게 진행할 리가 없었다. 과부는 자주 재판장을 찾아가 자신의 억울함을 탄원하였다. 처음에는 과부를 거들떠보지도 않던 재판장이었지만, 나중에는 번거로움을 피하기 위해 과부의 원한을 풀어 주었다. 불의한 재판장도 그러하다면, 하나님께서는 밤낮 부르짖는 자녀들의 원한을 더 속히 풀어 주시지 않겠느냐는 내용이다. 그래서 이 비유는 기도회에서 단골로 인용되고 있고, 그리스도인들은 이 말씀을 붙들고 자신의 원하는 바를 위해 열심히 기도한다.

그러나 중요한 사실은 주님의 비유가 그 내용만으로 끝나지 않았다는 것이다. 주님의 비유는 "그러나 인자가 올 때에 세상에서 믿음을 보겠느냐?"는 반문으로 끝났다. 우리 주위를 둘러보라. 기도를 통해 자신이 원하는 것을 이루는 것이 믿음이라 굳게 믿고 있는 사람들이 얼마나 많은가? 거의 대부분의 그리스도인이 믿음을 그렇게 이해하고 있지 않은가? 과거에도 그랬고, 현재에도 그렇고, 미래에도 그러할 것이다. 그럼에도 주님께서 "인자가 올 때에 세상에서 믿음을 보겠느냐?"고 반문하신 것은 무슨 의미인가? 자신이 원하는 것만을 성취하려는 것은 참된 믿음이 아니라는 말이다. 그것은 믿음의 보편적인 출발점일 수는 있으나 성경이 지향하는 믿음의 종착역일 수는 없다. 자기 소원을 성취하는 것이 믿음이라면, 그 믿음은 타종교와 무슨 차이가 있을 수 있겠는가? 심지어 무당을 찾아가 굿을 하는 것도 자기 소원을 이루기 위함이 아닌가? 주님께서 당신 자신을 십자가의 제물로 내어놓으시기까지 우리에게 주시려 한 믿음이 과연 그런 믿음이었던가?

　그리스도인의 믿음은 삼위일체 하나님에 대한 앎이 삶으로 연결되는 전 과정을 포함한다. 그리스도인의 믿음이 구체성을 결여할 수 없는 까닭이 이것이다. 그러므로 참되고 성숙한 믿음을 위해서는 추상적인 용어인 '믿음'을 구체적인 단어로 재정립하는 노력을 지속하지 않으면 안 된다. 그렇지 않을 경우 우리의 믿음은 현실과 동떨어진 공허한 이론 혹은 도피책으로 전락하거나, 자기 소원 성취를 믿음으로 착각하는 기복주의에서 벗어나지 못한다. 《성숙자반》에서 그랬던 것처럼, 《사명자반》 역시 '믿음'을 새로운 단어로 재정립하는 것으로부터 시작하는 이유가 여기에 있다. 누구든지 일평생 사명자로 살아가기 위해서는 성경이 요구하는 바른 믿음을 먼저 지녀야 하기 때문이다.

믿음은 '구도'다

다음은 우리가 잘 알고 있는 요한복음 1장 말씀이다.

태초에 말씀이 계시니라 이 말씀이 하나님과 함께 계셨으니 이 말씀은 곧 하나님이시니라(1절)

말씀이 육신이 되어 우리 가운데 거하시매 우리가 그의 영광을 보니 아버지의 독생자의 영광이요 은혜와 진리가 충만하더라(14절)

하나님께서 말씀이시고, 그 말씀이 육신을 입고 이 땅에 오신 분이 하나님의 독생자이신 예수님이시다. 한국 개신교 최초의 신약성경은 1887년 만주 봉천(지금의 심양)에서 출간된 《예수성교전서聖敎全書》이다. 로스 J. Ross 선교사가 번역 작업을 주도했다고 해서 '로스역 성경'이라고도 불린다. 그 성경은 위의 두 구절을 다음과 같이 번역하였다.

처음에 도道가 있되 도가 하나님과 함께하니 도는 곧 하나님이라

대저 도가 육신을 입어 넉넉히 은총과 진리로 우리 사이에 거하여 우리가 그 영화를 본 것이 아버지가 낳은 외아들의 영화와 같으니라

최초의 신약성경은 '말씀'을 '도'로 번역하였다. '도'의 사전적인 의미는 '마땅히 지켜야 할 도리', '종교적으로 깊이 깨달은 이치 또는 그런 경

지'를 뜻한다. 한자로는 '길 도道'이다. 참으로 탁월한 번역이다. 헬라어 '로고스λόγος'를 '말씀'으로 옮긴 것도 원문에 충실한 훌륭한 번역이기는 하지만, 자식에게는 부모의 말도 '말씀'이고 부하직원에게는 상사의 '말'도 '말씀'이다. 목사의 설교도 '말씀'이라면서, 교인들은 거리낌 없이 '우리 목사님 말씀이 좋다'고 말하기도 한다. 이처럼 '말씀'이라는 단어는 우리의 삶에서 너무나도 흔하게 사용되는 탓에 그 단어만의 유일성 혹은 구별성을 찾기가 쉽지 않다. 그러나 '도'는 다르다. 누구든 '도'라 하면 일단 숙연함을 느낀다. 그 단어가 지니는 유일성과 구별성 때문이다. 개역개정판 성경은 '말씀'으로 바꾸었지만, 얼마 전까지 우리가 사용하던 개역한글판 성경 역시 '로고스'를 '도'라고 번역한 곳들이 있었다.

> 때에 스데반의 일로 일어난 환난을 인하여 흩어진 자들이 베니게와 구브로와 안디옥까지 이르러 도를 유대인에게만 전하는데(행 11:19)

> 도를 버가에서 전하고 앗달리아로 내려가서(행 14:25)

대한성서공회 총무를 역임한 민영진 박사님의 지적처럼, 나 역시 한글 성경이 원래 '도'라 번역했던 '로고스'를 일률적으로 '말씀'이라 바꾼 것을 무척 아쉽게 생각한다. '말씀'보다 '도'란 단어의 깊이가 훨씬 더 깊다. '말씀'을 좇는다는 것과 '도'를 좇는다는 것은 마음가짐부터 달라지게 한다.

예수 그리스도를 믿는다는 것은 예수 그리스도의 '도'를 좇는 '도인道人' 혹은 '구도자求道者'가 되는 것이다. 세상 사람들과 똑같이 살아서는

1. 믿음의 재정립 15

'도인'이나 '구도자'가 될 수 없다. 그리스도인이 세상으로부터 구별된 사람이라면, 참된 그리스도인은 반드시 '도인' 혹은 '구도자'가 되지 않으면 안 된다. '구도'라고 해서 도가 어디 있는지 찾기 위해 방황하는 구도가 아니다. 하나님께서 성경을 통해 계시해 주신 그 '도', 예수 그리스도를 통해 직접 보여 주신 그 '도'를 좇는다는 의미에서 '구도'이기에, 오히려 인간의 방황을 종식시켜 주는 확고하고도 분명한 '구도'다. 특히 그리스도인 스스로 복음을 전하는 것을 '전도傳道'라 한다. '전도'는 '도'를 전하는 것이다. 전도가 그리스도인이 주님으로부터 부여받은 지상명령이라면, 그리스도인이 먼저 그 '도'를 좇는 '도인' 혹은 '구도자'가 되지 않고 과연 전도가 가능할 수 있겠는가?

구약의 출애굽기는 이스라엘 백성이 이집트의 노예살이에서 해방된 역사를 담은 기록이다. 영적으로 이집트는 죄와 죽음의 상징이다. 그러므로 이집트로부터의 해방은 인간의 방종을 위함이 아니었다. 그 해방은 하나님의 언약의 땅인 가나안, 다시 말해 하나님의 약속의 말씀인 '도'를 향한 출발점이었다. 그러나 출애굽 1세대는 그 '도'를 좇지 않았다. 그들은 육체의 욕망을 좇아 틈만 나면 이집트로 되돌아가려다가 광야에서 한줌의 흙으로 허망하게 사라져 버리고 말았다. 출애굽 1세대 중에서 언약의 땅인 가나안에 입성한 사람은 갈렙과 여호수아뿐이었다. 그들만 약속의 말씀, 그 '도'를 좇는 '도인'이요 '구도자'였던 것이다.

근래 한국 개신교 신자 수는 감소한 반면 가톨릭 신자는 증가하였다. 그동안 개신교에서 가톨릭으로 개종한 사람도 적지 않다. 꽤 오래 전 〈이코노미스트〉 기자가 개신교에서 가톨릭으로 개종한 신자들을 집중 인터뷰하여 특집기사로 보도한 적이 있었다. 그는 개종자들의 공통적인 개종 이유를 두 단어로 정리하였다. '명품성'과 '접근성'이었다. 즉 개종자들은 개신교에서는 맛볼 수 없었던 '명품성'을 가톨릭에서 맛보았다는 것이다. 개신교와는 달리 엄숙한 느낌을 주는 성당 구조와 경건한 미사 분위기는 2천 년 동안 이어져 온 가톨릭의 명품성을 체험케 해주었다는 것이다. 그러나 아무리 명품이라도 접근성이 떨어지면 그림의 떡에 지나지 않는다. 백화점 명품 코너에 명품이 즐비해도 내 주머니에 돈이 없으면 나와는 아무런 상관이 없다. 가톨릭은 명품성을 지니고 있으면서도 너무나도 쉽게 접근할 수 있는 '접근성'도 지니고 있어 편한 마음으로 개종할 수 있었다는 것이다. 이상과 같은 주장은, 거꾸로 가톨릭에서 개신교로 개종하는 사람도 적지 않기에 절대적일 수는 없다. 내가 목회하는 100주년기념교회만도 매년 10여 명 이상의 가톨릭 신자들이 개종하여 입교한다. 그러나 〈이코노미스트〉 기자가 주장한 가톨릭의 '명품성'과 '접근성'이 개신교가 결여하고 있는 '구도성'의 문제가 아닌지는 깊이 생각해 볼 필요가 있다. 대부분의 개신교 행사나 집회는 너무나도 요란스러워 언제나 속빈 깡통처럼 보인다. 공허할 정도로 외향적이기만 한 그런 행사나 집회를 통해서는 내공을 얻거나 키울 수 없다.

　　WCC(세계교회협의회)는 진보적인 단체인 반면에 그 대척점에 있는 WEA(세계복음주의연맹)는 보수적인 단체다. 이질적인 신앙관과 성향상 그 두 단체가 한목소리를 내는 것은 쉽지 않다. 거기에 로마가톨릭교회의 교황청까지 가세하여 같은 목소리를 낸다는 것은 사실상 불가능한 일처럼 여겨진다. 그러나 2011년 6월 28일 WCC, WEA, 교황청 대표가 스위스 제네바에 소재한 WCC 본부에서 회동하여 '다종교 세계에서의 기독교 증거 Christian Witness in a Multi-Religious World'를 발표하였다. 2천 년 기독교 역사상 교황청과 개신교 진보진영 및 보수진영이 공동으로 집필하고 채택한 최초의 문서로서, 무려 5년에 걸친 논의 끝에 빛을 본 문서다. 그 문서는 다종교 세계 속에서 복음 전도의 사명을 지닌 기독교인이 당연히 지켜야 할 열두 가지의 실천 원칙을 명시하고 있다. 이를테면 '하나님 사랑 실천', '예수 그리스도를 모델 삼는 삶 실천', '도덕성, 성실, 자비, 연민, 겸손으로 행동', '섬김과 정의 실천', '폭력의 배제', '상호 존중과 협력', '모든 사람들에 대한 존중', '거짓 증거의 철폐', '타종교 간의 관계 증진' 등이다. 그리스도인이라면 이 세상 속에서 적어도 이렇게 살아야 한다는 데 대해서는 신·구교, 진보·보수를 막론하고 의견의 일치를 본 것이다. 그렇다면 생각해 보라. 그대가 '도인' 혹은 '구도자'가 되지 않고서는 그리스도인으로서 그대에게 과연 이런 삶이 가능할 수 있겠는가?

그대가 일평생 주님을 좇는 사명자로 살아가기 원한다면 그대는 먼저 '구도자'가 되어야 한다. 태초에 '도'가 계셨고, 그 '도'가 육신을 입고 이 땅에 오신 분이 그대가 좇는 주님이시기 때문이다.

믿음은 '탈화'다

모세가 그의 장인 미디안 제사장 이드로의 양 떼를 치더니 그 떼를 광야 서쪽으로 인도하여 하나님의 산 호렙에 이르매 여호와의 사자가 떨기나무 가운데로부터 나오는 불꽃 안에서 그에게 나타나시니라 그가 보니 떨기나무에 불이 붙었으나 그 떨기나무가 사라지지 아니하는지라 이에 모세가 이르되 내가 돌이켜 가서 이 큰 광경을 보리라 떨기나무가 어찌하여 타지 아니하는고 하니 그때에 여호와께서 그가 보려고 돌이켜 오는 것을 보신지라 하나님이 떨기나무 가운데서 그를 불러 이르시되 모세야 모세야 하시매 그가 이르되 내가 여기 있나이다 하나님이 이르시되 이리로 가까이 오지 말라 네가 선 곳은 거룩한 땅이니 네 발에서 신을 벗으라(출 3:1-5)

모세가 하나님의 소명을 받는 장면이다. 그때 하나님께서 모세에게 처음 내리신 명령이 '탈화脫靴', 즉 '신을 벗으라'는 것이었다. 여호수아 5장 15절에 의하면 여호수아가 요단 강을 건너 약속의 땅 가나안에 입성하였을 때, 하나님께서 당신의 군대 대장을 시켜 여호수아에게 가장 먼저 요구하신 것도 '신을 벗으라'는 것이었다. 하나님께서 왜 겉옷이나 허리띠가 아니라 하필이면 신을 벗으라 하시는가?

사람이 죽으면 유족들이 고인의 유품을 정리한다. 그때 유족들의 가슴을 가장 저미게 하는 것은 고인이 신던 신이다. 왜 그럴까? 아들이 군에 입대하면, 군에서는 아들이 입고 간 옷과 소지품 등을 상자에 넣어 집으로 보내 준다. 그때 어머니의 눈시울을 가장 뜨겁게 만드는 것도 상자에서 나온 아들의 신발이다. 왜 사람의 신은 그 신을 신던 사람과 이처럼 일체감을 느끼게 할까? 사람의 몸에 착용하는 것 중에 사람의 전신을 수용하고도 형태를 그대로 유지하는 것은 신뿐이다. 윗도리는 사람의 상체만을 위한 옷이다. 그리고 옷을 벗는 순간 상체의 입체적인 형태는 꺼져 버린다. 하체에 착용하는 바지나 양말도 마찬가지다. 머리에 쓰는 모자는 벗어도 형태는 유지되지만, 위치가 머리 위에서 벽이나 바닥으로 바뀐다. 그러나 신체의 한 부분이 아니라 머리끝에서부터 발끝까지 사람의 전 존재를 수용하는 신은, 신을 벗어도 형태도 변치 않고 위치도 언제나 바닥 그대로이다. 사람의 신이 그 신을 신던 사람의 전 존재와 완전 일체감을 느끼게 해주는 이유가 여기에 있다.

하나님께서 모세에게 신을 벗으라고 명령하신 것은 단순히 거룩한 땅을 더럽히지 말라는 말이 아니었다. 당신 앞에서 전 존재를 일단 멈추고 비우라는 의미였다. 믿음은 멈춤으로부터 시작한다. 자기 욕망을 좇던 발걸음을 멈추지 않고서는 새로운 믿음의 삶이 시작될 수 없다. 그 멈춤은 휴식을 위한 멈춤이 아니라, 비움을 위한 멈춤이다. 하나님 앞에서 멈추어 서서 나의 생각, 나의 이상, 나의 꿈, 나의 판단, 나의 집착을 버리는 것이다. 이것은 빈 깡통으로 살라는 말이 아니다. 하나님께서 우리에게 전 존재를 멈추고 비우라 명령하시는 것은 당신의 것들로 채워 주시기 위함이다.

그래서 그리스도인의 자기 멈춤과 자기 비움은 자신의 의義가 될 수 없다. 그리스도인이 자기 멈춤과 자기 비움을 행할 수 있는 것은, 하나님께서 당신의 것들로 채워 주시기 위해 먼저 찾아와 주셨기에 비로소 가능하다. 모세가 스스로 '탈화'했기에 하나님께서 부르신 것이 아니라, 하나님께서 먼저 그를 찾아와 주셨기에 그는 평소 생각지도 않았던 전 존재의 '탈화'를 실행할 수 있었다. 모세가 하나님 앞에서 '탈화'하기 전까지 그는 미디안 광야의 미래 없는 팔십 노인 양치기에 지나지 않았지만, 하나님 앞에서 '탈화'하고 하나님의 것들로 채움 받은 뒤 다시 신을 신었을 때, 그는 위대한 출애굽의 지도자가 되었다. 똑같은 신이지만 하나님 앞에서 '탈화'한 뒤의 신은 그 이전의 신과 의미가 전혀 달랐다. 하나님의 것들로 채움 받은 그의 전 존재가 새로워졌기 때문이다.

믿음은 그대를 먼저 찾아오신 주님 앞에서 그대가 '탈화', 신을 벗는 것이다. 자기 멈춤과 자기 비움을 통한 채움 받음을 위한 '탈화'다. 그래서 사명자의 삶도, '구도자'의 삶도, 그대의 신을 벗는 것으로부터 시작한다.

믿음은 '여백'이다

> 안식 후 첫날 새벽에 이 여자들이 그 준비한 향품을 가지고 무덤에 가서 돌이 무덤에서 굴려 옮겨진 것을 보고 들어가니 주 예수의 시체가 보이지 아니하더라(눅 24:1-3)

우리나라에서는 사람이 죽으면 땅 속에 매장하지만, 우리와는 기후와 자연조건이 전혀 다른 이스라엘에서는 죽은 사람의 시신을 자연동굴이나 인조동굴 속에 안치하였다. 따라서 동굴의 돌문만 제치면 누구나 무덤 속에 들어갈 수 있었다. 예수님께서 십자가에 못박혀 돌아가신 지 사흘째 되는 날 새벽이었다. 예수님을 흠모하던 여인들이 유대인들의 전통에 따라 예수님의 시신에 향품을 발라 드리기 위해 예수님의 무덤을 찾아갔다. 이상하게도 무덤 동굴을 가리고 있던 돌문이 열려 있었다. 속으로 들어가 보니, 이게 웬일인가? 응당 그곳에 있어야 할 예수님의 시신이 보이지 않았다. 남은 것이라고는 텅 빈 무덤의 '여백'뿐이었다. 예수님께서 부활하시지 못했더라면 그 무덤에는 예수님의 유골이 자리 잡고 있었을 것이다. 그러나 예수님께서 부활하셨기에 그 '여백'은 부활의 증거인 동시에, 부활하신 주님께서 역사하시는 섭리의 공간이었다. 믿음은 하나님 앞에서 그대의 전 존재를 한번 멈추고 비워 채움 받는 것으로 그치는 단발성 이벤트가 아니다. 믿음은, 부활하신 주님께서 그대 삶의 모든 영역에 걸쳐 마음껏 역사하시게끔 그대의 일평생을 주님께 계속 '여백'으로 내어 드리는 것이다. 그때 주님께서 그 '여백'에 그대가 상상할 수도 없던 주님의 섭리를 펼치신다.

2011년 2월 나는 두바이미션페스티벌에 참석하였다. 두바이미션페스티벌은 신철범 목사님이 담임하는 두바이한인교회가 매년 이슬람권 선교사님들과 그 가족들을 초청하여 영적 충전과 안식을 제공하는 특별집회다. 필요한 경비는 두바이한인교회가 전액 부담한다. 2011년에도 참석자가 100명이 넘었는데, 미션페스티벌 기간 내내 내게는 남다른 감회가 있었다.

1994년 당시 주님의교회를 목회하던 나는 젊은 여성으로부터 편지를 받았다. 그녀는 두 어린아이의 엄마였고, 남편은 내가 나온 신대원을 졸업한 전도사였다. 하지만 남편은 신대원을 졸업하고서도 어느 교회에서도 전임은 고사하고 파트타임 전도사 자리도 얻을 수 없었다. 그 부부의 두 번째 아이가 뇌성마비를 앓았기 때문이다. 남편은 여러 교회에 이력서를 제출했지만, 그때마다 복을 받지 못하고 태어난 아이를 둔 전도사는 교인들에게 덕이 되지 않는다는 이유로 거절당했다. 뇌성마비 아들을 둔 것만으로 가슴이 아픈데, 그 아들로 인해 사역지마저 얻을 수 없었으니 그 젊은 부부의 괴로움이 얼마나 컸겠는가? 그러다가 어느 날 부인이 《새신자반》에서 사도 요한의 마리아 봉양에 대한 내용을 읽었다. 요한은 예수님의 명령에 따라 예수님의 모친 마리아가 세상을 떠날 때까지 마리아를 봉양하였다. 다른 제자들이 초대교회의 위대한 지도자로 승승장구할 때 요한은 오직 마리아 봉양하는 일에 자신의 생을 바쳤다. 그에게 왜 번민이 없었으며 고통이 없었겠는가? 그러나 요한은 그것이 주님의 명령이었기에 노인이 되기까지 순종했다. 그리고 오랜 세월에 걸친 마리아 봉양을 통해 요한이 하나님의 사랑과 인간의 삶에 대한 깊은 통찰력을 지니게 되었을 때, 주님께서는 요한으로 하여금 요한복음과 요한1서, 2서, 3서, 그리고 요한계시록을 쓰게 하셨다. 요한의 마리아 봉양은 주님께서 요한에게 내리신 크나큰 은총이었던 것이다. 그 부인이 《새신자반》에서 이 내용을 읽고 보니 뇌성마비 아들은 짐이 아니라, 주님께서 남편과 자신에게 주신 소중한 선물인 동시에 큰 은혜였다. 그 사실을 깨닫고 나니 세상이 새롭게 보였고, 절망적인 현실 속에서도 미래에 대한 소망을 품게 되었다. 그 사실이 너무나도 감사하여 《새신자반》의 저자인 내게 감사의 편지를 보낸 것이었다.

나는 그녀의 편지를 읽고 먼저 한국 교회에 분노를 느꼈다. 뇌성마비 아들을 둔 교역자를 감싸 주어야 할 교회들이, 오히려 복을 받지 못한 가정이라 득이 되지 않는다고 외면했다는 사실에 대한 분노였다. 물론 다 그런 것은 아니었지만, 1990년대 초까지만 해도 한국 교회에는 장애인은 저주받은 사람이라는 편견이 팽배해 있었다. 나는 그 젊은 부인에게 답장을 보내, 그녀의 남편인 전도사님을 만났다. 그리고 당시 내가 목회하던 주님의교회에서 함께 전임으로 사역할 것을 제의하였다. 그는 뜻밖의 제의에 진심으로 감사해하면서도 정중하게 사양하였다. 나의 연락을 받기 직전에 신대원 졸업 후 처음으로 드디어 모 교회로부터 파트타임 교육전도사로 일하라는 허락을 받았기에, 비록 파트타임일망정 먼저 자신을 불러 준 교회와의 약속을 지켜야겠다는 것이었다. 파트타임 교역자들은 전임 사역의 기회가 오면, 파트타임으로 사역하는 교회의 양해하에 연중에라도 사역지를 옮기는 것이 일반적인 관례다. 그만큼 전임 사역지를 얻기가 어려운 까닭이다. 그 전도사님은 뇌성마비 아들을 두었다는 이유로 죄인 아닌 죄인이 되어 그동안 전임 사역지를 얻을 수 없는 처지였다. 비록 파트타임 교육전도사직을 얻었다고는 하나 시기적으로 나의 제의를 받기 직전이었다. 따라서 파트타임과 관련한 자신의 약속을 번복하고 나의 제의를 받아들인다고 해도 그를 비난할 사람은 없었다. 그럼에도 전임사역 제의를 마다하고 파트타임에 대한 자신의 약속을 지키겠다는 그 청년이 참으로 귀하게 보였다. 나는 그 청년의 뜻을 존중하면서 그의 존재를 내 마음속에 새겨 두었다. 그리고 1년이 지난 뒤 나는 다시 그를 만나, 1년 동안 파트타임 교육전도사 약속을 지켰으니 이듬해부터는 주님의교회에서 나와 함께 동역할 것을 재차 제의했다. 그는 이번에는 나의 제의에 흔쾌히 동의했고, 1996년부터 주님의교회에서 전임으로 사역하기 시작했다.

1998년 주님의교회에서 10년의 임기를 끝낸 나는 3년 동안 제네바한인교회를 섬긴 뒤 2001년 가을에 귀국하였다. 그리고 교회 분열의 아픔을 겪고 있던 두바이한인교회의 요청으로, 두바이를 두 차례 방문하여 그곳 교우님들을 주님의 말씀으로 위로하고 격려해 드렸다. 그때까지 한국인에게 두바이는 생소한 도시였고, 두바이한인교회는 크지 않은 공동체였다. 해가 바뀌어 2002년이 되자 두바이한인교회는 내게 목회자를 보내 줄 것을 요청했다. 내가 보내 드리는 목회자를 중심으로 교인들이 한마음이 되어 교회를 재건하겠다는 것이었다. 마침 그때, 앞에서 언급한 청년 목회자가 주님의교회에서 6년 사역을 마친 뒤 6개월 기한의 안식월 중이었다. 당시 주님의교회 부목사님들의 임기는 6년이었고, 안식월이 끝나면 교회를 떠나게 되어 있었다. 나는 그 청년 목회자를 두바이한인교회에 천거했고, 그는 두바이가 지구 어느 곳에 위치해 있는지도 알지 못한 채 가족들과 함께 두바이로 갔다. 그가 현재 두바이한인교회 담임인 신철범 목사님이다. 그 이후 두바이는 전 세계인의 이목을 끄는 세계적인 경제 및 관광도시로 비약적인 발전을 거듭했고, 주재원들과 교민들의 급증으로 출석 교인이 천 명을 넘는 두바이한인교회는 전 세계에 산재해 있는 한인 교회 가운데 이슬람권 선교의 최선봉장 역할을 감당하고 있다. 그러니 2011년 두바이미션페스티벌에 참석한 나의 감회가 어찌 남다르지 않았겠는가?

이제 한번 생각해 보자. 1994년 젊은 신철범 전도사님의 아내가 내게 편지를 써 보내지 않았던들, 과연 오늘날의 두바이한인교회와 그 교회 담임인 신철범 목사님이 있을 수 있겠는가? 1994년 그 젊은 부인이 《새신자반》을 읽고 주님의 사랑과 은혜를 깨닫게 되었음을 감사하기 위해 내게 편지를 쓸 때까지만 해도, 자신의 편지가 지금까지 언급한 것과 같은 주님의 신비스러운 섭리로 이어지리라는 것을 상상인들 했겠는가? 그럼에도 만약 앞으로 그 부부가 스스로 자기 인생의 주인이 되려 한다면 그보다 더 어리석은 일이 있겠는가? 지난 세월 동안 자신들의 삶 속에서 한 치의 오차도 없이 일어났던 주님의 섭리를 잊지 않는 한, 그 부부는 자신들의 남은 여생도 자발적으로 주님 앞에 '여백'으로 내어놓지 않겠는가?

믿음은 그대의 수준으로 주님을 끌어내리는 것이 아니다. 믿음은 주님 앞에서 그대가 '여백'이 되는 것이다. 그것은 그대의 '여백'에 당신의 섭리를 펼치실 주님의 수준으로 그대를 끌어올리는 길이다.

믿음은 '안경'이다

> 우리가 주목하는 것은 보이는 것이 아니요 보이지 않는 것이니 보이는 것은 잠깐이요 보이지 않는 것은 영원함이니라(고후 4:18)

이 세상의 모든 종교는 눈에 보이는 신을 믿는다. 종교마다 신상을 지니고 있는 까닭이다. 그러나 눈에 보이는 형체를 지니고 있다는 것은 이미 시간과 공간의 지배 속에 있다는 말이요, 현재 진행형으로 쇠퇴하며 소멸하고 있다는 뜻이다. 하나님께는 사람의 눈으로 볼 수 있는 형체가 없으시다. 성경을 통해 당신을 계시해 주신 하나님께서는 시간과 공간을 초월하는 영이시다. 만약 하나님께서 영이신 당신을 친히 계시해 주시지 않았더라면, 신은 반드시 눈에 보이는 형체를 지녔다고 믿는 인간 스스로는 영이신 하나님을 결코 알지 못했을 것이다. 그러므로 믿음은 세상의 보이는 것들 너머의 보이지 않는 영이신, 당신의 말씀을 통해 당신을 계시해 주신 영원하신 그 하나님을 보기 위한 '안경'이다.

2천 년 전 예수님께서 광야에서 사탄과 대결을 벌이셨다. 우리가 잘 아는 것처럼 사탄은 예수님께 다음과 같은 덫을 던졌다.

> 네가 만일 하나님의 아들이어든 명하여 이 돌들로 떡덩이가 되게 하라(마 4:3)

> 네가 만일 하나님의 아들이어든 뛰어내리라 기록되었으되 그가 너를 위하여 그의 사자들을 명하시니 그들이 손으로 너를 받들어

발이 돌에 부딪치지 않게 하리로다 하였느니라(마 4:6)

만일 내게 엎드려 경배하면 이 모든 것을 네게 주리라(마 4:9)

한마디로 말해 사탄이 예수님께 던진 덫은 모두 세상의 보이는 것들을 추구하고, 또 세상 사람들이 볼 수 있게끔 자신을 과시하며 살라는 것이었다. 이에 대한 예수님의 답변은 다음과 같았다.

기록되었으되 사람이 떡으로만 살 것이 아니요 하나님의 입으로부터 나오는 모든 말씀으로 살 것이라 하였느니라(마 4:4)

또 기록되었으되 주 너의 하나님을 시험하지 말라 하였느니라(마 4:7)

사탄아 물러가라 기록되었으되 주 너의 하나님께 경배하고 다만 그를 섬기라 하였느니라(마 4:10)

예수님의 답변을 한마디로 요약하면, 당신께서는 눈에 보이지 않는 하나님만을 목적으로 삼고 살아가시겠다는 것이었다. 그리고 예수님과 사탄의 대결은, 보이지 않는 하나님만을 추구하신 예수님의 완승으로 끝났다. 이보다 1400년 전에도 이와 똑같은 대결이 있었다. 시내 광야에서였다. 출애굽한 이스라엘 백성과 함께 시내 광야에 진을 친 모세는 시내 산으로 올라갔다. 보이지 않는 영원하신 하나님의 말씀을 받기 위함이었다. 그러나 모세가 다시 내려올 기미가 보이지 않자 이스라엘 백성은 자신들의 금붙이로 금송아지를 만든 뒤, 그 금송아지가 자신들을 이집트의 노예살이에서 해방시켜 준 하나님이라며 경배하였다. 모세가 시내산에서 보이지 않는 영원하신 하나님과 대면하는 동안, 이스라엘 백성은 시내 광야에서 눈에 보이는 금덩이를 하나님으로 경배한 것이다. 그 양자의 영적 대결 역시 보이지 않는 영원하신 하나님만을 목적으로 삼았던 모세의 완승이었다.

인생은 한 치 앞도 내다 볼 수 없다는 의미에서 광야와 같다. 그래서 사탄은, 인생은 아무것도 보이지 않는 광야이므로 확실하게 눈에 보이는 것을 추구하라고 끊임없이 우리를 유혹한다. 하지만 눈에 보이는 것을 목적으로 삼는 한, 보이지 않는 영원하신 하나님과의 관계는 아예 성립될 수 없다. 진정한 믿음의 소유자가 되기 원한다면, 그대는 반드시 하나님을 향한 '안경'을 써야 한다. 말씀과 기도를 통한 경건 훈련의 목적은 모두 이 '안경'을 쓰기 위함이다. 영원하신 하나님을 보기 위한 그 '안경'은 바꾸어 말하면, 하나님의 영원을 보기 위한 '안경'이다. 하나님의 영원 앞에서만 그대는 무엇이 길고 무엇이 짧은지, 무엇을 잡아야 하고 무엇을 버려야 할지, 그 어떤 혼동도 없이 확연하게 구별할 수 있다. 주님을 믿는다면서도 하나님의 영원을 볼 수 있는 '안경'을 쓰지 않는다면, 그대는 눈에 보이는 물질주의와 세속주의로부터 절대로 벗어날 수 없다.

믿음은 '메움'이다

너희가 많이 뿌릴지라도 수확이 적으며 먹을지라도 배부르지 못하며 마실지라도 흡족하지 못하며 입어도 따뜻하지 못하며 일꾼이 삯

을 받아도 그것은 구멍 뚫어진 전대에 넣음이 되느니라(학 1:6)

하나님께서 학개 선지자 시절 유다 백성의 삶을 구멍 뚫어진 전대에 빗대어 말씀하셨다. 구멍 뚫어진 전대에 품삯으로 받은 주화를 아무리 많이 넣어도 새어 버릴 것은 불을 보듯 뻔했다. 그것은 유다 백성의 경제적 상황에 대한 묘사만이었던 것은 아니다. 하나님 보시기에 그들의 심령이 구멍 뚫린 전대처럼 구멍투성이였다. 하나님께서 아무리 당신의 말씀을 주셔도 그 구멍을 통해 말씀이 줄줄 새고 있었던 것이다. 왜 그들의 심령은 구멍투성이였을까?

월드비전 미국 회장인 리처드 스턴스Richard Stearns는 자신의 자전적 이야기를 쓰고 책 제목을 '구멍 난 복음The Hole in Our Gospel'이라고 붙였다. 왜 하필이면 책 제목이 '구멍 난 복음'이었을까? 스턴스의 친구 짐 월리스는 젊은 시절 신학생이었다. 그는 신학교에 다니면서 한 가지 실험을 했다. 성경을 창세기 1장부터 읽으면서 '가난', '부', '정의', '억압'이란 단어가 등장하는 구절마다 밑줄을 쳤다. 무려 2천 구절이 넘었다. 한 페이지당 해당 구절이 평균 한 구절 이상씩 있는 셈이었다. 그다음에는 가위로 밑줄 친 구절들을 모두 성경에서 오려 냈다. 그러자 성경은 구멍투성이인, 너덜너덜한 누더기가 되었다. 그것은 바로 현대 그리스도인들이 지니고 있는 성경의 실제적 모습이었다. 하나님의 말씀 가운데 부담스럽거나 짐이 되는 말씀은 모두 외면한 채, 단지 자기 욕망의 입맛에 맞는 말씀들만을 움켜쥐고 있는 현대 그리스도인들의 성경 말이다. 월리스는 미국의 그리스도인들이 지닌 성경의 실상이 어떤지를 적나라하게 보여 주기 위해 성경을 그렇듯 난도질하는 실험을 한 것이었다. 친구 월리스의 행동에 큰 감명을 받은 스턴스가 자신의 책 제목을 '구멍 난 복음'이라고 붙인 것은, 그동안 자기 입맛대로 성경을 난도질하며 살아온 잘못에 대한 회개인 동시에, 앞으로는 자신이 난도질한 성경의 구멍을 메워 온전한 성경을 지니고 살겠다는 결단의 표시였다.

그대의 성경은 어떤가? 그대 마음대로 난도질하여 구멍투성이인, 누더기 성경인 것은 아닌가? 그렇게 해서야 구멍 뚫린 전대처럼, 하나님의 말씀이 그대의 삶 속에서 모두 새어 버리지 않겠는가? 그리고 당연한 결과로, 그대의 인생 자체가 아무 의미도 없이 매일 줄줄 새지 않겠는가? 믿음은 '메움'이다. 그대가 구멍 냈던 성경을 그대의 삶으로 메워 가는 것이다. 그대의 삶 속에서 주님께서 역사하시도록 그대의 삶을 주님께 '여백'으로 드리는 것도 하나님의 말씀을 좇아 구멍 냈던 성경을 메워 가는 것이요, 하나님의 영원을 보기 위해 '안경'을 쓰는 것도 그 구멍을 메우기 위함이다. 성경의 구멍이 메워질 때 누더기 같은 그대 심령의 구멍도 말씀으로 메워지고, 그 말씀이 그대의 삶 속에서 육화되어 결과적으로 그대 인생의 구멍 역시 메워지는 것이다. 주님 앞에서 다시는 새지 않는 인생보다 더 아름다운 인생이 어디에 있겠는가?

믿음은 '해석'이다

쌍둥이 형 에서가 받아야 할 장자의 축복을 부당하게 탈취한 동생 야곱은, 복수의 칼을 갈고 있는 형을 피해 밧단 아람에 있는 외삼촌 라반의 집으로 도망가야만 했다. 그곳에서 큰 가문을 일군 야곱은 20년 만에 고향인 가나안으로 귀향하였다. 귀향 길에 야곱이 가장 사랑하던 아내 라헬이 아들을 낳다가 난산 끝에 그만 목숨을 잃고 만다.

그가 죽게 되어 그의 혼이 떠나려 할 때에 아들의 이름을 베노니라 불렀으나 그의 아버지는 그를 베냐민이라 불렀더라(창 35:18)

라헬은 운명하면서, 자신의 태에서 막 태어난 핏덩이 아들의 이름을 '베노니'라 지어 주었다. '슬픔의 아들'이라는 의미였다. 태어나는 순간부터 어미를 잃고 생모의 젖을 빨 수 없게 되었으니 그 얼마나 슬픈 아들인가? 그러나 그 말을 들은 야곱은 즉시 아이의 이름을 '베냐민'으로 고쳐 주었다. '오른손의 아들'이라는 의미였다. 성경에서 '오른손' 혹은 '오른편'은 '탁월', '능력'을 상징한다. 그렇다면 '오른손의 아들'이라 할 때, 그 '오른손'은 누구의 오른손이겠는가? 두말할 것도 없이 하나님의 오른손이다. 태어나자마자 어미를 잃는 핏덩이 아들을 보는 어미 라헬과 아비 야곱의 '해석'은 이처럼 판이하게 달랐다. 라헬은 자기 아들을 단지 어미 잃은 슬픈 아들로 '해석'한 반면, 야곱은 똑같은 아들을 두고 하나님의 오른손에 사로잡힌 능력의 아들로 '해석'하였다. 믿음은 '해석'이다. 어떻게 '해석'하느냐에 따라 과정과 결과는 이렇게 달라진다. 말썽 많던 야곱이 마침내 믿음의 조상 반열에 오르게 된 것은 결코 우연이 아니었다. 그것은 그가 하나님의 은혜 속에서 바른 '해석'의 사람이 되었기에 가능할 수 있었다.

예수님의 제자들은 날 때부터 맹인이었던 사람을 가리키며, 그가 맹인 된 것이 누구의 죄로 인함인지 예수님께 물었다. 제자들은 그의 맹인 되었음을 당사자나 부모의 죄 때문이라고 해석한 것이다. 그러나 예수님께서는 그것은 누군가의 죄의 결과가 아니라, 하나님께서 당신의 뜻을 이루시기 위함이라고 해석하셨다. 사람들은 호흡이 멈춘 야이로의 딸을 죽었다고 해석한 반면, 예수님께서는 죽은 것이 아니라 자고 있다고 해석하셨다. 이처럼 예수님의 해석은 제자들이나 세상 사람들의 해석과는 판이하게 달랐다. 아람 왕의 군대가 도단 성에 있는 엘리사를 죽이기 위해 도단 성을 겹겹이 에워싸자, 엘리사의 사환은 "아아, 내 주여, 우리가 어찌하리이까!"(왕하 6:15) 하고 절망적인 탄식을 터뜨렸다. 이제 영락없이 죽었다는 의미였다. 그러나 엘리사는 도리어 "두려워하지 말라. 우리와 함께한 자가 그들과 함께한 자보다 많으니라"(왕하 6:16)고 사환을 안심시켰다. 똑같은 상황을 맞고서도 엘리사와 사환의 해석은 정반대였다.

내가 목회의 길을 걷기 전 다니던 교회에서 일어난 일이다. 어느 해 여름수련회에서 한 중학생이 물놀이를 하던 중에 목숨을 잃었다. 졸지에 자식을 잃은 부모치고 어찌 마음이 편할 수 있겠는가? 목숨을 잃은 학생의 아버지로 인해 교회는 적잖은 어려움을 겪어야만 했다. 내가 목회하던 주님의교회에서도 동일한 사고가 있었다. 1992년 제4회 전교인 여름수련회에서 소년부 어린이였던 민홍이가 사고사를 당한 것이었다. 민홍이 부모가 대응하기에 따라서는 교회가 큰 시험에 빠질 수도 있었다. 그러나 《회복의 목회》에서 언급했듯이, 민홍이 아버님은 민홍이의 장례식에서 다섯 가지의 감사를 드렸다. 첫째, 민홍이가 모태신자로 태어나 유아세례 교인으로 자라게 하심을 감사드렸다. 둘째, 민홍이가 세상의 죄악에 오염되기 전 순결한 영혼을 지니고 있을 때 불러 주심을 감사드렸다. 셋째, 교통사고 같은 사고사가 아니라 하나님의 말씀을 배우던 수련회장에서 하나님 나라로 불러 주심을 감사드렸다. 넷째, 민홍이의 빈자리가 당장은 커 보이겠지만 하나님께서 반드시 당신의 은혜로 채워 주실 것을 믿음으로 감사드렸다. 그리고 마지막으로 사고 이후 온 교우들이 보여 준 따뜻한 사랑에 감사를 드렸다. 수련회장에서 사랑하는 자식을 잃은 사고의 내용은 동일했지만, 그 사고에 대한 해석은 이렇듯 판이하게 달랐다.

그대의 '해석'이 믿지 않는 사람들의 '해석'과 동일하다면, 그대 삶의 과정과 결과도 믿지 않는 사람들과 동일할 수밖에 없다. 믿음은 '해석'이기 때문이다. 그대가 소위 세상의 출세와 성공에 대해 언급할 때 그 해석이 세속적 해석인 것은 아닌가? 세상을 그렇게 해석한다면, 2천 년 전 십자가에 못박혀 돌아가신 예수님과 참수형을 당한 바울은 실패자 중의 실패자가 아니겠는가? 그래서 많은 사람들이 성공처럼 보이는 실패의 길을 치닫는다. 믿음은 실패처럼 보이는 성공의 길을 좇는 것이요, 그것은 바른 '해석'으로써만 가능하다.

믿음은 '위치'다

여호와 하나님이 아담을 부르시며 그에게 이르시되 네가 어디 있느냐
(창 3:9)

하나님께서는 범죄한 뒤 동산 나무 사이에 숨어 있는 아담에게, 네가 무슨 짓을 했느냐고 추궁하시지 않았다. 그 대신, 네가 어디 있느냐고 그의 '위치'를 물으셨다. 믿음은 바른 '위치'를 지키는 것이다. 바른 '위치'를 지키면 바른 행동은 절로 수반된다. 하나님과의 관계에서 그대의 바

른 '위치'는 하나님의 아래쪽이다. 하나님을 그대 위로 모시는 것이다. 사람과의 관계에서 바른 '위치'는 늘 대등한 위치다. 사람 사이에는 높은 사람, 낮은 사람이 따로 있을 수 없다. 그리고 물질과의 관계에서 그대의 바른 '위치'는 언제나 물질 위쪽이다. 물질은 그대의 도구일 뿐, 어떤 경우에도 그대 삶의 주인이 될 수는 없다. 그러나 실제로는 그대가 물질을 그대의 머리 위에 주인으로 모시고 사느라, 하나님과는 대등하게 맞먹으며, 사람은 자기 발아래에 두고 비인격적인 도구로 마구 부리고 있는 것은 아닌가? 만약 그렇다면 바른 '위치'를 상실한 그대에게 참된 그리스도인의 삶이 가능할 수 있겠는가? 하나님을 머리 위로 모시고 물질을 발아래에 두어야 하나님의 진선미가 그대를 거쳐 그대가 지닌 물질에도 스며드는 법인데, 비인격적인 물질을 머리 위의 주인으로 모시고 살기에 그대의 삶 자체가 비인격성에서 벗어나지 못하는 것이다.

바른 '위치'를 지킨 사람들의 이야기인 사도행전은 다음과 같이 시작되고 있다.

> 데오빌로여 내가 먼저 쓴 글에는 무릇 예수께서 행하시며 가르치시기를 시작하심부터 그가 택하신 사도들에게 성령으로 명하시고 승천하신 날까지의 일을 기록하였노라(행 1:1-2)

여기에서 '데오빌로'는 사도행전의 수신자를, '내가'는 사도행전을 기록한 누가를, 그리고 '먼저 쓴 글'은 누가가 데오빌로에게 사도행전보다 먼저 써 보낸 누가복음을 일컫는다. 누가는 그 누가복음의 첫머리를 이렇게 시작하였다.

우리 중에 이루어진 사실에 대하여 처음부터 목격자와 말씀의 일꾼 된 자들이 전하여 준 그대로 내력을 저술하려고 붓을 든 사람이 많은지라 그 모든 일을 근원부터 자세히 미루어 살핀 나도 데오빌로 각하에게 차례대로 써 보내는 것이 좋은 줄 알았노니 이는 각하가 알고 있는 바를 더 확실하게 하려 함이로라(눅 1:1-4)

동일한 인물 누가가 기록한 누가복음과 사도행전은 그 첫머리에서 중요한 차이를 보여 주고 있다. 누가는 데오빌로에게 사도행전에 앞서 보낸 누가복음에서는 그를 '각하'라고 불렀다. 데오빌로는 세상 사람들로부터 '각하'라 불릴 정도로 지체 높은 사람이었다. 그러나 누가는 사도행전 첫머리에서는 '각하'라는 존칭을 생략하고 데오빌로를 그냥 친근한 친구처럼 데오빌로라고만 불렀다. 누가가 데오빌로를 자기 임의로 그렇게 바꾸어 불렀을까? 2천 년 전 철저한 계급사회이던 로마제국 내에서 그것은 불가능한 일이었다. 누가가 '각하'라 부르던 데오빌로를 그냥 데오빌로라고 부를 수 있었던 것은 지체 높은 데오빌로가 그렇게 불러 주기를 주문했기 때문이다. 그는 처음에 누가로부터 누가복음을 받을 때만 해도 '각하'라 불리는 것을 당연하게 여겼다. 그러나 복음을 영접하고 주님을 머리 위 주인으로 모시고 보니, 그리스도인이 주님 안에서 다 똑같은 형제자매임을 절감하고 교회 안에서 스스로 '각하'의 계급장을 내려놓은 것이었다.

믿는 무리가 한마음과 한뜻이 되어 모든 물건을 서로 통용하고 자기 재물을 조금이라도 자기 것이라 하는 이가 하나도 없더라 사도들이 큰 권능으로 주 예수의 부활을 증언하니 무리가 큰 은혜를 받아 그중에 가난한 사람이 없으니 이는 밭과 집 있는 자는 팔아 그 판 것의 값을 가져다가 사도들의 발 앞에 두매 그들이 각 사람의 필요를 따라 나누어 줌이라(행 4:32-35)

초대교회의 특징 중 하나가 유무상통有無相通, 즉 모든 사람들이 물질을 나누어 사용하는 것이었다. 그것이 가능할 수 있게끔 교인들은 저마다 자기 재산을 처분한 돈을 사도들에게 바쳤다. 그때 교인들은 사도들의 손이나 머리 위에 돈을 바치지 않았다. 그들은 자신들의 재산을 처분한 돈을 모두 사도들의 발 앞에 두었다. 그리스도인에게 물질의 바른 '위치'는 발아래임을 알고 있었기 때문이다.

이처럼 사도행전의 사람들은 머리 위로는 주님을 모시고, 사람들과는 대등한 관계를 맺기 위해 교회 내에서 자기 계급장을 스스로 떼어 내고, 물질은 철저하게 발아래에 두었다. 그렇듯 바른 '위치'를 지키는 믿음의 사람들을 통해 주님께서 사도행전의 역사를 펼치시지 않는다면, 오히려 그것이 이상한 일이 아니겠는가? 그대 역시 주님과 사람 그리고 물질과의 관계에서 바른 '위치'를 지키며 살아갈 때, 주님께서 그대의 삶을 통해서도 역사하실 것임은 너무나도 자명하지 않겠는가?

믿음은 '공간'이다

너희는 세상의 빛이라 산 위에 있는 동네가 숨겨지지 못할 것이요 사람이 등불을 켜서 말 아래에 두지 아니하고 등경 위에 두나니 이

러므로 집 안 모든 사람에게 비치느니라(마 5:14-15)

캄캄한 밤길을 걸을 때 산 위에 마을이 있는지 알 도리가 없다. 그러나 그 마을에 빛이 있다면 멀리서도 그 마을은 보일 것이다. 어둡기만 한 마을의 '공간'과, 빛이 있는 마을의 '공간'은 같을 수 없다. 전기가 들어오지 않는 방의 '공간'과 들어오는 방의 '공간'도 동일할 수는 없다. 같은 이치로, 믿지 않는 사람의 '공간'과 믿는 사람의 '공간' 역시 다를 수밖에 없다.

인생은 시간이다. 그대를 스쳐 지나가는 1초 1초가 하루가 되고, 한 달이 되고, 한 해가 되고, 한평생이 된다는 의미에서이다. 만약 그대가 죽었다면, 그대에게는 더 이상의 시간이 없다는 말이다. 인생이 시간이라면, 시간의 내용과 질은 '공간'을 통해 드러난다. 그대가 그동안 맞이했고 또 지금 맞이하고 있는 시간들은 그대의 육체라는 '공간', 그대의 인생이라는 '공간', 그대가 속해 있는 자연이라는 '공간' 속에 고스란히 축적되어 있다. 한평생 신실하게 살아온 사람의 인생 '공간'과 알코올중독자 혹은 도박꾼으로 살아온 사람의 '공간'이 동일할 수 있겠는가? 똑같은 '공간'이라도 불량배들이 모이면 우범지대가 되고, 고시생들이 살면 고시촌이 된다. 쓰레기를 쌓으면 쓰레기장이 되지만, 쓰레기를 치우고 꽃을 심으면 꽃동네가 된다. 죄수들을 수용하면 교도소가 되고, 수도사들이 모여 살면 수도원이 된다.

미국 캘리포니아에서 자동차를 타고 멕시코 국경을 지나면 급변하는 자연의 모습에 놀라움을 감출 수 없다. 국경을 지나기가 무섭게 나무 한 그루 풀 한 포기 보기 어렵다. 이집트의 시나이 광야에서 이스라엘 국경을 넘을 때도, 오스트리아에서 옛 동구권에 속해 있던 슬로베니아의 국경을 넘을 때도, 똑같은 자연이지만 누가 사느냐에 따라 똑같은 '공간'이 얼마나 달라지는지를 생생하게 확인할 수 있다. 요즈음은 전국 어딜 가나 나무 없는 산을 보기 어렵지만, 1960년대만 해도 서울에서 부산까지 기차를 타고 내려가는 동안 철로변의 산은 거의 나무 없는 벌거숭이산이었다. 똑같은 자연이지만 그 자연 속에 사는 사람들의 생각이 바뀌니 벌거숭이산들이 나무가 울창한 산들로, '공간' 자체가 바뀐 것이다.

주님께서 '너희는 세상의 빛이라' 하심은, 이 세상이라는 '공간'을 진리의 빛으로 채우라는 말씀이시다. 그대 삶의 '공간'에 사랑과 생명과 행복이 넘치게 하라시는 말씀이다. 믿음은 '공간'이기 때문이다.

지금까지 살펴본 것처럼, 믿음을 새롭고도 구체적인 단어로 계속 재정립해 가는 것의 중요성은 아무리 강조해도 지나침이 없다. 그 과정을 통해 우리의 믿음은 범사에 예수 그리스도에게까지 자라날 수 있다(엡 4:15).

지방에서 살고 있는 주부님에게 받은 메일을 그분의 허락하에 게재한다.

저는 모 교회의 집사이고, 구역장의 안사람입니다. 저는 남편 때문에 가면을 쓰고 교회와 구역모임에 참석하고 있습니다. 하나님께서는 부모를 떠나 아내와 연합하라 하셨지만, 남편은 아직도 정신적으로나 경제적으로 시부모님에게 예속되어 있습니다. 부부싸움을 하면 싸웠다고 시부모님께 전화하고, 재산도 시부모님 명의로 관리하고 있습니다. 툭하면 언어폭력과 육체적 폭력을 행사하기도 합니다.

아이 앞에서도 예외가 없습니다. 아이 앞에서 저를 때리고는, 아이에게 엄마가 맞을 짓을 해서 맞는다고 말합니다. 사람을, 가족을 사랑하는 법을 모르면서도, 자신이 하는 일은 무엇이든 항상 옳다고 굳게 믿고 있습니다.

무엇보다 괴로운 것은 겉으로는 모범적인 기독교인처럼 보인다는 것입니다. 주일성수는 말할 것도 없고, 비가 오나 눈이 오나 1년 열두 달 새벽기도회에도 어김없이 참석하고 있습니다. 웬만한 신앙서적은 거의 다 읽어 굉장히 박식하기도 합니다. 교인들은 '어쩌면 저렇게 믿음이 좋을 수가……' 하며, 남몰래 당하는 저의 상처와 아픔을 감히 상상조차 하지 못합니다.

우리 부부에게는 딸아이가 하나 있습니다. 그 외동딸이 상처 받는다고 해도 남편은, 딸아이는 저보다 똑똑해서 상처 받지 않는다며 아무 때나 저를 때립니다. 아빠가 엄마에게 폭력을 행사할 때 절망, 불안, 공포 등이 아이의 마음에 크나큰 상처를 낼 텐데, 어찌 그런 것에는 아랑곳하지 않는지, 차라리 미치고 싶을 때가 한두 번이 아닙니다.

출세욕은 누구 못지않아 교회와 세상에 한 다리씩 걸치고 있습니다. 남들에게 뒤질까 봐 쉬지도 못합니다. 딸아이에게도 매일 공부, 공부, 공부 닦달입니다. 이제는 사춘기에 접어든 아이가 아빠에 대한 주관적인 판단을 하고 있습니다. 사랑이 없는 아빠, 말뿐인 사랑, 하나님을 믿는다면서도 전혀 딴판인 가정생활, 행함과는 거리가 먼 믿음의 열심, 자신은 항상 상대에게 용납되어야 하면서도 상대를 용납치는 않는 이중성 등, 아빠를 판단하는 딸아이의 시선이 날카롭기만 합니다. 그래서 딸아이는 커서, 절대로 결혼하지 않겠다고 합니다. 딸아이가 평생 남자에 대한 불신감으로 살아갈까 몹시 두렵습니다. 저는 이런 기막힌 삶을 살아오면서, 저처럼 고통받는 기독 주부들이 의외로 많다는 사실을 알게 되었습니다. 기도하며 믿음으로 이기려고 해보지만, 남편에게 쌍욕을 들으며 구타당하고 나면, 정신적인 피폐함과 더불어 자존감의 상실로 아무 생각도 없이 그저 무기력해질 뿐입니다. 하도 멍청이라고 구박을 받아, 제가 정말 하나님께도 아무 가치 없는 자로 여겨지는 듯하여 진짜 멍청한 상태로 살아가고 있습니다.

목사님! 이런 미성숙한 신앙의 남편들을 위해 책을 써주십시오. 그래서 그 곁에서 눈물짓는 아내들과 상처 받은 자식들이 주님 안에서 회복될 수 있도록 도와주십시오. 내일이면 좀더 기도하고 참을 걸, 왜 그런 메일을 보냈을까 하고 후회할지도 모르겠습니다. 그래도 미성숙한 남편들과 절망하는 아내들, 그리고 그 가운데서 아파하는 자식들을 위해 그냥 전송 버튼을 누릅니다. 죄송합니다.

이 주부님의 남편은 매일 새벽기도회에도 출석하고, 교회 봉사도 열심일 뿐 아니라 신앙서적을 탐독하기도 한다. 그것은 보통 열심이 아니다. 그러나 그는 믿음은 '구도'요 '탈화'며, '여백'이고 '안경'이자 '메움'이며, '해석'인 동시에 '위치'임을 알지 못했다. 그 열심 있는 남편에게 누군가가 이런 사실을 진작 일깨워 주었다면, 그의 가정은 그로 인해 얼마나 행복한 '공간'으로 일구어졌겠는가?

그대 살아 있는 동안 새로운 단어로 믿음을 계속 재정립해 가라. 그대의 믿음은 날이 갈수록 폭과 깊이와 높이를 더할 것이요, 주님 안에서 사명자로 살아갈 그대의 삶은 이 시대를 위한 사도행전으로 엮어질 것이다.

2
사명자란

고린도전서 9장 17절
내가 내 자의로 이것을 행하면 상을 얻으려니와 내가 자의로 아니한다 할지라도 나는 사명을 받았노라 먼저 다음의 질문에 대해 함께 생각해 보기로 하자.

세상, 종교, 기독교에 관한 몇 가지 의문

첫 번째 질문. 신교와 구교를 막론하고 일반적으로 구미歐美 교회는 왜 쇠퇴의 길을 걷고 있는가?

신약성경에는 복음서가 제일 먼저 등장하고, 그다음으로 교회의 역사를 전해 주는 사도행전이 이어지고 있다. 성경의 이 순서가 중요하다. 중요한 것은 복음이지 교회가 아니다. 교회가 중요하다면 교회 자체가 중요해서가 아니라, 교회가 복음의 통로이기 때문이다. 따라서 교회가 언제나 앞세워야 할 것은 복음이지 교회 그 자체가 아니다. 복음보다 교회 자체를 앞세웠을 때 교회는 언제나 추악한 이익집단으로 전락하고 말았다는 것이 2천 년 교회 역사가 우리에게 주는 교훈이다. 그토록 번성했던 구미 교회가 오늘날 쇠퇴의 길을 걷게 된 것 역시 선복음, 후교회의 순서를 지키지 않았기 때문이다. 이에 대해서는 4장에서 다시 언급하기로 하겠다.

두 번째 질문. 소위 유럽의 식자층 중에는 친親개신교적 성향을 지닌 인사가 많은 반면, 미국의 식자층 가운데는 반대로 친가톨릭적 성향을 지닌 사람이 많은 이유는 무엇인가?

마르틴 루터에 의해 종교개혁이 일어나기까지 유럽대륙은 가톨릭의 땅이었다. 당연하게도 가톨릭 신자들이 정치·경제·사회적인 모든 기득권을 독점하고 있었다. 종교가 세속과 결탁하면 그 결과는 추악한 타락과 부패다. 그러므로 유럽대륙에서 세속과 결탁한 가톨릭에 대해 프로테스트protest하는 식자층이 많아지게 된 것은 역사의 필연이었다. 그 반면에 미국은 개신교도들에 의해 세워진 나라다. 건국 초기부터 미국의 정치·경제·사회적인 기득권을 개신교도들이 장악한 것이다. 그 속에서 가톨릭 신자들은 대개 가난한 기층민들이었고, 로마가톨릭은 그들을 대상으로 사목司牧해야만 했다. 유럽대륙에서는 기득권층을 대변하던 로마가톨릭이 미국에서 빈민들을 대변하기 시작한 것이다. 유럽대륙에서는 생각지도 못한 일이었다. 역사적으로 미국의 가톨릭이 바티칸을 살렸다는 것은 이래서 나온 이야기다. 그러다 보니 미국에서는 개신교의 기득권층에 맞서 가난한 사람들을 대변하는 가톨릭에 우호적인 식자층이 더 많아지게 되었다. 대서양을 사이에 두고 유럽과 미국의 식자층들은 이렇듯, 가톨릭과 개신교 중에서 어느 쪽이 과연 더 성경적으로 행동하는지 헤아려 보고 있는 것이다.

세 번째 질문. 미국인들 사이에서 불교에 대한 관심이 급증하는 이유는 무엇인가?

미국 시사주간지 〈뉴스위크〉에 의하면 2005년 미국의 불교신자는 약 300만 명이었다. 그해 미국교회협의회는 미국장로교PCUSA 교인의 수를 324만 명으로 발표하였다. 당시 미국의 불교신자와 장로교인 수가 엇비슷한 상황이었다. 그러나 매 5년마다 각종 통계를 조사 발표하는 미국 통계조사국은 2007년, 참선 및 명상 등을 통해 불교에 실제적으로 참여하고 있는 사람들의 수가 무려 2천만 명에 이른다고 발표하였다. 가히 폭발적인 증가가 아닐 수 없다. 소위 개신교도의 나라라는 미국에서 왜 이런 현상이 일어나고 있을까? 근래 미국 교회를 주도한 신학사상을 들라면 번영의 신학일 것이다. 복음과 출세지향주의 및 성공제일주의를 동일시하는 것이다. 이미 앞 장에서도 설명했듯이 그런 관점으로 성경을 보자면 예수님과 바울은 실패자 중의 실패자가 아닐 수 없다. 미국 교회가 그렇듯 본궤도에서 이탈하자 그 반작용으로 뜻있는 미국인들이 '무無'를 표방하는 불교에 관심을 갖게 된 것이다. '무'를 내세우는 불교에는 현세의 물질주의를 넘어서는, 뭔가 참된 것이 있으리라는 기대감에서다.

네 번째 질문. 구미 사회에서 불교에 관심을 가졌던 사람들, 특히 소위 지식인들 가운데 왜 티베트불교의 교주 달라이라마에게 심취하는 사람들이 많은가?

오늘날 서구인들에 대한 달라이라마의 영향력은 상상을 초월할 정도다. 내가 제네바한인교회를 섬길 때 달라이라마가 제네바를 방문하여 칼뱅이 종교개혁을 주도했던, 제네바를 상징하는 생피에르대성당의 주일 예배 시간에 설법을 한 적이 있었다. '지혜의 바다'라는 제목의 그 설법을 듣기 위해 생피에르대성당에 운집한 제네바 시민은 무려 5천 명이나 되었다. 생피에르대성당의 수용 인원이 2천 명밖에 되지 않아 나머지 3천 명은 밖에서 스피커를 통해 설법을 들어야만 했다. 제네바 시민의 총수가 18만 명이고, 평소 생피에르대성당의 주일 예배에 참석하는 교인 수가 1백여 명에 불과한 것을 감안하면, 그날의 인파는 기록적인 것이었다.

이튿날 제네바의 신문들은 그 사실을 앞다투어 대서특필했는데 그 가운데에는, 500년 전 칼뱅이 같은 장소에서 설교했을 때에도 그만한 인파가 모인 적은 없었다고 보도한 신문도 있었다. 제네바에서 일정을 마친 달라이라마는 곧장 뉴욕으로 건너가 센트럴파크에서 공개 강연을 했다. 그 강연에 운집한 뉴욕 시민의 수는 무려 4만 명이었다. 오늘날 특정 단체를 통해 청중을 조직적으로 동원하지 않고도, 혈혈단신으로 구미 사회에서 가는 곳마다 수많은 인파를 몰고 다니는 종교인은 전 세계에서 달라이라마가 거의 유일하다고 해도 과언이 아닐 것이다. 대체 구미인들은 왜 그토록 달라이라마에게 심취하는가? 기독교에 실망한 구미인들이 '무'를 표방하는 불교에 관심을 가져 보았지만, 물론 다 그런 것은 아니지만, 불교 역시 세속적이기는 매한가지였다. 불전佛錢을 모아 불사佛寺를 건립하는 것을 가장 큰 불사佛事로 여기는 불교 역시 기독교와 크게 다르지 않았다. 그러나 중국의 침략으로 1959년 티베트에서 인도로 망명한 달라이라마는 아직까지 그곳에서 망명생활을 하고 있다. 망명생활이 수십 년째 이어지다 보니 사람들 눈에 두드러지게 보일 정도의 큰 불사를 일으킬 여력도, 계획도 없다. 그 결과 달라이라마가 '무'를 표방하는 불교의 정신에 따라 일평생 무소유를 실천하는 참된 종교인으로 추앙받는 것은 아주 자연스러운 일이다.

그러나 나는 이런 생각을 해본다. 만약 내일이라도 티베트가 중국으로부터 독립하여 달라이라마가 티베트로 돌아간다면 그의 거처는 어디가 될까? 두말할 것도 없이 그는 1959년 인도로 망명하기 전까지 살았던 포탈라궁으로 환궁할 것이다. 포탈라궁은 1645년 세속 권력을 장악한 5대 달라이라마가 자신의 권위를 과시하기 위해, 해발 3,600미터의 수도 라싸에 완공한 궁이다. 궁성은 남북 길이가 200미터, 동서 길이가 360미터이고 높이는 117미터다. 그보다 19년 전에는 유럽의 로마에 베드로대성당이 120년에 걸친 대역사 끝에 완공되었다. 면죄부를 판매하면서까지 무리하게 건축을 강행하느라 종교개혁을 촉발했던 그 유명한 대성당이다. 당시 유럽대륙에 살고 있던 사람들은 거의 가톨릭신자였다. 베드로대성당이 전 유럽에 걸친 가톨릭 신자들의 헌금으로 건축되었다는 말이다. 그러나 비슷한 시기에 5대 달라이라마가 베드로대성당에 버금가는 포탈라궁을 해발 3,600미터의 고지대에 건축할 때 경비와 인력 동원은 전적으로 티베트인들만의 몫이었다. 그 옛날 그 높은 고원지대의 티베트 인구가 대체 몇 명이나 되었겠는가? 그렇다면 그 궁의 건립을 위해 티베트인들이 경제적으로나 육체적으로 얼마나 큰 고통을 당했을지는 어렵지 않게 짐작할 수 있다. 만약 티베트가 독립하여 달라이라마가 그 거대한 포탈라궁으로 환궁한다면, 그때에도 구미인들이 지금처럼 그에게 심취할지는 의문이다.

다섯 번째 질문. 오늘날 한국 기독교가 세상 사람들로부터 '개독교'라고 모독당하고 있는 이유는 무엇인가?

세상 사람들이 한국 기독교를 개독교라 모독할 때, 그 기독교 속에 한국 가톨릭은 포함되어 있지 않다. 오히려 가톨릭 신자가 아니더라도 가톨릭에 우호적인 성향을 지닌 사람들은 우리 사회에 의외로 많다. 세상 사람들이 개독교라 모독하는 것은 철저하게 한국 개신교에 해당하는 이야기다. 어쩌다가 한국 개신교가 이 지경이 되었는가? 그 해답은 간단하다. 세상 사람들이 보기에 한국 개신교는 더 이상 복음을 좇지 않기 때문이다.

사명자란 '행함들'의 사람이다

지금까지 살펴본 질문들과 그에 대한 해답들은 우리로 하여금 소중한 교훈을 깨닫게 해준다. 교회가 말씀과 동떨어지면 사람들로부터 외면당하지만, 이 세상에는 참된 것을 구하는 사람들이 늘 어디에나 있기 마련이므로, 그리스도인인 우리 각자가 참된 진리를 보여 주는 사명자가 되어야 한다는 것이다.

사명자가 어떤 사람이어야 하는지 다음 말씀들을 묵상하면서 함께 생각해 보기로 하자.

데오빌로여 내가 먼저 쓴 글에는 무릇 예수께서 행하시며 가르치시기를 시작하심부터 그가 택하신 사도들에게 성령으로 명하시고 승천하신 날까지의 일을 기록하였노라(행 1:1-2)

앞 장에서 설명한 것처럼 사도행전은 사도행전의 기록자인 누가가 자신이 먼저 쓴 글인 누가복음의 핵심을 설명하는 것으로 막이 오르고 있다. 누가는 자신이 누가복음에서 소개한 예수님에 대해 재언급하면서,

제일 먼저 '행하시며'라는 단어를 사용하였다. 사람들은 흔히 예수님의 가장 중요한 사역을 가르치심이라고 생각한다. 그러나 누가에게 예수님의 가장 중요한 사역은 행하심이었다. 예수님의 행하심이 선행되지 않았던들 그분의 가르치심은 도덕군자의 가르침과 다르지 않았을 것이다. 그분은 가르치기 전에 하나님과 본체가 동등하면서도 인간의 몸을 입고 이 땅에 오시는 성육신을 먼저 행하셨고, 달동네 나사렛의 가난한 목수로 갈릴리 빈민들과 희로애락을 나누시며 공생의 삶을 먼저 행하셨기에, 그분의 가르치심은 공허한 이론이 아니라 사람을 살리는 생명일 수 있었다.

이처럼 복음서는 예수님의 행하심에 대한 기록이다. 성육신에서부터 수세受洗, 공생, 치유, 가르침, 십자가 수난과 부활 그리고 승천에 이르기까지 이 땅에서 예수님께서 보여 주셨던 모든 행하심의 기록이다. 그리고 로마서와 고린도서와 같은 교리서는 예수님의 행하심에 대한 해석이다. 바로 그 사이에 위치한 책이 사도행전이다. 즉 사도행전은 예수님의 행하심에 대한 바른 해석의 토대 위에서 예수님의 행하심을 본받아 산 사람들의 행함의 기록이다. 사도행전은 헬라어로 '프락세이스 아포스톨론πράξεις ἀποστόλων'이다. '사도들의 행함'이라는 의미다. 그러나 '행함'을 뜻하는 헬라어 '프락세이스'는 '프락시스πρᾶξις'의 복수형이다. 따라서 '프락세이스 아포스톨론'을 정확하게 번역하면, 서문 '책을 열며'에서 언급했듯이 '사도들의 행함들'이 된다. 사도들이 어쩌다가 한 번 혹은 기분 내킬 때만 주님을 본받아 행한 것이 아니라, 매일 매 순간 주님의 행하심을 본받아 행하며 살았기 때문이다. 사도행전을 영어로 단수형 'Act'가 아닌, 복수형 'Acts'로 표기하는 이유가 여기에 있다.

오늘날 한국 교회는 세상을 가르치려고만 한다. 가르침만으로는 자기 자식도 바르게 세우지 못하는 법이거늘, 하물며 가르침만으로 어찌 세상을 교화시킬 수 있겠는가? 교회는 가르치려 하기 전에 먼저 행함의 집이 되어야 한다. 행함이 구원의 조건이어서가 아니라, 아무 조건 없이 구원의 은혜를 입은 그리스도인에게는 주님의 행하심을 본받아 행하여야 할 성화聖化의 의무가 주어졌기 때문이다. 독일의 종교학자 요아힘 바흐Joachim Wach는 신앙 체험의 본질적 요소를 네 단어로 정리했다. 첫째는 '궁극성ultimacy'이다. 신앙 경험은 궁극적 실재, 즉 피조물인 인간과는 전혀 다른 창조주 하나님을 체험한 인간의 반응이라는 것이다. 둘째는 '전체성totality'이다. 신앙 경험이 하나님을 체험한 인간의 반응이라면, 그 반응은 인간의 삶의 한 부분이 아니라 삶의 전반에 걸쳐 일어나는 전체적인 반응이라는 것이다. 셋째는 '강렬함intensity'이다. 하나님에 대한 인간의 경험은 인간이 이 세상에서 체험할 수 있는 경험 중에 가장 강렬한 경험이라는 것이다. 마지막으로 '행동action'이다. 하나님에 대한 신앙 경험은 반드시 행동으로 드러난다는 것이다. 이상과 같은 요아힘 바흐의 설명을 한마디로 정리하면, 하나님을 만난 인간의 믿음은 어떤 형태로든 반드시 행함으로 이어지기 마련이라는 것이다. 청춘 남녀의 사랑도 행동으로 드러나는 법이라면, 하물며 창조주 하나님에 대한 인간의 믿음이 어찌 행동으로 드러나지 않을 수 있겠는가?

그대가 일평생 사명자로 살기 원한다면 사도행전의 사람들처럼 예수님의 행하심을 본받는 '행함들'의 사람이 되지 않으면 안 된다. '행함들' 없이 사명자로 살겠다는 것은, 하나님께서 성육신의 행하심 없이 인간을 위한 대속물이 되시겠다는 것처럼 황당무계한 말이다.

사명자란 바른 말씀의 사람이다

우리는 수많은 사람들처럼 하나님의 말씀을 혼잡하게 하지 아니하고 곧 순전함으로 하나님께 받은 것같이 하나님 앞에서와 그리스도 안에서 말하노라(고후 2:17)

이에 숨은 부끄러움의 일을 버리고 속임으로 행하지 아니하며 하나님의 말씀을 혼잡하게 하지 아니하고 오직 진리를 나타냄으로 하나님 앞에서 각 사람의 양심에 대하여 스스로 추천하노라(고후 4:2)

나는 목사로서 전 세계에 퍼져 있는 한인 크리스천들을 진심으로 존경한다. 새벽부터 예배당을 찾아가 기도드리는 것으로 하루를 시작하고, 일과를 마친 뒤에는 피곤한 몸을 이끌고 각종 성경공부에 참석하며, 여러 종류의 헌금을 정성껏 바치는 크리스천들은 전 세계에서 한인 크리스천들이 유일하다. 어느 나라 크리스천들이 감히 한인 크리스천들을 넘볼 수 있겠는가? 그렇지만 한인 크리스천들의 신앙적 열심만큼 그들에게 행함의 삶이 수반되고 있지는 않다. 실제로 우리 주위에 주님의 말씀을 좇아 살아가는 크리스천을 찾아보기란 여간 어려운 일이 아니다. 그 이유가 무엇일까? 두 가지 경우를 생각할 수 있다. 먼저는 주님의 말씀이 잘못된 경우다. 주님의 말씀이 잘못되었기에 우리가 주님의 말씀대로 행하며 살지 못한다면, 그 잘못된 말씀을 믿거나 좇을 이유도 필요도 없을 것이다. 따라서 이 경우는 아예 고려의 대상조차 되지 않는다. 그다음으로는 말씀을 대하는 우리의 자세에 문제가 있는 경우다. 말씀에 대한 모든 문제는 따지고 보면 모두 이 경우에 해당한다.

바울은 고린도후서 2장 17절을 통해, '우리는 수많은 사람들처럼 하나님의 말씀을 혼잡하게 하지 않는다'고 증언했다. 이게 무슨 말인가? 2천 년 전 바울이 볼 때 거의 대부분의 복음 전도자들이 하나님의 말씀을 혼잡하게 하였다. 우리말 '혼잡하게 하다'로 번역된 헬라어 동사 '카펠류오καπηλεύω'는 '행상'을 뜻하는 '카펠로스κάπηλος'에서 파생되었다. 크든 작든 붙박이 점포를 지닌 상인은 불량품을 판매할 수 없다. 자기 점포의 고객이 인근 주민들이기에 행여 불량품을 팔다가 외면당하면 그것으로 끝장이기 때문이다. 그러나 떠돌이 행상은 달랐다. 자신이 들른 마을을 또다시 찾는다는 보장이 없었기에, 2천 년 떠돌이 행상들은 포도주에 물을 섞은 가짜 포도주를 팔았다. 물론 손쉽게 더 많은 돈을 벌기 위함이었다. 바울이 보기에 당시 대부분의 설교자들이 그와 같았다. 대중을 손쉽게 끌어들이기 위해 있는 그대로의 복음이 아니라, 대중이 듣기 원하는 불순물을 복음에 섞어 전하는 것이었다. 요즈음 용어로 표현하자면 '적극적 사고방식', 혹은 '긍정의 힘'과 같은 불순물이었다. 불순물이 섞인 복음은 복음이 아니었다. 그래서 바울은, 자기 자신은 절대로 복음에 불순물을 넣지 않음을 밝혔던 것이다.

그 이후 바울은 고린도후서 4장 2절에서도 또다시, 하나님의 말씀을 혼잡하게 하지 않는다고 증언했다. 왜 바울은 똑같은 말을 두 번씩 반복했을까? 한글 성경에는 고린도후서 2장 17절과 4장 2절이 동일하게 '하나님의 말씀을 혼잡하게 하지 아니한다'고 번역되어 있지만, 헬라어 원문을 보면 전혀 다른 동사가 사용되어 있다. 고린도후서 4장 2절에 사용된 헬라어 동사는 '카펠류오'가 아닌 '돌로오δολόω'로, 이 단어는 본래 '미끼로 삼다'는 뜻이다. 바울 당시 설교자들을 포함한 수많은 크리스천들이 하나님의 말씀을 자기 야망을 이루기 위한 미끼로 삼았다. 언뜻 보기에는 말씀을 제대로 가르치고 전하는 것 같지만, 말씀과 동떨어진 결과가 말씀을 미끼로 삼았음을 웅변해 주었다. 그래서 바울은, 자신은 어떤 경우에든 하나님의 말씀을 미끼로 삼지 않는다고 천명한 것이었다. 하나님의 말씀은 인간에게 삶의 목적이지, 어떤 명분으로도 인간의 야망을 위한 미끼가 될 수는 없다.

바울 당시 하나님의 말씀에 불순물을 주입하거나, 혹은 하나님의 말씀을 미끼로 삼던 사람들은 모두 거짓 선지자들인 것처럼 여겨진다. 그러나 그것은 사실이 아니다. 바울은 생애 세 번째 전도 여행을 마무리하면서 에베소의 장로들을 밀레도로 불렀다. 이제 자신이 예루살렘을 거쳐 마지막 생을 던져야 할 로마로 가면, 다시는 에베소를 찾지 못할 것을 미리 알고 에베소의 장로들에게 작별을 고하기 위함이었다. 그때 바울이 에베소의 장로들에게, "또한 여러분 중에서도 제자들을 끌어 자기를 따르게 하려고 어그러진 말을 하는 사람들이 일어날 줄을 내가 아노라"(행 20:30)고 선언했다. 그들은 거짓 선지자들이 아니었다. 그들은 위대한 사도 바울에게서 복음을 영접하고, 바울로부터 세례를 받고, 바울에 의해 장로로 세움 받은 사람들이었다. 2천 년 전 지중해 세계에서 그와 같은 특별한 은총을 누린 사람들이 몇 명이나 되었겠는가? 그들은 선택된 그리스도인들인 셈이었다. 그러나 바울은 그들을 향해 '너희들이 모두 주님의 신실한 종으로 살아갈 것을 나는 확신한다'고 말하지 않았다. 오히려 '너희들 가운데 제자들을 끌어 자기를 따르게 하려고 어그러진 말을 하는 사람이 일어날 줄을 내가 안다'는 무서운 말을 남겼다. 우리말 '어

그러지게 하다'로 번역된 헬라어 '디아스트렙호$_{διαστρέφω}$'는 '왜곡하다'라는 의미다. 그리스도인조차 하나님의 말씀을 목적 삼기보다는 자기 목적을 위해 하나님의 말씀을 끊임없이 왜곡하려는 인간의 죄성을 바울이 꿰뚫어 보았던 것이다.

그대가 사명자로 살아가기 원한다면, 그대는 먼저 반드시 바른 말씀의 사람이 되어야 한다. 그대가 바른 말씀의 사람이 되지 않으면, 그대의 신앙적 열심이 깊을수록 그대는 말씀으로부터 실은 더 멀어진다. 바른 말씀의 사람이 되지 못했다는 것은 자의로든 타의로든 자기 목적을 위해 말씀을 왜곡하고 있다는 말이요, 인간에 의해 왜곡된 말씀은 더 이상 하나님의 말씀이 아니다.

사명자란 자기 부인의 사람이다

> 예수께서 비유로 여러 가지를 그들에게 말씀하여 이르시되 씨를 뿌리는 자가 뿌리러 나가서 뿌릴새 더러는 길가에 떨어지매 새들이 와서 먹어 버렸고 더러는 흙이 얕은 돌밭에 떨어지매 흙이 깊지 아니하므로 곧 싹이 나오나 해가 돋은 후에 타서 뿌리가 없으므로 말랐고 더러는 가시떨기 위에 떨어지매 가시가 자라서 기운을 막았고 더러는 좋은 땅에 떨어지매 어떤 것은 백 배, 어떤 것은 육십 배, 어떤 것은 삼십 배의 결실을 하였느니라 귀 있는 자는 들으라 하시니라 (마 13:3-9)

예수님의 '네 가지 땅에 떨어진 씨 비유'다. 농부가 불어오는 바람에

씨를 흩날렸다. 씨가 떨어진 곳은 길가, 돌밭, 가시떨기 그리고 옥토였다. 그러나 옥토에 떨어진 씨만 결실되었다. 결실하지 못한 길가와 돌밭과 가시떨기, 그리고 결실한 옥토의 차이는 하나밖에 없었다. 자기 부인否認 여부다. 옥토에만 자기 부인이 선행되었다. 돌처럼 굳은 땅은 농부의 삽질에 의해 수도 없이 갈아엎어졌고, 보물이라도 되는 양 고이 품고 있던 돌멩이와 나무뿌리 등도 모두 가차 없이 제하여졌다. 그것은 흙으로서는 말할 수 없이 큰 고통이요 아픔이지만, 생명의 결실을 위해서라면 반드시 거쳐야 할 과정이었다. 그 자기 부인의 과정을 거친 땅이 옥토가 되어 삼십 배, 육십 배, 백 배의 결실을 거두는 것은 사필귀정이었다. 그러나 길가, 돌밭, 가시떨기에는 자기 부인이 없었다. 그 결과 길가에 떨어진 씨는 새들이 먹어 버렸고, 돌밭에 떨어진 씨는 싹이 나오는 듯하더니 태양에 말라죽어 버렸고, 가시떨기 위에 떨어진 씨는 가시에 기운이 막혀 버렸다. 한마디로 말해 자기 부인이 없는 곳에 떨어진 씨는 모두 씨의 생명력이 왜곡되고 말았다.

그대가 행함의 사명자로 살기 원한다면 그대는 하나님의 말씀 앞에서 부단히 자기를 부인해야 한다. 그대가 자기 부인의 사람이 된다는 것은, 그대 자신이 옥토가 되어 하나님의 말씀이 그대의 삶 속에서 육신을 입게 하는 것을 뜻한다. 하나님 말씀의 능력을 힘입어 그대가 사명자의 삶을 살게 된다는 말이다. 그러나 그대가 하나님의 말씀에 대한 자기 부인을 거부한다면, 그대는 사명자로 살아가려 할수록 그대와 누군가의 생명을 동시에 왜곡시킬 뿐이다. 자기 부인이 수반되지 않은 그대는 옥토가 아니라 길가나 돌밭, 혹은 가시떨기에 지나지 않기 때문이다.

보라 이제 나는 성령에 매여 예루살렘으로 가는데 거기서 무슨 일을 당할는지 알지 못하노라 오직 성령이 각 성에서 내게 증언하여 결박과 환난이 나를 기다린다 하시나 내가 달려갈 길과 주 예수께 받은 사명 곧 하나님의 은혜의 복음을 증언하는 일을 마치려 함에는 나의 생명조차 조금도 귀한 것으로 여기지 아니하노라(행 20:22-24)

본문 역시 바울이 밀레도에서 에베소의 장로들에게 마지막으로 남긴 내용 가운데 일부다. 그대가 새로운 인생길을 나서려는데 성령님께서 그대의 앞길에 결박과 환난이 기다린다고 일러 주신다면 그대는 어떻게 하겠는가? 만약 내가 그런 경우를 맞는다면, 두말할 것도 없이 나는 하나님께 감사드리며 즉각 그 길을 포기할 것이다. 성령님께서 내가 가려는 길을 제지해 주려 그렇게 역사하신 것으로 믿을 것이기 때문이다. 하지만 바울은 성령님의 예언을 듣고서도 "내가 달려갈 길과 주 예수께 받은 사명 곧 하나님의 은혜의 복음을 증언하는 일을 마치려 함에는 나의 생명조차 조금도 귀한 것으로 여기지 아니하노라"면서, 결박과 환난이 기다리는 고난의 길을 향해 주저 없이 발걸음을 내밀었다. 성령님의 예언에 대한 바울의 해석이 달랐던 것이다. 바울은 성령님의 예언을 이렇게 해석한 것이었다. '바울아, 네가 지금부터 가려는 길은 결코 안락한 길이 아니다. 이 길은 극심한 고통과 고난의 길이다. 그러나 복음을 증언하는 이 길을 중단 없이 갈 수 있는 사람은 너밖에 없다. 나는 네가 반드시 이 길을 완주할 것을 믿는다.'

하나님께서 에스겔 선지자에게 "너는 이 두루마리를 먹고, 가서, 이스라엘 족속에게 말하라"(겔 3:1)고 명령하셨다. 하나님의 명령은 세 동사로 이루어져 있다. '먹어라', '가라', '말하라'이다. 대개 사명자로 살기 원하는 사람들은 먼저 '가서' 뭔가 '하려' 한다. 그러나 하나님께서는 무엇보다도 두루마리, 다시 말해 당신의 말씀을 먼저 '먹어라' 하고 명령하신다. 하나님의 말씀을 먼저 먹어야 결과적으로 참된 사명자로 살 수 있다. 앞에서 살펴본 길가, 돌밭, 가시떨기, 옥토 가운데 오직 옥토만 뿌려진 씨를 삼켰다. 나머지 세 곳은 씨를 삼키지 않았고, 삼키지 않은 씨들은 왜곡되고 말았다. 옥토가 씨를 삼키면, 그다음부터는 씨가 옥토를 삼키기 시작한다. 씨가 옥토의 영양분과 수분을 삼키는 것이다. 그리고 마침내 풍성한 결실로 이어진다. 옥토가 하는 일은 먼저는 뿌려진 씨를 삼키는 것이요, 그다음으로는 씨에게 계속 삼킴을 당하는 것이다. 씨를 삼킨 옥토가, 자신이 삼킨 씨가 아름다운 결실로 드러날 수 있게끔 자신의 모든 것을 씨에게 아낌없이 주는 것이다. 우리가 하나님의 말씀을 삼키기만 하면, 그다음부터는 하나님의 말씀이 우리를 삼키신다. 그 결과 우리의 삶 속에 말씀의 열매가 결실되기 시작한다. 하나님의 말씀은 단순한 활자가 아니라, 천지를 창조하신 하나님의 살아 있는 능력의 말씀이다. 한번 말씀을 먹어 본 사람이 계속 말씀을 먹고, 그 말씀에 자신의 모든 것을 걸게 되는 이유가 바로 여기에 있다. 그래서 하나님의 말씀을 먹은 에스겔은 척박한 바벨론 포로 시절에도 사명자의 길을 완주할 수 있었고, 예수님의 로고스를 먹은 사도 바울은 그 로고스를 드러내는 사명을 위해서라면 결박이나 환난 정도는 말할 것도 없고, 자신의 생명조차 조금도 귀한 것으로 여기지 않았다.

그대가 지금부터 매일 하나님의 말씀을 먹고 삼키는 사람이 된다면, 그대가 의식하지 않아도 그대는 훌륭한 사명자로 살게 될 것이다. 그대가 삼킨 하나님의 말씀이 날마다 그대를 삼켜 주실 것이기 때문이다.

요한이 그 달려갈 길을 마칠 때에 말하되 너희가 나를 누구로 생각 하느냐 나는 그리스도가 아니라 내 뒤에 오시는 이가 있으니 나는 그 발의 신발끈을 풀기도 감당하지 못하리라 하였으니(행 13:25)

복음을 드러내는 사명자의 삶을 살기 위해 자신의 생명조차 조금도 귀하게 여기지 않던 바울이 비시디아 안디옥에서 행한 설교 중 일부로, 세례자 요한에 대한 내용이다. 그 가운데 바울이 세례자 요한에 대해 사용한 단어가 감동적이다. 바울은 "요한이 그 달려갈 길을 마칠 때"라고 말했다. 세례자 요한이 이 땅에서 예수님의 길을 예비하는 사명자의 삶을 마칠 즈음이라는 의미다. 우리말 '마치다'로 번역된 헬라어 동사 '플레로오$_{πληρόω}$'는 본래 '가득 채우다'라는 뜻이다. 세례자 요한이 자신이 달려갈 길을 대체 무엇으로 가득 채웠다는 말이겠는가? 바로 자신의 삶으로다. 바울은 세례자 요한이 자신의 인생을, 복음이신 주님의 길을 예비하는 사명자의 삶으로 가득 채운 것으로 평가했다. 바울 역시 그와 같은 인생을 살았다. 그것이 바울의 인생관이었다. 인생은 타인의 삶이 아니라, 자기 자신의 삶으로 채워 가는 것이다. 사람마다 차이가 있다면 어떤 삶으로 채워 가느냐의 차이일 뿐이다. 세례자 요한은 복음을 위한 사명자의 삶으로 자기 인생을 채움으로 신약성경의 선두주자가 되었고, 바울 역시 복음을 위한 사명자의 삶으로 자기 인생을 채운 결과 사도행전의 주인공이 되었다. 사명자는 복음이신 주님께로부터 부여받은 사명의 삶으로 자기 인생을 가득 채워 가는 사람이다. 그래서 주님의 역사는 늘 사명자를 통해 일어나고, 사명자에게는 이 세상을 떠나는 순간 후회가 없다.

사명이란

그렇다면 '사명'이라는 단어에 대해 생각해 보기로 하자. 우리말 '사명'에 해당하는 헬라어는 '디아코니아^{διακονία}'다. '디아코니아'의 의미는 우리가 잘 알고 있는 것처럼 '봉사', '섬김'이다. 누군가가 거창한 사명의 명분을 내세워도 인간에 대한 봉사와 섬김을 결여하고 있다면, 그 사람은 복음이 말하는 사명자는 아니다. 복음적 사명은 근본적으로 봉사와 섬김을 위한 사명이다. '디아코니아'는 '식탁을 준비하는 사람'을 뜻하는 '디아코노스^{διάκονος}'에서 파생되었다. 식탁을 준비하는 사람이 식당의 주방장이거나 웨이터라면 그 사람은 '디아코노스'가 아니다. 그는 자기 행위의 대가로 돈을 받기 때문이다. '디아코노스'는 자기 행위에 대해 상대로부터 보상을 받지 않는다. 그러므로 '디아코노스'는 흔히 식탁을 준비하는 어머니에 비견된다. 어머니는 가족을 위해 매일 식탁을 준비하면서도 대가나 보상을 요구하지 않는다. 이런 의미에서 '디아코니아'는 완전한 봉사, 완전한 헌신을 의미하고, 사명자는 복음을 좇아 누군가를 위해 완전한 봉사, 완전한 헌신을 실천하는 사람이다. 소위 'service charge'(봉사료)는 미국식 자본주의의 산물일 뿐, 복음과는 아무런 상관이 없다. 복음이 말하는 service에는 그 어떤 charge도 붙지 않는다.

'디아코노스'의 또 다른 의미는 '직분'이다. 장로, 권사, 집사와 같은 교회의 직분은 군림이 아닌 섬김을 위한 역할이다. '디아코노스'가 한글 성경에서 '집사'라고 번역된 곳은 단 세 곳뿐이고, 그 이외에는 '사환使喚', '하인', '추종자', '일꾼' 등으로 번역되어 있다. '디아코노스'의 본래 의미에 충실하기 위함이다. 문제는 한국 그리스도인들은 여전히 교회의 직분을 계급으로 오인하고 있다는 사실이다. 그것은 로마가톨릭의 계급제도에 맞서 만인제사장을 역설하는 개신교의 정체성을 스스로 부인하는 어리석은 행위다. 교회의 직분을 계급으로 오인하는 한, 그 누구도 사람을 섬기는 사명자로 살아갈 수는 없다. 앞 장에서 설명한 것처럼 믿음은 사람을 섬기기 위해 자신의 계급장을 스스로 떼어 내는 것이다. 그대가 교회에서 어떤 직분이든 직분을 받았다면, 그것은 그대더러 복음을 좇아 사람들을 섬기는 사명자로 살라시는 주님의 명령이다.

'디아코노스'에는 '직임' 혹은 '직책'의 의미도 있다. 이때의 '직임'과 '직책'은 교회의 '직임'과 '직책'에 국한되지 않는다. 그리스도인은 교회 밖 세상 속의 '직임' 혹은 '직책'을 통해서도 복음을 좇아 사람을 섬기는 사명자의 삶을 살아야 한다. 그 결과 그리스도인의 직업은 불의와 악을 범하는 직업이 아닌 한 모든 직업이 그리스도 안에서 성직이 되고, 그리스도인의 삶은 교회 안과 밖이 분리됨이 없이 일체를 이루게 된다.

지금까지의 내용을 모두 종합하면 우리는 사명자를 다음과 같이 한 문장으로 정리할 수 있다.

사명자는 자신의 전공과 직업과 삶으로 복음을 드러내는 사람, 다시 말해 복음이신 주님을 본받아 누군가를 위한 섬김이로 살아가는 사람이다.

이런 사명자가 있는 곳에 살아 계신 주님의 역사가 어찌 그를 통해 일어나지 않겠는가?

베드로를 통해 보는 사명의 의미

이제 다음의 말씀들을 토대로 사명자에 대해 좀더 구체적으로 생각해 보기로 하자.

> 욥바에 다비다라 하는 여제자가 있으니 그 이름을 번역하면 도르가라 선행과 구제하는 일이 심히 많더니 그때에 병들어 죽으매 시체를 씻어 다락에 누이니라 룻다가 욥바에서 가까운지라 제자들이 베드로가 거기 있음을 듣고 두 사람을 보내어 지체 말고 와 달라고 간청하여 베드로가 일어나 그들과 함께 가서 이르매 그들이 데리고 다락방에 올라가니 모든 과부가 베드로 곁에 서서 울며 도르가가 그들과 함께 있을 때에 지은 속옷과 겉옷을 다 내보이거늘 베드로가 사람을 다 내보내고 무릎을 꿇고 기도하고 돌이켜 시체를 향하여 이르되 다비다야 일어나라 하니 그가 눈을 떠 베드로를 보고 일어나 앉는지라 베드로가 손을 내밀어 일으키고 성도들과 과부들을 불러 들여 그가 살아난 것을 보이니 온 욥바 사람이 알고 많은 사람이 주를 믿더라 베드로가 욥바에 여러 날 있어 시몬이라 하는 무두장이의 집에서 머무니라 (행 9:36-43)

베드로는 왜 욥바에서 자신의 숙소를 하필이면 무두장이 시몬의 집으로 정했을까? 생각할수록 이상하지 않은가? 베드로는 초대교회에서 예수님의 수제자로 추앙받던 사도였다. 더욱이 욥바에서 성도들이 지켜보는 가운데 죽은 다비다를 살려 내지 않았는가? 그렇다면 베드로가 당일로 욥바를 떠났으면 모르되 욥바에서 유숙하는 한, 베드로를 자기 집에 모시려는 그리스도인들이 얼마나 많았겠는가? 예나 지금이나 주님의 능력 있는 종을 자기 집에 모시면 복을 받는다고 믿는 그리스도인들이 많기 때문이다. 따라서 베드로는 가장 편하게 여겨지는 집을 선택할 수 있었을 것이다. 하지만 베드로는 그 누구의 집도 아닌, 무두장이 시몬의 집에서 묵었다. 하룻밤도 아닌, 여러 날 동안 그 집에서만 묵었다.

무두장이는 가죽 제조 기술자를 일컫는다. 옛날 유대인들은 무두장이를 최하층 천민으로 간주하여 인간으로 취급하지도 않았다. 직업상 죽은 짐승의 가죽을 벗겨 내기에, 부정한 짐승의 사체死體에 손을 대는 무두장이는 부정한 존재요, 그 무두장이와 교류하면 무두장이의 부정이 자신들에게도 전이된다는 이유에서였다. 이를테면 유대인들에게 무두장이는 부정한 불가촉천민이었다. 무두장이는 어쩔 수 없이 스스로 격리된 곳에서 홀로 살아야만 했다. 그러나 이상한 일이 있었다. 무두장이가 죽은 짐승의 부정한 사체를 다루므로 부정 탄 존재이고, 부정한 무두장이의 손이 닿는 것에는 무엇이든 그의 부정이 전이된다는 이유로 무두장이와 상종도 않는다면, 부정한 무두장이의 손에 의해 만들어진 가죽 제품 또한 부정하게 여김이 마땅하지 않겠는가? 그러나 유대인들은 희한하게도 무두장이는 부정하다 하여 불가촉천민으로 낙인찍으면서도, 그 부정하다는 무두장이가 만든 가죽 제품은 더없이 소중하게 다루었다. 신발, 겉옷, 벨트, 가방, 안장, 장식품 등 유대인에게 가죽 제품은 없어서는 안 될 소중한 생활 필수품이었다. 가죽 제품을 그토록 소중하게 여긴다면 그 가죽 제품을 만들어 주는 무두장이도 소중하게 여겨야 할 것이요, 무두장이가 정녕 부정하다고 믿는다면 무두장이의 손으로 만들어진 가죽 제품은 눈여겨보지도 말아야 할 것이다. 그러나 유대인들은 무두장이는 부정한 불가촉천민으로 간주하면서도, 그들에 의해 만들어진 가죽 제품은 귀하게 여기는 이율배반적인 자기모순에 빠져 있었다.

베드로가 유대인이었다는 것은 베드로 역시 예전에는 무두장이에 대해 동일한 자기모순에 빠져 있었음을 의미한다. 그러나 욥바에서 죽은 다비다를 살려 낸 베드로가 자신을 모시려는 그리스도인들이 많았을 것임에도, 그곳에 무두장이 시몬이 살고 있음을 알고는 그의 집을 자신의 유숙지로 삼은 것은, 베드로는 이미 예수 그리스도 안에서 무두장이에 대한 자기모순을 극복하였음을 뜻한다. 베드로가 무두장이의 집에서 며칠 동안 유숙한다는 것은 무두장이의 식탁에서 무두장이의 식기로 식사하고, 무두장이의 침대에서 잠을 자며, 무두장이의 수건으로 얼굴을 닦고, 무두장이의 화장실을 사용하는 것을 뜻한다. 그것은 유대인들의 사고방식으로는 부정한 무두장이의 부정을 타는 지름길이었다. 정신 나간 유대인이 아니고는, 그 어떤 유대인에게도 그것은 불가능한 일이었다. 그러나 베드로는 조금도 개의치 않았다. 하나님께서 범죄한 아담과 하와에게 가죽옷을 지어 주셨다. 최초의 무두장이는 하나님이셨던 것이다. 그렇다면 죽은 짐승의 사체로부터 가죽을 벗겨 내신 하나님께서도 부정하시다는 말인가? 조금만 생각해 보아도 무두장이가 부정하다는 유대인들의 단정이 얼마나 비성경적인지를 알 수 있다. 그러므로 베드로가 무두장이의 집을 자신의 유숙지로 선택한 것은 무두장이는 결코 부정한 존재가 아니라는 선포인 동시에, 무두장이야말로 자신의 직업을 통해 사람을 섬기는 진정한 사명자라는 선언이었다.

유대인들로부터 인간 취급조차 받지 못하면서도 무두장이들이 신발, 겉옷, 벨트, 가방, 안장, 장식품 등과 같은 가죽 제품을 만들어 공급하지 않았더라면, 유대인들의 삶이 얼마나 불편했겠는가? 사람들로부터 천대받던 무두장이야말로 하나님의 피조 세계를 지탱하는 진정한 사명자였다. 오늘날 역시 마찬가지다. 사명자라면 일반적으로 거창한 일을 하는 사람을 연상한다. 그러나 거창한 사명을 내세우는 사람들일수록 오히려 우리 사회를 허물어뜨린다는 사실을 우리는 잘 알고 있다. 북유럽에는 하수도 청소부, 소방대원의 동상이 세워져 있는 나라들이 있다. 그 누구의 박수갈채도 없이 자기 사명에 충실한 그들에 의해 사회가 지탱되고 유지된다는 의미일 것이다. 오늘날 우리 사회가 정치적 후진성과 경제적 부패에도 불구하고 이렇듯 유지되고 있는 것은 땅 아래나 땅 위에서, 이름도 없이 빛도 없이, 자신의 직업을 통해 온 세상 사람을 섬기는 이 시대의 수많은 무두장이들, 다시 말해 사명자들이 있기 때문임은 두말할 나위도 없다.

중요한 사실은 베드로 자신이 사명자의 삶을 살았기에, 사명자로서의 무두장이를 재발견할 수 있었다는 것이다. 베드로가 사명자의 삶을 살지 않았던들 사명자로서의 무두장이를 재발견할 수는 없었을 것이다. 그렇다면 무두장이 시몬의 입장에서 생각해 보자. 무두장이는 평소 사람들로부터 인간 이하의 취급을 당하면서 스스로 사람들과 격리된 삶을 살았다. 그가 무두장이인 줄 알지 못하는 누군가가 그에게 접근하려 하면 무두장이인 그가 먼저 피했을 것이다. 한평생 그런 삶을 살아온 무두장이 시몬의 마음은 인간에 대한 절망과 분노로 숯덩이처럼 시커멓게 타 있었을 것이다. 그 무두장이 시몬이 예수님의 수제자요 초대교회 최고 지도자 중 한 명인 베드로의 방문을 받았다. 그리고 베드로로부터 자기 집에서 며칠 묵을 수 있겠느냐는 요청을 받았다. '세상에, 위대한 베드로로부터 그런 요청을 받다니', 무두장이 시몬에게 그것은 꿈에서조차 상상할 수 없던 영광스러운 일이었다. 그때 무두장이 시몬이 며칠 동안 베드로와 함께 삶을 나누면서 누렸을 기쁨과 감격이 얼마나 컸겠는가? 그가 하나님께 얼마나 크게 감사를 드렸겠는가? 그리고 그 이후 무두장이 시몬은 죽을 때까지 자기 직업을 통해 세상 사람을 섬기는 사명자의 삶을 더욱 열심을 다해 살지 않았겠는가?

사명자만 사명자를 알아볼 수 있다. 그대가 사명자로 살아가는 한, 어떤 경우에도 절망할 필요는 없다. 먼저는 주님께서 그대를 다 보고 계시고, 다음으로는 이 땅의 사명자 중 누군가가 이미 그대를 알아보고 있기 때문이다.

바울을 통해 보는 사명의 의미

그다음 안식일에는 온 시민이 거의 다 하나님의 말씀을 듣고자 하여 모이니 유대인들이 그 무리를 보고 시기가 가득하여 바울이 말한 것을 반박하고 비방하거늘 바울과 바나바가 담대히 말하여 이르되 하나님의 말씀을 마땅히 먼저 너희에게 전할 것이로되 너희가 그것을 버리고 영생을 얻기에 합당하지 않은 자로 자처하기로 우리가 이방인에게로 향하노라 주께서 이같이 우리에게 명하시되 내가 너를 이방의 빛으로 삼아 너로 땅끝까지 구원하게 하리라 하셨느니라 하니 이방인들이 듣고 기뻐하여 하나님의 말씀을 찬송하며 영생을 주시기로 작정된 자는 다 믿더라 주의 말씀이 그 지방에 두루 퍼지니라 이에 유대인들이 경건한 귀부인들과 그 시내 유력자들을 선동하여 바울과 바나바를 박해하게 하여 그 지역에서 쫓아내니 두 사람이 그들을 향하여 발의 티끌을 떨어 버리고 이고니온으로 가거늘 제자들은 기쁨과 성령이 충만하니라(행 13:44-52)

본문에서 마지막 구절의 '제자'는 비시디아 안디옥의 이방인 크리스천들을 가리킨다. 본래 복음과는 무관한 이방인들이었던 그들이 어떻게 기쁨과 성령이 충만한 크리스천들이 되었을까? 우리말 '충만하다'로 번역된 헬라어 '플레로오'는 앞에서 설명한 것처럼 '가득 채우다'라는 의미다. 비시디아 안디옥의 이방인들에게 도대체 누가 기쁨과 성령을 가득 채워 주었는가?

바울과 바나바가 청년 마가를 수행원으로 삼아 1차 전도 여행을 떠났을 때의 일이다. 전도팀은 첫 전도지였던 구브로 섬을 관통하여 밤빌리아의 버가에 도착했다. 수행원이었던 청년 마가는 그곳에서 전도팀을 무단이탈하여 자기 집으로 돌아가 버렸다. 당시의 여행 수단은 주로 도보였으므로, 여행객들은 노상에서 끼니를 해결하고 노숙하는 일이 다반사였다. 수행원이 없어졌다는 것은, 바울과 바나바가 숙식마저도 자신들의 손으로 직접 해결해야 함을 의미했다. 그렇듯 예기치 않은 상황을 맞은 바울은 버가에서 선뜻 납득하기 어려운 행동을 취했다. 로마제국의 속주㊟였던 밤빌리아는 당시 소아시아 반도, 즉 오늘날 터키의 남쪽 지중해 연안 지역이다. 그리고 바울과 바나바가 도착한 버가는 밤빌리아에서 가장 중요한 도시였다. 기원전 12세기경 페르시아제국에 의해 건설되었던 버가는 주전 334년 헬라제국의 알렉산더에 의해 정복되었다가, 그 이후 로마제국에 편입되면서 전성시대를 맞았다. 1947년부터 발굴되기 시작한 버가의 유적지를 찾아가 보면 도시의 엄청난 규모에 압도당하지 않을 수 없다. 야외경기장, 야외극장, 시장, 신전, 각종 건물 및 집터 등의 규모는, 2천 년 전 버가가 얼마나 거대한 도시였었는지를 입증해 주고 있다. 그런데도 바울은 버가를 그냥 지나쳐, 곧장 비시디아 안디옥으로 이동했다. 버가에서 200여 킬로미터 떨어진 비시디아 안디옥에 이르기 위해서는 반드시 타우루스 산맥을 넘어야만 한다. 해발 2천 미터의 고봉들로 이루어진 험산준령의 타우루스 산맥을 도보로 넘는 것도 어려운 일이지만, 특히 산맥 곳곳엔 강도들의 소굴이 있어 위험하기 짝이 없었다. 당시 개인이 타우루스 산맥을 넘는 것은 목숨을 거는 일과도 같았다. 후에 바울이 복음을 전하기 위해 '강도의 위험'마저 당했다고 고백한 것은 (고후 11:26), 이때 타우루스 산맥을 넘을 때의 경험인 것으로 추정되고 있다.

여기에서 우리는 질문을 제기하지 않을 수 없다. 바울은 왜 애써 찾아간 대도시 버가를 그냥 지나쳐 버렸는가? 버가에서 복음을 전할 수 없는 피치 못할 사정이 있었다면 버가 인근의 앗달리아나 아펜도스, 시데와 같은 도시들을 찾아가면 될 일이었다. 그런데도 왜 바울은 인근 도시들을 마다하고, 굳이 목숨을 걸면서까지 타우루스 산맥을 넘어 머나먼 비시디아 안디옥을 찾아갔는가? 바울 자신이 그 해답을 우리에게 직접 제시해 주고 있다.

비시디아 안디옥은 로마제국의 속주 갈라디아에 속해 있었으므로, 바울이 비시디아 안디옥을 찾아갔다는 것은 갈라디아 지방에 그의 첫 발을 내디뎠다는 말이었다. 그 이후 바울은 갈라디아의 이고니온, 루스드라, 더베를 차례로 방문하였다. 그 결과 갈라디아 곳곳에는 교회가 세워지게 되었고, 후에 그 지역의 교인들에게 바울이 써 보낸 편지가 신약성경의 갈라디아서였다. 그 편지 속에서 바울은 자신이 갈라디아 땅에 첫발을 내디디게 된 이유를, "내가 처음에 육체의 약함으로 말미암아 너희에게 복음을 전한 것을 너희가 아는 바라"(갈 4:13)고 직접 밝혔다. 바울이 애써 찾아간 대도시 버가를 그냥 지나치고 굳이 험산준령의 타우루스 산맥을 넘어 갈라디아 땅에 위치한 비시디아 안디옥을 향했던 것은, 그의 육체의 약함 때문이었다. 우리말 '약함'으로 번역된 헬라어 '아스데네이아$\alpha\sigma\theta\acute{\epsilon}\nu\epsilon\iota\alpha$'는 '질병'을 뜻한다.

바울이 버가를 지나쳐 비시디아 안디옥으로 향해야만 했던 것은, 그가 버가에서 질병을 앓았기 때문이었다. 그 질병이 구체적으로 무엇이었는가에 대해서는 여러 이론이 있다. 평소의 지병, 이를테면 안질이나 간질병이었다는 주장도 있다. 그러나 이런 주장은 별 설득력을 갖지 못한다. 안질이나 간질병으로 인함이었다면 바울이 버가나 그 인근 도시들을 마다하고 굳이 비시디아 안디옥을 찾아갈 이유가 없었을 것이다. 안질과 간질병의 증세가 비시디아 안디옥에서라고 특별히 호전되지는 않을 것이기 때문이다. 그보다는, 지형상 저지대인지라 온갖 풍토병이 만연해 있던 버가에 당도한 바울이 도착 즉시 말라리아와 같은 풍토병에 감염되었다는 주장이 정설로 간주되고 있다. 2천 년 전의 의료 수준은 오늘날과는 비교가 불가능할 정도로 저급했다. 풍토병 환자에 대한 치료 방법 중 하나는, 풍토병에 걸린 환경과 정반대의 환경으로 환자를 이동시키는 것이었다. 저지대인 버가가 무덥고 습한 기후인 것과는 반대로 비시디아 안디옥은 선선하고 건조한 해발 1천 미터 이상의 고원지대였다. 그러므로 버가에 당도하자마자 뜻하지 않게 풍토병에 걸린 바울이, 위험을 무릅쓰고 험산준령의 타우루스 산맥을 넘으면서까지 버가와는 정반대의 환경 조건인 비시디아 안디옥을 찾아갔음을 알 수 있다. 그리고 바울이 귀로에 버가를 다시 찾아 복음을 전했다는 것은(행 14:25), 그가 갈라디아의 고원지대에서 복음을 전하는 동안에 풍토병이 치유되었음을 의미한다.

바울이 풍토병으로 비시디아 안디옥을 찾았다고 해서 먼저 그곳의 의료 기관을 찾아가 요양한 것은 아니었다. 풍토병에 걸린 몸으로 타우루스 산맥까지 넘어 심신이 소진할 대로 소진했겠지만, 비시디아 안디옥에 도착한 바울은 안식일이 되자마자 유대인 회당을 찾아가 복음을 전했다. 바울의 설교는 수많은 사람들을 감동시켰고, 그다음 안식일이 되자 바울의 설교를 듣기 위하여 큰 인파가 회당으로 몰려들었다. 그러자 바울을 시기한 비시디아 안디옥의 유대교 지도자들이 바울을 비방하면서 더 이상 회당에서 설교하지 못하게 하였다. 그렇다고 포기할 바울이 아니었다. 바울은 회당 밖에서 비시디아 안디옥의 이방인들에게 계속 복음을 전했고, 유대교 지도자들의 사주를 받은 유력자들에 의해 추방당할 때까지 그곳 이방인들과 함께 복음의 삶을 나누었다. 그 결과 그들에게는 복음으로 인한 기쁨과 성령이 충만하게 되었다.

이제 곰곰이 생각해 보자. 수행원 마가가 버가에서 집으로 돌아가 버렸을 때, 바울과 바나바가 수행원 없이는 전도 여행이 어렵다며 그곳에서 전도 여행을 중단해 버렸더라면? 버가에서 바울이 풍토병에 걸리지 않고 버가와 그 인근 도시들만 1차 전도 여행 대상지로 삼았더라면? 버가에서 풍토병에 걸렸더라도 굳이 험산준령의 타우루스 산맥을 넘어 비시디아 안디옥을 찾아갈 필요 없이, 사랑하는 가족들의 병간호를 받으러 고향으로 되돌아가 버렸더라면? 비시디아 안디옥을 찾아갔더라도 풍토병을 다스리기 위해 자기 몸조리에만 전념했더라면? 비디시아 안디옥의 유대교 지도자들이 바울을 시기하여 회당에서 더 이상 설교하지 못하게 했을 때, 바울이 자존심 상해하며 그냥 비시디아 안디옥을 떠나 버렸더라면?

이 모든 과정 중에서 단 한 과정만 어긋났더라도 비시디아 안디옥의 이방인들은 그들의 삶이 기쁨과 성령으로 가득 채워지는 구원의 은총을 입지는 못했을 것이다. 그들이 기쁨과 성령이 충만한 크리스천의 삶을 마음껏 구가할 수 있었던 것은 바울 한 사람이, 최악의 상황 속에서도 사명자의 삶을 실행한 결과였다.

욥바의 무두장이 시몬이 세속 직업을 통해 세상 사람을 섬긴 사명자였다면, 바울은 복음 전도자로서 많은 사람을 섬긴 사명자였다. 이런 의미에서 그 두 사람은 주님 안에서 똑같은 성직자였고, 그들의 직업은 모두 성직이었다. 그대 한 사람이 사명자로 살면, 그대로 인해 많은 사람이 행복을 누리게 될 것이다. 사명자로 살아가는 그대가 곧 주님 안에서 성직자요, 그대의 직업이 무엇이든 주님 안에서 사람을 섬기기 위한 그 직업이 바로 성직이기 때문이다.

사명자의 궁극적 목적

천국은 마치 품꾼을 얻어 포도원에 들여보내려고 이른 아침에 나간 집 주인과 같으니 그가 하루 한 데나리온씩 품꾼들과 약속하여 포도원에 들여보내고 또 제삼 시에 나가 보니 장터에 놀고 서 있는 사람들이 또 있는지라 그들에게 이르되 너희도 포도원에 들어가라 내가 너희에게 상당하게 주리라 하니 그들이 가고 제육 시와 제구 시에 또 나가 그와 같이 하고 제십일 시에도 나가 보니 서 있는 사람들이 또 있는지라 이르되 너희는 어찌하여 종일토록 놀고 여기 서 있느냐 이르되 우리를 품꾼으로 쓰는 이가 없음이니이다 이르되 너희도 포도원에 들어가라 하니라 저물매 포도원 주인이 청지기에게 이르되 품꾼들을 불러 나중 온 자로부터 시작하여 먼저 온 자까지 삯을 주라 하니 제십일 시에 온 자들이 와서 한 데나리온씩을 받거늘 먼저 온 자들이 와서 더 받을 줄 알았더니 그들도 한 데나리온씩 받은지라 받은 후 집 주인을 원망하여 이르되 나중 온 이 사람들은 한 시간밖에 일하지 아니하였거늘 그들을 종일 수고하며 더위를 견딘 우리와 같게 하였나이다 주인이 그중의 한 사람에게 대답하여 이르되 친구여 내가 네게 잘못한 것이 없노라 네가 나와 한 데나리온의 약속을 하지 아니하였느냐 네 것이나 가지고 가라 나중 온 이 사람에게 너와 같이 주는 것이 내 뜻이니라 내 것을 가지고 내 뜻대로 할 것이 아니냐 내가 선하므로 네가 악하게 보느냐 이와 같이 나중 된 자로서 먼저 되고 먼저 된 자로서 나중 되리라(마 20:1-16)

사명자의 궁극적인 목적은 이 땅에 하나님의 나라를 일구어가는 것이다. 그렇다면 그 하나님의 나라는 무엇을 의미하는가? 이 질문에 대한 해답이 바로 본문, 즉 예수님의 '포도원의 품꾼들 비유'다. 대부분의 사람들은 이 비유 속에서 천국—하나님의 나라를 '포도원'으로 잘못 이해한다. 하나님의 나라를 '포도원'으로 상징되는 특정 공간으로 이해하는 것이다. 예수님께서는 1절에서 그 누구도 오해할 수 없는 명료한 문장으로, "천국은 마치 품꾼을 얻어 포도원에 들여보내려고 이른 아침에 나간 집 주인과 같으니"라고 말씀하셨다. 하나님의 나라는 '포도원'이 아니라 포도원의 '주인', 즉 '하나님'이시라고 분명하게 정의하신 것이다. 하나님의 나라는 곧 하나님이시다. 하나님의 나라는 특정 공간이 아니라, 하나님이 계시는 곳이면 어디든 바로 그곳이 하나님의 나라다. 바꾸어 말하면 하나님 나라의 정신이 구현되는 곳이 바로 하나님의 나라다. 그렇다면 우리가 사명자로 살아가기 위해 구현해야 할 하나님 나라의 정신은 구체적으로 어떤 정신인가?

포도원 주인(하나님)이 이른 아침에 품꾼들을 만나 하루 품삯을 한 데나리온으로 정하고 자기 포도원에서 일하게 했다. 주인은 오전 9시와 낮 12시, 그리고 오후 3시에도 장터에서 일 없는 품꾼들을 만났고, 그들 역시 자기 포도원에서 일하게 해주었다. 오후 5시가 되었다. 하루의 일과가 파하기 한 시간 전이었다. 그 시간에 외출한 주인은 그때까지 일 없이 서성이는 사람들을 만났다. 주인이 그들에게, 왜 일하지 않고 하루 종일 놀고 있는지 까닭을 물었다. 그들은 일하고 싶은 마음은 굴뚝같지만 아무도 자신들을 써주지 않는다고 자신들의 딱한 사정을 털어놓았다. 그들을 긍휼하게 여긴 포도원 주인은 비록 늦은 시각이었지만 그들도 자기 포도원에서 일하게 해주었다. 이윽고 퇴근 시간인 오후 6시가 되었다. 포도원 주인은 청지기에게, 오후 5시부터 한 시간만 일한 품꾼들에게 하루 품삯에 해당하는 한 데나리온씩을 지불하게 했다. 그 광경을 목격한 나머지 품꾼들이 마음속으로 쾌재를 불렀다. 그들보다 훨씬 오랜 시간 일한 자신들에게는 분명 더 많은 품삯이 주어지리라 기대한 것이다. 그러나 포도원 주인은 품꾼들의 개별적인 노동시간에 상관없이 모든 품꾼들에게 일률적으로 한 데나리온씩만 지불하였다.

이른 아침부터 일한 품꾼들이 주인에게 즉각 원망을 터뜨렸다. 하루 종일 일한 자신들을, 어떻게 고작 한 시간밖에 일하지 않은 품꾼들과 동일하게 대우할 수 있느냐는 원망이었다. 그들의 원망에 대한 포도원 주인의 입장은 단호했다. 주인이 이른 아침부터 일한 품꾼들에게도 한 데나리온씩의 품삯을 준 것은 그것이 그들과의 약속이기 때문이었다. 주인은 그들과의 약속을 정확하게 실천한 것이지, 약속을 어긴 것이 결코 아니었다. 그리고 그들보다 덜 일한 사람에게도 동일한 품삯을 지불한 것은 전적으로 주인의 선의였다. 주인이 자신의 것으로 사정이 딱한 사람들에게 선의를 베푼다고 해서, 일찍 온 사람들이 주인을 악한 사람이라고 욕할 수는 없는 일이었다. 그들이 주인을 원망한 것은 주인의 셈이 그릇되었기 때문이 아니라, 근거도 없는 자신들의 그릇된 기대감에 스스로 속았기 때문이었다.

예수님의 이 비유 속에서 우리는 하나님 나라의 정신을 알 수 있다. 하나님 나라의 정신은 하나님의 자녀들에게 동질의 일용할 양식이 돌아가게 하는 것이다. 오후 5시부터 겨우 한 시간밖에 일하지 않은 품꾼들이라고 해서, 그들의 가족들은 그날 빵조각 10분의 1만 먹어도 되는 것은 아니다. 그들의 가족들 역시 인간인 이상 일용할 양식을 먹어야 한다. 그래서 포도원 주인은 그들에게도 그들의 가족들과 함께 일용할 양식을 먹을 수 있게끔 하루분의 품삯을 지불해 준 것이었다. 이 경우에, 예수님의 비유 속에서도 그랬던 것처럼, 더 많이 일한 사람들은 반드시 더 많은 인센티브를 받아야 한다고 자기 권리를 주장하기 마련이다. 그런 사람들은 자본주의자들이다. 자본주의로 과연 하나님의 나라를 구현할 수 있는가? 돈을 인간의 머리 위에 두는 자본주의로는 하나님의 나라는커녕 도리어 빈부의 격차, 양극화 현상만 심화시킬 뿐임을 지금 온 세계가 엄청난 진통 속에서 경험하고 있다. 반대로 이런 사람들도 있을 수 있다. 포도원 주인이 한 시간만 일한 사람에게도 하루분의 품삯을 지불한 것을 알고, 그다음 날부터 하루 종일 놀다가 오후 5시쯤 포도원으로 나가 한 시간만 일하고는 매일 하루분 품삯을 받으려는 사람들이다. 그런 사람들은 적당하게 일하고 공평하게 먹고살자는 공산주의자들이다. 공산주의로 이 땅에 하나님의 나라를 일굴 수 있는가? 공산주의로는 인간의 근면성과 성실성마저 말살되고 만다는 사실이 이미 역사를 통해 증명되었다. 그렇다면 사명자는 어떤 사람이어야 하는가?

한 시간만 일하고도 포도원 주인으로부터 뜻하지 않게 하루분 품삯을 받은 사람들을 생각해 보자. 그들 역시 일자리를 얻기 위해 이른 아침부터 집을 나섰을 것이다. 그러나 오후 5시가 되기까지 자신들을 써주는 사람이 없을 때, 집에서 목을 빼고 자신들을 기다리고 있을 처자식들을 생각하며 입술이 바싹바싹 타들어가지 않았겠는가? 바로 그 순간에 자신들에게 기적적으로 일을 맡겨 준 포도원 주인이 있었다. 고작 한 시간만 일하고 대체 얼마의 품삯을 기대할 수 있겠는가? 설령 10분의 1데나리온밖에 받지 못한다 해도 그날 하루 공치는 것보다는 백번 나았다. 그러나 포도원 주인은 그들이 상상할 수 있는 이상의 존재였다. 놀랍게도 포도원 주인은 고작 한 시간밖에 일하지 않은 자신들에게 하루분의 온전한 품삯을 지불해 주었다.

그날 저녁 장터에서 사랑하는 가족들을 위해 일용할 양식을 사들고 귀가하는 그들은 마음속으로, 포도원 주인에 대한 뜨거운 감사의 눈물을 흘리지 않았겠는가? 그런 주인을 위해서라면 기꺼이 충성을 다 바치리라 결심하지 않았겠는가? 그들은 이튿날부터 누구보다도 이른 시간에 포도원으로 나가 매일 열심히 일했을 것이다. 그리고 언제나 하루 한 데나리온의 품삯에 만족하면서, 일하고 싶어도 일자리가 없어 일하지 못하는 사람들에게 주인이 언제든 일용할 양식을 기꺼이 제공해 줄 수 있게끔 누구보다도 충성스럽게 일했을 것이다. 바로 그 사람들이 참된 그리스도인들이요, 사명자들이다. 사명자는 최선을 다해 열심히 일한 후에 자신이 누릴 수 있는 권리를 누군가를 위해 자발적으로 포기하는 사람이다. 그것이 하나님 나라의 정신이다. 그런 사람의 삶 속에, 그런 사람의 삶을 통해, 하나님의 나라가 임하고 일구어짐은 두말할 나위도 없다. 그래서 예수님의 비유는 "이와 같이 나중 된 자로서 먼저 되고 먼저 된 자로서 나중 되리라"는 말씀으로 끝난다. 아무리 신앙 연륜이 길어도 자기 행위에 대한 권리를 주장하는 사람이라면 하나님 나라와는 무관할 수밖에 없고, 초신자라 할지라도 누군가를 위해 자신의 권리를 자발적으로 포기할 줄 아는 사람이라면 그는 하나님의 나라를 일구고 있는 사명자임에 틀림없다. 자신의 기득권을 자발적으로 포기하는 사명자들이 모인 곳에는, 사회정의가 절로 구현된다.

오늘날 한국 교회 안에서 그리스도인을 만나 보기 어렵다. 오직 두 그룹의 사람들만 보일 뿐이다. 자신들의 기득권을 당당하게 주장하는 소위 우파 보수주의자들과, 서로 나누되 다른 사람들의 것들로 나누자는 좌파 진보주의자들이다. 한국 교회가 하나님의 나라를 일구기는커녕 도리어 세상의 조롱거리로 전락한 것은 결국 자승자박인 셈이다. 그대는 보수주의자나 진보주의자가 아니라, 누구보다도 열심히 일하고서도 누군가를 위해 자신의 권리를 자발적으로 포기할 줄 아는 참된 그리스도인—사명자가 되어야 한다. 오직 사명자를 통해서만 인간을 살리기 위해 하나님의 기득권을 자발적으로 포기하신 임마누엘 하나님의 나라가 일구어진다.

3 사명자의 조건

사도행전 20장 24절
내가 달려갈 길과 주 예수께 받은 사명 곧 하나님의 은혜의 복음을 증언하는 일을 마치려 함에는 나의 생명조차 조금도 귀한 것으로 여기지 아니하노라 모든 일이 그렇듯이, 사명자로 살아가기 위해서도 반드시 조건이 필요하다. 사명자가 갖추어야 할 성경적인 조건은 무엇일까?

새로운 가치관을 지녀야 한다

나는 팔일 만에 할례를 받고 이스라엘 족속이요 베냐민 지파요 히브리인 중의 히브리인이요 율법으로는 바리새인이요 열심으로는 교회를 박해하고 율법의 의로는 흠이 없는 자라 그러나 무엇이든지 내게 유익하던 것을 내가 그리스도를 위하여 다 해로 여길뿐더러 또한 모든 것을 해로 여김은 내 주 그리스도 예수를 아는 지식이 가장 고상하기 때문이라 내가 그를 위하여 모든 것을 잃어버리고 배설물로 여김은 그리스도를 얻고 그 안에서 발견되려 함이니 내가 가진 의는 율법에서 난 것이 아니요 오직 그리스도를 믿음으로 말미암은 것

이니 곧 믿음으로 하나님께로부터 난 의라(빌 3:5-9)

바울에게는 본래 자랑할 것이 많았다. 바울은 태어난 지 팔일 만에 율법에 따라 할례를 받았다. 이를테면 그는 철저하게 율법을 준수하는 유대교인의 자식으로 태어난 사람이었다. 바울은 이스라엘 족속이었다. 당시 유대교인 중에는 개종한 이방인도 많았다. 그러나 그는 태어날 때부터 하나님의 선민인 이스라엘 혈통이었다. 바울은 베냐민 지파였다. 이스라엘 초대 왕이었던 사울 왕이 베냐민 지파였고, 이스라엘 백성을 하만의 살인극에서 구해 낸 에스더도 베냐민 지파였다. 그래서 베냐민 지파 출신들은 자기 지파에 대한 긍지가 대단했다. 바울은 히브리인 중의 히브리인이었다. 2천 년 전 지중해 세계에는 디아스포라 유대인들이 흩어져 살았고, 그들은 대개 당시 지중해 세계의 공용어이던 헬라어를 모국어로 사용하였다. 그러나 바울은 디아스포라 유대인이면서도 헬라어는 말할 것도 없고 히브리어까지 완벽한 모국어로 구사하였다. 바울은 율법적으로는 바리새파였다. 바리새파는 율법에 관한 한 가장 엄격한 종파였기에, 율법에 대한 바리새인들의 자부심은 하늘을 찌를 정도였다. 바울은 열심으로는 교회를 박해하던 사람이었다. 누구보다도 유대교 열혈 청년이었던 바울에게는, 유대교 지도자들이 신성모독죄로 못박아 죽인 예수를 구세주라 주장하는 그리스도인들은 반드시 제거해야 할 불순분자들에 지나지 않았다. 또 바울은 율법의 의로는 스스로 흠이 없다고 자부하던 사람이었다. 바울은 율법을 지키는 행위로 구원을 얻을 수 있다고 믿는 유대교인이었고, 또 율법에 관한 한 가장 엄격한 종파에 속해 있었기에, 자신이야말로 율법적으로 흠이 없는 의인이라 믿고 있었다.

게다가 바울은 당대 최고의 율법학자 가말리엘의 제자였고, 태어날 때부터 로마 시민권이 있었다. 한마디로 말해 2천 년 전 유대 사회에서 바울만큼 제대로 스펙을 갖춘 젊은이는 없었다. 그대로 시간만 흐르면 바울이 유대교 최고 지도자 반열에 오르게 될 것임은 의심할 여지도 없었다.

그러나 바울은 자신의 그 많은 자랑거리들, 그동안 선천적으로 얻었거나 자신의 노력으로 쌓아 온 그 화려한 스펙들을 모두 배설물처럼 미련 없이 버려 버리고 말았다. 대체 그 이유가 무엇이었는가? 그 모든 것들을 생의 목적으로 삼은 결과가 다메섹 도상에서 시력의 상실로 나타났기 때문이다. 다메섹 도상에서 예수 그리스도의 빛에 사로잡힌 바울은 그 자리에서 맹인이 되고 말았다. 조금 전까지 다메섹에 있는 그리스도인들을 연행하기 위해 보무도 당당하게 걸어가던 바울은 시력을 상실한 채, 겨우 남의 손에 이끌려서야 다메섹으로 입성할 수 있었다. 그것은 지금까지 바울이 추구해 왔던 인생이 주님 앞에서는 철저하게 무효였음을 의미했다. 그는 지금까지 자신이 어디로 향하는지도 알지 못하는 맹인이면서도, 자신이 맹인이라는 사실조차 자각지도 못한 한심한 인간이었다. 주님의 빛에 사로잡히고 보니 자신이 흠 없는 의인이기는커녕, 주님을 부정하고 교회를 짓밟던 죄인 중의 괴수였다. 그리고 주님께서 보내 주신 아나니아의 안수기도로 시력을 되찾은 바울은 비로소 새로운 삶을 살 수 있었다. 시력을 잃음과 동시에 바울의 옛사람은 죽고, 주님 안에서 시력을 되찾음으로 새로운 피조물로 거듭난 새로운 삶이었다. 구원은 인간의 행위나 경력이나 스펙으로 얻는 것이 아니었다. 구원은 하나님께서 인간의 죗값을 대신 치르게 하시기 위해 십자가의 제물 삼으신 예수님을 믿음으로써만 얻을 수 있는 하나님의 은혜였다. 의의 출처가 인간의 율법적 행위에 있는 것이 아니었다. 인간이 예수 그리스도의 보혈을 믿음으로 하나님께서 죄인인 인간을 예수 그리스도 안에서 의롭다고 인정해 주시는 것이었다.

이 복음을 온몸으로 체험하고 보니, 자신에게 새로운 생명을 주신 예수 그리스도의 십자가보다 더 귀한 것은 아무것도 없었다. 그 십자가 앞에서 그동안 자신이 삶의 목적으로 추구해 왔던 것들은 배설물보다 못한 것들이었다. 그래서 바울의 가치관이 180도 바뀌었다. 그 이전까지 그의 삶의 동기가 자기 자신이었다면, 주님을 만난 이후부터는 삶의 동기가 주님으로 바뀐 것이다. 이처럼 그의 가치관에 코페르니쿠스적인 대전환이 일어났으니, 그가 어찌 그 이후 일평생 주님을 위한 사명자로 살지 않을 수 있었겠는가?

아버지의 유산을 놓고 처절하게 법정 다툼을 벌이는 2세들을 보라. 그들은 지금 막대한 소송 비용을 지불하는 것은 물론이요 뭇사람의 비난을 받으면서까지 자기 자식들에게, '내가 죽으면 너희들도 나의 유산을 놓고 반드시 끝까지 서로 물고 뜯으라'며 시청각교육을 시키고 있는 셈이다. 그 얼마나 어리석은 사람들인가? 자신은 아버지의 유산을 놓고 형제와 피 튀기는 싸움을 벌이면서도, 자기 자식들만은 자신이 남긴 재산 앞에서 화목하리라 믿는다면 그보다 더 바보천치가 어디에 있겠는가? 그런 사람들의 인생이 외형적으로 화려해 보일 수는 있겠지만, 바울의 옛 삶이 그랬던 것처럼 하나님 보시기에는 무효일 수밖에 없지 않겠는가? 스스로 옳다고 믿는 인생길을 보무도 당당하게 걸어가고 있긴 하지만, 그들 역시 자신들이 지금 어디로 향해 가고 있는지조차 알지 못하는 맹인 중의 맹인들 아니겠는가? 어떤 재산이든 그 재산이 아버지의 유산이라 불린다면, 그 재산의 출처는 '내'가 아니라 '아버지'임을 의미한다. '내'가 출처인 재산은 절대로 아버지의 유산이라 부르지 않는다. 아버지가 남긴 유산의 출처가 '아버지'임을 깨닫기만 하면 유산을 놓고 자식들이 싸울 이유가 없다. 그 유산의 출처인 '아버지' 앞에서는 모든 형제가 다 똑같은 '아버지'의 자식들이기에 서로 공평하게 나누면 되기 때문이다. 아버지의 유산을 놓고 자식들이 철천지원수가 되어 서로 싸우는 것은, 자식들이 저마다 그 유산의 출처를 '나'로 삼고 있기 때문이다. 아버지의 유산은 아버지 것이 아니라 본래부터 '내' 것이었으므로 그 유산은 반드시 '내' 뜻대로 처분되어야만 하는 것이다. 이처럼 자신이 출처가 되어서도, 또 될 수도 없으면서도, 스스로 아버지가 남긴 유산의 출처가 되어 골육이 다투는 수치스러운 짓을 하면서도 수치심조차 느끼지도 못하는 중증환자들이 우리 주위에는 너무나도 많다.

　　신앙생활도 이와 같다. 그리스도인들은 예수 그리스도 안에서 하나님의 자녀로 구원받은 사람들이다. 그 구원은 인간의 행위나 공로, 경력이나 스펙의 결과로 주어진 것이 아니다. 구원은 전적으로 하나님께서 예수 그리스도 안에서 그저 베풀어 주신 은혜의 결과다. 그러므로 구원받은 그리스도인인 그대는 새로운 가치관을 지녀야 한다. 그대의 삶의 동기는 더 이상 그대가 아니다. 그대가 계속 자기 삶의 동기가 되려 하는 한, 그대는 바울이 배설물처럼 버렸던 것들을 생의 목적으로 삼느라 앞 못 보는 맹인의 삶을 계속해야만 할 것이다. 그대의 삶의 동기는 새로운 생명을 주신 삼위일체 하나님이시다. 그분이 그대 삶의 동기가 되시면 그분이 그대를 지배하시고, 결과적으로 그대의 인생은 그분에 의해 사명자의 삶으로 엮어진다.

부부는 동일한 가치관을 지녀야 한다

일평생 사명자로 살아가기 위해서는, 결혼해서는 부부가 동일한 가치관을 지녀야 한다. 하나님께서는 부부를 별개의 두 지체로 보지 않으신다. 하나님께서는 남편과 아내를 '한 몸'(창 2:24)으로 보신다. 그러므로 부부가 동일한 가치관을 지닐 때에만 하나님 앞에서 한 몸을 이룬 사명자로 살아갈 수 있다.

《성숙자반》 4장에서 말씀묵상의 세 단계에 대해 언급한 적이 있다. 성경 본문을 보이는 대로 읽고 이해하는 것이 첫 번째 단계다. 두 번째 단계는 보이는 본문을 통해 본문 너머의 보이지 않는, 창세기부터 요한계시록까지 거미줄처럼 얽혀 있는 말씀의 광맥을 캐는 단계다. 마지막 단계는, 보이는 본문을 통해 보이지 않는 말씀의 광맥까지 캐낸 것을 자기 삶에 적용시키는 단계다. 이제 이 세 단계의 순서대로 다음 본문을 상고해 보자.

제구 시 기도 시간에 베드로와 요한이 성전에 올라갈새 나면서 못 걷게 된 이를 사람들이 메고 오니 이는 성전에 들어가는 사람들에게 구걸하기 위하여 날마다 미문이라는 성전 문에 두는 자라 그가 베드로와 요한이 성전에 들어가려 함을 보고 구걸하거늘 베드로가 요한과 더불어 주목하여 이르되 우리를 보라 하니 그가 그들에게서 무엇을 얻을까 하여 바라보거늘 베드로가 이르되 은과 금은 내게 없거니와 내게 있는 이것을 네게 주노니 나사렛 예수 그리스도의 이름으로 일어나 걸으라 하고 오른손을 잡아 일으키니 발과 발목이 곧 힘을 얻고 뛰어 서서 걸으며 그들과 함께 성전으로 들어가면서 걷기도 하고 뛰기도 하며 하나님을 찬송하니 모든 백성이 그 걷는 것과 하나님을 찬송함을 보고 그가 본래 성전 미문에 앉아 구걸하던 사람인 줄 알고 그에게 일어난 일로 인하여 심히 놀랍게 여기며 놀라니라(행 3:1-10)

오후 3시 유대인들의 기도 시간에 맞추어 베드로와 요한이 예루살렘 성전을 찾았다. 그날 베드로와 요한은 예루살렘성전 문들 가운데 니카노르 문 Nicannor Gate을 이용하였다. 유대인들은 예루살렘성전 문들 가운데 그 문이 가장 아름답다고 하여 미문美門이라 불렀다. 생전에 그 문을 직접 본 역사가 요세푸스는, 높이 23미터의 미문은 아름답기도 하지만 고린도의 황동으로 제작된 이중문이어서 웅장하고 장엄하기 그지없다는 기록을 남겼다. 바로 그 아름다운 미문 앞에 선천성 하반신마비자가 앉아 있었다. 매일 그 자리에 앉아 구걸하는 걸인이었다. 아름다운 미문과, 미문 앞에 쭈그리고 앉아 구걸하는 선천성 하반신마비자 걸인—얼마나 대조적인 광경인가? 미문이 아무리 아름다워도 하반신마비자 걸인에게는 그 미문은 그림의 떡일 뿐이었다. 그럼에도 그가 그곳을 구걸 장소로 택한 것은 평소 그 문을 통과하는 통행인이 가장 많기 때문이었을 것이다. 사도행전 4장 22절은 그 걸인의 나이가 40여 세였음을 밝혀 주고 있다.

그가 미문을 통과하려는 베드로와 요한을 '보고' 구걸하였다. 우리말 '보다'로 번역된 헬라어 동사 '에이도εἴδω'는 특별한 의미를 두고 보는 것이 아니라, 시야에 들어왔기에 그냥 보는 것 to see을 의미한다. 평생 구걸하던 걸인이 지나가는 행인 개개인을 무슨 특별한 의미를 두고 보겠는가? 인기척이 있기만 하면 상대가 누구든 상관없이 희멀건 눈으로 적선을 청하지 않았겠는가? 베드로에게도 그렇게 한 것이다. 그러나 베드로는 요한과 더불어 그 걸인을 '주목'하였다. 헬라어 '아테니조$\alpha\tau\epsilon\nu i\zeta\omega$'는 '응시하다$_{\text{to gaze}}$'라는 의미다. 오히려 그 반대라야 자연스러울 것 같다. 이를테면 걸인이 무엇을 얻을까 하여 베드로를 응시하고, 베드로는 지나치면서 건성으로 걸인을 보아야 할 것 같다. 그러나 걸인은 아무 의미도 없는 희멀건 눈으로 베드로를 보았고, 베드로는 가던 걸음을 멈추고 그 걸인을 응시하였다. 그리고 베드로가 걸인에게 자신들을 '보라'고 요구했다. 헬라어 '블레포$\beta\lambda\epsilon\pi\omega$'는 '주목하다$_{\text{to look at}}$'라는 의미다. 베드로가 걸인에게, 그렇게 희멀건 눈으로 보지 말고 자신의 두 눈을 똑바로 주목하라고 요구한 것이다. 이에 걸인은 베드로로부터 무엇인가 얻을 수 있겠다는 기대감으로 베드로를 '바라보았다'. 헬라어 '에페코$\epsilon\pi\epsilon\chi\omega$'는 '온 시선을 집중시키다$_{\text{to give attention}}$'라는 뜻이다. 걸인이 두 눈의 초점을 모아 베드로의 눈을 뚫어지게 쳐다본 것이다. 위에서 하반신마비자 걸인을 내려다보는 베드로의 시선과, 아래에서 베드로를 올려다보는 걸인의 시선이 서로 맞부딪친 것이다. 베드로가 걸인의 눈을 들여다보며 말했다.

"형제여, 내게는 그대가 요구하는 은과 금은 없습니다. 그러나 나에게는 그대에게 드릴 더 귀한 것이 있습니다. 나사렛 예수의 이름으로 일어나 걸으십시오."

그 말을 하면서 베드로는 걸인의 오른손을 잡아 일으켰다. 그와 동시에 태어난 이래 40여 년 동안이나 하반신마비자로 살아왔던 걸인이 벌떡 일어섰다. 그리고 그는 하나님을 찬송하면서 성전으로 뛰어 들어갔다. 그가 성전으로 들어가기 위해서는 먼저 미문을 통과해야 한다. 그림의 떡이기만 했던 미문, 꿈속에서라도 자기 발로 걸어 들어가고 싶어 했을 그 미문을, 그가 정말 자신의 두 발로 통과한 것이었다. 그것은 그가 단순히 미문이라는 건축물을 통과한 것을 의미하지 않았다. 베드로를 만난 그의 인생 앞에 아름다운 인생의 미문이 활짝 열렸음을 뜻했다. 생각해 보라. 평생 걸인으로 살던 선천성 하반신마비자가 베드로를 만나 예수 그리스도 안에서 치유의 은혜를 입었으니, 어찌 그의 앞길에 새롭고도 아름다운 인생이 펼쳐지지 않겠는가?

걸인을 예수 그리스도의 이름으로 일으켜 세운 베드로도 그를 뒤따라 성전으로 들어갔다. 베드로 역시 미문을 통과했다는 말이다. 베드로가 성전 미문을 통과한 것은 이때가 처음이었던 것은 아니다. 그는 예수님을 좇아서도 몇 번이나 성전을 찾은 적이 있었다. 그러나 베드로가 이 날 미문을 통과한 의미는 전혀 새로웠다. 무식한 갈릴리의 어부였던 베드로 앞에도, 수많은 사람을 살리는 사도로서의 새로운 인생 미문이 아름답게 열렸음을 의미했다. 은과 금으로 통칭되는 세상의 것들을 자기 삶의 동기로 삼던 베드로 한 사람이 자신을 구원해 주신 나사렛 예수님을 삶의 동기로 삼는 사명자로 살기 시작했을 때, 그를 통해 얼마나 아름다운 섭리의 미문이 열리게 되는지를 상기 본문은 생생하게 보여 주고 있다. 이것이 상기 본문을 있는 그대로 읽고 이해한, 말씀묵상의 첫 번째 단계다.

상기 본문에 대한 두 번째 단계, 즉 보이는 본문을 통해 보이지 않는 말씀의 광맥을 캐는 단계로 넘어가 보자. 베드로가 은과 금이 아니라, 오직 예수 그리스도만을 생의 동기이자 목적으로 삼아 그분께 자신의 삶을 온전히 의탁했을 때 베드로는 혼자가 아니었다.

> 예수께서 베드로의 집에 들어가사 그의 장모가 열병으로 앓아 누운 것을 보시고 그의 손을 만지시니 열병이 떠나가고 여인이 일어나서 예수께 수종들더라(마 8:14-15)

베드로에게는, 예수님의 부르심을 받은 초기 시절부터 장모가 있었다. 장모는 아내의 어머니다. 베드로는 이미 유부남으로 그에게는 아내가 있었다. 그리고 아들이 부모를 모시는 당시의 관습과는 달리 베드로는 장모까지 자기 집에 모시고 살았다. 말하자면 베드로는 처자식에 장모까지 책임지는 가장이었다. 베드로의 직업이 어부였던 만큼 그는 열심히 물고기를 잡아 가장의 책임을 다하며 살았다. 어부인 그에게 은과 금은 그가 언제든 잡을 수 있는 물고기였다. 그러던 그가 지금은 어떻게 살고 있는가? 가장이면서도 은과 금을 더 이상 생의 동기나 목적으로 삼지 않겠단다. 오직 나사렛 예수만을 위해 살겠단다. 그것은 어부로 살 때보다 경제적으로 더 어려워지는 것을 뜻했다. 고정 수입이 보장되지도 않았다.

만약 그때 베드로의 아내가 베드로의 발목을 잡으며, 은과 금을 가져오기를 요구했더라도 베드로가 그런 삶을 살 수 있었을까? 우리 애들에게도 과외 공부시켜 주고, 옆집 아이들처럼 잘 먹이고 잘 입히게 은과 금을 벌어 오라며 날마다 닦달했더라면, 베드로는 어쩔 수 없이 갈릴리의 어부 생활로 되돌아가야만 했을 것이다. 그러나 베드로가 젊은 나이에 은과 금이 아니라 오직 예수 그리스도만을 위해 소신껏 살 수 있었던 것은, 그의 아내가 베드로와 동일한 가치관을 지니고 베드로를 적극적으로 밀어주었기에 가능한 일이었다. 가장인 남편이 생업을 버리고 예수 그리스도를 위한 전도자의 길에 나서자, 아내가 남편을 대신하여 남은 가족의 생계를 기꺼이 책임진 것이다. 그리고 자식들이 장성한 이후에는, 베드로의 아내는 아예 베드로와 동행하면서 베드로와 함께 복음을 전하였다(고전 9:5). 베드로 아내의 삶의 동기와 목적 역시 은과 금이 아니라, 자신을 위해 십자가에서 보혈을 흘려 주신 예수 그리스도셨다. 그녀 역시 명실상부한 사명자였다.

하나님께서는 부부를 각각 다른 두 지체가 아니라, 한 몸으로 보신다고 했다. 그렇다면 우리는 상기 본문이 전해 주는 베드로의 모습 속에서, 보이지 않는 그의 아내까지 볼 수 있다. 성전 미문 앞에서 희멀건 눈으로 적선을 청하는 선천성 하반신마비자 걸인을 베드로가 발걸음을 멈추고 응시할 때, 베드로의 아내 역시 베드로 속에서 베드로와 함께 그를 응시하였다. 베드로가 "은과 금은 내게 없거니와 내게 있는 이것을 네게 주노니 나사렛 예수 그리스도의 이름으로 일어나 걸으라"며 손을 내밀어 그를 일으킬 때, 베드로의 아내 역시 베드로와 함께 그 걸인에게 손을 내밀어 그를 일으켜 세웠다. 베드로가 벌떡 일어나 생전 처음으로 미문을 통과한 걸인을 따라 미문을 지나갈 때, 베드로의 아내 앞에도 사도의 아내로서 살아갈 새로운 인생의 미문이 아름답게 열려 있었다. 끝내 주님을 위해 이 땅에서 순교한 베드로가 하나님의 나라에서 큰 상을 받았다면, 그 상은 베드로 개인을 위한 상이 아니다. 그 상은 베드로와 한 몸을 이룬 베드로의 아내를 위한 상이기도 하다. 베드로의 아내가 베드로와 동일한 가치관을 지니지 않았던들, 우리가 알고 있는 사명자 베드로는 존재하지 않을 것이기 때문이다.

이제 마지막 적용의 단계로 넘어가 보자. 부부가 동일한 가치관을 지니는 것은 베드로 부부에게만 중요한 것이 아니다. 사명자로 살아가야 할 모든 그리스도인 부부에게 똑같이 중요하다. 부부가 예수 그리스도만을 삶의 동기이자 목적으로 삼는 동일한 가치관을 지니지 않고는 어느 쪽도 참된 사명자의 삶은 불가능하고, 결과적으로 부부간에 일치되지 않은 신앙의 불협화음은 자식에게도 부정적인 영향을 미치게 된다. 교회는 큰 가정이요 가정은 작은 교회다. 그러나 가정의 출발점인 부부가 동일한 가치관을 지니지 않고서야 어찌 그 가정이 주님께서 원하시는 교회로 일구어질 수 있겠는가? 이런 의미에서 부부는 늘 서로 자신의 가치관을 점검할 필요가 있다.

말년의 베드로는 이 세상의 아내들과 남편들에게 다음과 같은 권면을 남겼다.

> 아내가 된 이 여러분⋯⋯여러분은 머리를 꾸미며 금붙이를 달거나 옷을 차려입거나 하여 겉치장을 하지 말고, 썩지 않는 온유하고 정숙한 마음으로 속사람을 단장하도록 하십시오. 그것이 하나님께서 보시기에 값진 것입니다(벧전 3:1-4, 새번역).

> 남편이 된 이 여러분, 이와 같이 여러분도 아내가 여성으로서 자기보다 연약한 그릇임을 이해하고 함께 살아야 합니다. 그리고 생명의 은혜를 함께 상속받을 사람으로 알고 존중하십시오. 그리해야 여러분의 기도가 막히지 않을 것입니다(벧전 3:7, 새번역).

아내들은 세상의 은금으로 겉사람을 치장하려 하기보다는 속사람을 반듯하게 정립하고, 남편들은 자기 아내를 영적 동역자로 존중하여 하나님 앞에서 기도가 막히지 않게 살라는 권면이다. 이것은 남편과 아내가 동일한 가치관을 지니고 있을 경우에만 가능한 일이다. 말년의 베드로는 항상 아내와 동행하였다고 하지 않았는가? 말년의 베드로가 세상의 남편들과 아내들에게 이런 권면의 설교를 할 때 그 자리에는 베드로의 아내도 늘 동석해 있었던 것이다. 만약 베드로의 아내가 속사람은 아랑곳하지 않고 겉사람 치장에만 열중하는 여인이었다면, 과연 베드로가 그 아내 앞에서 세상의 아내들에게 겉사람을 치장하려 하기보다 속사람을 반듯하게 정립하라고 설교할 수 있었겠는가? 베드로가 세상의 아내들에게 그렇게 설교할 수 있었던 것은, 감사하게도 나이가 들어서도 아내의 삶에 변함이 없었던 덕분이었다. 만약 베드로가 아내 위에 군림하면서 기도를 통한 하나님과의 소통에 무관심한 인간이었다면, 자신의 실상을 알고 있는 아내 앞에서 세상의 남편들에게, 아내를 영적 동역자로 존중하여 하나님 앞에서 기도가 막히지 않게 살라고 권면할 수 있었겠는가? 베드로가 아내 앞에서 세상의 남편들에게 그런 권면의 설교를 할 수 있었던 것은, 베드로 자신이 실제로 그런 삶을 살았기 때문이다. 베드로와 그의 아내는, 서로가 서로를 비춰 주는 거울이었다. 상대의 삶을 통해 자신의 가치관을 바르게 점검하는 거울이었던 것이다. 나이 들어서까지 동일한 가치관을 견지했던 베드로 부부는 진정한 사명자 부부였다.

그대가 결혼했다면 그대의 배우자와 동일한 가치관을 지니는 것보다 더 중요한 일은 없다. 그대가 사명자로 살기 원한다면 그대와 한 몸인 그대의 배우자도 반드시 함께 사명자로 살아야 하는데, 그것은 그대 부부가 동일한 가치관을 지닐 때에만 가능하다.

하루라도 빨리 사명자의 삶을 시작해야 한다

아나니아라 하는 사람이 그의 아내 삽비라와 더불어 소유를 팔아 그 값에서 얼마를 감추매 그 아내도 알더라 얼마만 가져다가 사도들의 발 앞에 두니 베드로가 이르되 아나니아야 어찌하여 사탄이 네 마음에 가득하여 네가 성령을 속이고 땅값 얼마를 감추었느냐 땅이 그대로 있을 때에는 네 땅이 아니며 판 후에도 네 마음대로 할 수가 없더냐 어찌하여 이 일을 네 마음에 두었느냐 사람에게 거짓말한 것이 아니요 하나님께로다 아나니아가 이 말을 듣고 엎드러져 혼이 떠나니 이 일을 듣는 사람이 다 크게 두려워하더라 젊은 사람들이 일어나 시신을 싸서 메고 나가 장사하니라 세 시간쯤 지나 그의 아내가 그 일어난 일을 알지 못하고 들어오니 베드로가 이르되 그 땅 판 값이 이것뿐이냐 내게 말하라 하니 이르되 예 이것뿐이라 하더라 베드로가 이르되 너희가 어찌 함께 꾀하여 주의 영을 시험하려 하느냐 보라 네 남편을 장사하고 오는 사람들의 발이 문 앞에 이르렀으니 또 너를 메어 내가리라 하니 곧 그가 베드로의 발 앞에 엎드러져 혼이 떠나는지라 젊은 사람들이 들어와 죽은 것을 보고 메어다가 그의 남편 곁에 장사하니 온 교회와 이 일을 듣는 사람들이 다 크게 두려워하니라(행 5:1-11)

앞서 설명한 것처럼 초대교회의 특징 중 하나는 교인들이 서로 물건을 통용하는 유무상통의 삶이었다. 그것이 가능하게끔 교인들은 자신들의 재산을 처분한 돈을 사도들의 발 앞에 바쳤다. 아나니아와 삽비라 부부도 자신들의 전 재산을 하나님께 바치기로 했지만, 막상 재산을 처분한 돈이 수중에 들어오자 마음이 변하고 말았다. 그들은 돈 가운데 일부를 감추고 나머지만 사도들의 발 앞에 바쳤다. 하지만 전 재산을 헌납한 것처럼 거짓되게 행동하다가 두 사람 모두 죽고 말았다. 그래서 교회에서 종종 헌금을 강조할 때 이 구절이 인용되기도 한다. 그러나 이 본문의 강조점은 그런 것이 아니다.

아나니아와 삽비라 부부의 잘못은 하나님을 속일 수 있다고 착각한 것이다. 남편과 아내가 똑같이 그릇된 가치관을 지니고 있었던 것이다. 전 재산을 헌납하기로 했더라도 사정이 바뀌면 하나님께 얼마든지 사정을 아뢰면 된다. 하나님께서는 결코 비인격적이거나 기계적인 분이 아니시다. 우리 주머니의 돈을 노리거나 목적으로 삼는 분은 더더욱 아니시다. 그러나 아나니아와 삽비라는 그렇게 하지 않았다. 그들은 얼마를 감추고서도, 마치 자신들도 하나님께 전 재산을 헌납한 것처럼 행동했다. 그렇게 하면 하나님께서 반드시 속아 넘어가실 것이라고 믿었다. 그들은 하나님을 믿는 것 같았지만 실제로는 하나님을 믿지 않았다. 그들은 하나님은 이런 분일 것이라며 그들 스스로 빚어 낸 하나님의 우상을 섬기는 우상숭배자들일 뿐이었다. 그리고 그들은 마침내 비참한 최후를 맞고 말았다. 하나님의 하나님 되심을 믿지 못하고, 도리어 하나님의 우상을 빚고 섬기는 우상숭배자들은 결국 하나님에 의해 파멸당한다는 것이 아나니아와 삽비라 부부가 우리에게 주는 교훈이다. 중요한 사실은, 아나니아와 삽비라 부부가 교인들 앞에서 죽었을 때 그들의 시체를 뒷수습한 사명자들이 누구였느냐는 것이다.

세계 어느 나라에서든 죽은 사람을 장사 지내는 것은 일반적으로 나이 든 사람의 몫이다. 직업적인 장의사가 아니고는, 젊은 청년들이 나이 든 사람들을 제쳐 놓고 시신을 염하는 경우는 없다. 그렇다면 예루살렘 교회에서도 나이 든 장년 교인들이 아나니아와 삽비라의 시신을 수습함이 자연스럽고도 마땅한 일이었을 것이다. 그러나 상기 본문은 우리의 상식과는 정반대의 사실을 전해 주고 있다. 본문 6절은 남편인 아나니아가 먼저 죽었을 때 "젊은 사람들이 일어나 시신을 싸서 메고 나가 장사" 했다고 증언한다. 3시간 후에 아나니아의 아내 삽비라도 죽었다. 그러자 '젊은 사람들'이 또다시 삽비라의 시신을 메고 나가 남편 아나니아의 시신 곁에 안치해 주었음을 10절이 증언하고 있다.

한글 성경에는 남편의 시신과 아내의 시신을 뒷수습한 사람들이 6절과 10절에 똑같이 '젊은 사람들'이라고 번역되어 있어, 마치 동일한 젊은이들이 두 사람의 시신을 모두 뒷수습한 것처럼 보인다. 그러나 헬라어 원문에는 6절의 '젊은 사람들'과 10절의 '젊은 사람들'이 각각 다르게 표기되어 있다. 헬라어로 젊은이를 가리키는 단어는 '젊다'는 의미의 형용사 '네오스$\nu\acute{\epsilon}o\varsigma$'에서 파생된 '네아니아스$\nu\epsilon\alpha\nu\acute{\iota}\alpha\varsigma$'이다. 그러나 6절의 '젊은 사람들'은 원문에 '네오스'의 비교급 복수형인 '네오테로이$\nu\epsilon\acute{\omega}\tau\epsilon\rho o\iota$'로 기록되어 있다. 단순한 젊은이들이 아니라 '보다 젊은이들'이라는 뜻이다. 그리고 10절의 '젊은 사람들'은 원문에 '네아니아스'의 지소사指小辭인 '네아니스코이$\nu\epsilon\alpha\nu\acute{\iota}\sigma\kappa o\iota$'로 표기되어 있다. 지소사는 본래의 것보다 작은 뜻이나 개념을 나타내는 표현이다. 이를테면 바이올린은 비올라의 지소사다. 비올라와 모양은 같지만 크기가 작기 때문이다. 개의 지소사는 강아지고, 송아지는 소의 지소사다. 10절의 '젊은 사람들'이 지소사인 '네아니스코이'로 표기되었다는 것은, 그들은 '보다 더 젊은이들'이었음을 의미한다.

이것을 정리하면 이런 이야기다. 많은 교인들이 모인 중에 남편인 아나니아가 갑자기 죽었다. 그날 그의 죽음을 미리 알고 장례식을 준비한 사람은 아무도 없었다는 말이다. 아나니아가 죽자마자 그 자리에서 제일 먼저 일어난 사람들은 젊은이들이었다. 그냥 젊은이들이 아니었다. 그 자리에 있던 젊은이들 중에서도 '보다 젊은이들'이었다. 그들은 누가 시키지도 않았지만, 아나니아의 시신을 수습하는 궂은일을 자신들의 사명으로 받아들여 자신하여 나섰다. 그들은 유대인의 장례법에 따라 아나니아의 시신을 천으로 싼 다음, 그들의 어깨로 시신을 메고 나가 자연 동굴무덤 속에 안치하였다. 그 모든 과정을 끝내고 돌아왔을 때는 약 3시간이 경과한 시점이었다. 아무리 젊은이들이라 해도 장례식을 다 치른 그들의 심신이 지칠 시점이었다. 하지만 돌아와 보니 아나니아의 아내 삽비라도 방금 죽어 있었다. 그렇다면 이번에는 다른 교인들이 나서게끔 가만히 있어도 될 일이었다. 그러나 아나니아의 장례식을 치르고 이제 막 되돌아온 '보다 젊은이들' 중에 '보다 더 젊은이들'이 재차 나섰다. 비록 심신은 피곤했을망정 삽비라의 시체를 보는 순간 또다시 사명감을 느낀 것이었다. 그들은 잠시 휴식을 취할 겨를도 없이 곧장 삽비라의 시체를 메고 나가 남편 아나니아의 시체 곁에 안치해 주었다.

이것이 초대교회의 힘이었다. '젊은이들'이, '보다 젊은이들'이, '보다 더 젊은이들'이, 사람들이 꺼리는 궂은일에 앞다투어 사명감을 느끼며 임한 것이다. 바꾸어 말하면 교인들이 한 살이라도 더 젊었을 때, 하루라도 더 빨리, 사명자의 삶을 살기 시작한 것이다. 이런 사명자들로 이루어진 초대교회가 인류의 역사를 새롭게 하는 주님의 통로로 쓰임 받은 것은 사필귀정이지 않겠는가?

사명자의 삶은 구호로 이루어지지 않는다. 사명자의 삶은 오직 실천으로 엮어진다. 그대가 진정 사명자로 살기 원한다면 하루라도 빨리, 지금 당장 사명자로 살기 시작해야 한다. '내일부터'라며 미루면, 그대가 죽을 때까지 사명자로 사는 것은 불가능할 것이다. 내일이 되면 그대는 또다시 '내일부터'라고 미룰 것이기 때문이다. 사명자에게는 내일이 없다. 사명자에게는 오직 오늘, 지금, 이 순간이 있을 뿐이다.

보편적 그리스도인이 되어야 한다

안디옥 교회에 선지자들과 교사들이 있으니 곧 바나바와 니게르라 하는 시므온과 구레네 사람 루기오와 분봉왕 헤롯의 젖동생 마나엔과 및 사울이라(행 13:1)

위대한 사도 바울을 파송하여 복음의 세계화에 전초기지 역할을 했던 교회는 안디옥교회였다. 본문은 안디옥교회의 선지자들과 교사들, 이를테면 안디옥교회 지도자 그룹의 명단을 밝혀 주고 있다. 첫 번째 인물은 안디옥교회의 담임목사 바나바였다. 레위인이었던 그는 유력 가문 출신으로 정통파 유대인이었다. 두 번째 인물은 니게르라는 시므온이었다. 라틴어 '니게르$_{niger}$'는 '검다'는 뜻으로, 여기에서 파생된 단어가 흑인을 일컫는 '니그로$_{negro}$'다. 2천 년 전 철저한 계급사회였던 로마제국 내에서 흑인은 대부분 노예였다. 흑인 시므온은 비천한 노예 출신인 셈이었다. 세 번째 인물은 구레네 사람 루기오로, 구레네는 현재의 리비아다. 그는 리비아 출신이라는 것 이외에는 달리 내세울 것이 없는 무명의 이방인일 뿐이었다. 네 번째 인물은 분봉왕 헤롯 안티파스의 젖동생 마나엔이었다. 우리말 '젖동생'으로 번역된 헬라어 '쉰트롭호스σύντροφος'는 한 어머니의 젖을 먹고 자라난 친형제를 뜻하기도 하지만, 어릴 적부터 단짝인 죽마지우를 일컫기도 한다. 그 어느 쪽이든 마나엔이 헤롯의 젖동생으로 불렸다는 것은, 그 역시 불의한 지배계층에 속해 있던 사람이었다는 말이다. 그렇지 않고서는 그가 공식적으로 헤롯의 젖동생이라 불릴 수는 없었다. 그리고 마지막 인물은 사울이었다. 사울은 본래 예수 그리스도를 부정하면서 교회를 짓밟던, 나중에 이름을 바울로 바꾼 바로 그 바울이었다.

이상 다섯 사람의 면면은 모든 면에서 달라도 너무 달라, 그들을 한 그룹으로 엮는다는 것 자체가 불가능해 보일 정도다. 그런데도 그들은 모두 주님 안에서 인간성과 인간의 동질성을 회복하고, 한데 어우러져 보편적인 교회를 이루었다. 안디옥교회가 노예 출신인 흑인 시므온과 무명의 이방인 루기오 그리고 불의한 헤롯의 젖동생 마나엔을 교회 홍보용으로 이용한 것은 아니었다. 그 이후에 바울과 바나바가 선교사로 파송되자, 남은 세 사람이 안디옥교회를 이끌었다. 한마디로 안디옥교회는, 세상에서라면 결코 함께 어울릴 수 없는 사람들이 예수 그리스도 안에서 한데 어우러진 이상적인 보편적 교회였다. 철저한 계급사회인 로마제국 내에서 그것은 정말 믿기 어려운 혁명적인 일이었다. 그것이 가능할 수 있었던 것은 안디옥교회의 주인이 주님이셨기 때문이다. 주님을 주인으로 모신 교회가 보편적 교회를 이루지 못하거나 않는다면, 오히려 그것이 이상한 일이다.

2천 년 전 주님을 좇던 사람들은 양극단의 사람들이었다. 이를테면 열심당원 시몬과 세리 마태가 있었다. 열심당원은 로마제국으로부터 독립을 쟁취하기 위해 무력마저 불사하는 과격파 행동대원이었다. 그 반대로 세리는 로마제국에 빌붙어, 동족의 고혈을 짜내어 사복(私腹)을 채우던 불의한 인간이었다. 열심당원 시몬의 입장에서 보면 세리 마태는 반드시 제거해야 할 공적(公敵) 1호였고, 노회한 세리 마태의 관점에서 보자면 열심당원 시몬은 천하대세를 읽지 못하는 철부지 급진주의자에 불과했다. 그런가 하면 갈릴리의 빈민 베드로와 아리마대의 거부 요셉이 있었고, 비천한 창녀 막달라 마리아와 존귀한 산헤드린의원 니고데모도 있었다. 그들은 이 세상에서는 한 테이블에 절대로 함께 앉을 수 없는, 극히 이질적인 사람들이었다. 그러나 그들 역시 예수 그리스도 안에서 그들 간의 모든 차이점을 초월하여 한 지체가 될 수 있었다. 예수 그리스도께서 그들에게 베풀어 주신 구원이 특정 부류의 사람만을 위한 차별적 구원이 아니라, 남녀노소 빈부귀천의 차별 없는 보편적 구원이었기 때문이다.

예수님께서 십자가의 수난을 당하시기 전에 하나님께 드린 중보기도에 다음과 같은 내용이 있다.

> 거룩하신 아버지여 내게 주신 아버지의 이름으로 그들을 보전하사 우리와 같이 그들도 하나가 되게 하옵소서(요 17:11하)

예수님께서는 당신의 제자들이 지금 주님 안에서 하나인 것처럼 당신이 이 땅을 떠나신 뒤에도 당신 안에서 계속 하나이기를, 마치 성부와 성자가 하나이신 것처럼 그들도 변함없이 하나이기를 간구하셨다. 하나님 아버지께서 예수님 당신을 통해 이루실 구원이 만민을 위한, 차별 없는 보편적 구원임을 예수님께서 알고 계셨기 때문이다.

> 너희 중에 분깃이나 기업이 없는 레위인과 네 성중에 거류하는 객과 및 고아와 과부들이 와서 먹고 배부르게 하라 그리하면 네 하나님 여호와께서 네 손으로 하는 범사에 네게 복을 주시리라(신 14:29)

> 하나님께 노래하며 그의 이름을 찬양하라 하늘을 타고 광야에 행하시던 이를 위하여 대로를 수축하라 그의 이름은 여호와이시니 그의 앞에서 뛰놀지어다 그의 거룩한 처소에 계신 하나님은 고아의 아버지시며 과부의 재판장이시라(시 68:4-5)

예나 지금이나 인간들은 가난하고 힘없고 불쌍한 사람들을 업신여긴다. 그러나 삼위일체 하나님의 관심 속에는, 나그네와 고아와 과부처럼 힘없고 불쌍한 사람들도 당연히 포함되어 있다. 하지만 수준과 형편과 처지가 서로 다른 인간들만 모여 있어서는, 아무리 노력해도 보편적 교회가 이루어지지는 않는다. 오직 차별 없는 보편적 구원을 베풀어 주시는 삼위일체 하나님 안에서만, 이 세상 그 누구든지 보편적 교회를 이룰 수 있다.

정통파 유대인 바나바, 흑인 노예 출신 시므온, 무명의 이방인 루기오, 불의한 헤롯의 젖동생 마나엔, 교회의 원수였던 바울이 한데 모여 안디옥교회를 이루었다. 그들은 사회적 배경이 달랐고, 사상이 달랐고, 삶의 과정과 방식이 달랐고, 사고방식이 달랐으며, 지적 수준이 달랐다. 그들 간에 문화적, 사회적, 이념적, 교육적 차이로 인한 갈등이 얼마나 많았겠는가? 서로 답답한 일은 또 얼마나 잦았겠는가? 그러나 그들은 그들 간의 모든 존재적 차이를 극복하고 이상적인 보편적 교회를 이루었다. 그들 개개인이 자신들에게 차별 없는 보편적 구원을 베풀어 주신 주님을 주인으로 모신 보편적 그리스도인들이었기 때문이다. 그들이 아무리 보편적 교회를 이루고 싶었더라도, 그들 개개인이 자신과 전혀 이질적인 사람들을 온전히 수용할 줄 아는 보편적 그리스도인이 되지 않았더라면 가능할 수 없었던 일이었다. 그리고 보편적 그리스도인들이 모여 명실상부한 보편적 교회를 이룬 안디옥교회를, '저희가 하나 되게 해달라'고 간구하셨던 주님께서 인류 역사를 회복시키는 당신의 통로로 삼으신 것은 조금도 이상한 일이 아니었다.

무릇 주님 안에서 새로운 생명의 삶을 살기 원하는 사람이라면 누구든지 교회 안으로 들어올 수 있어야 한다. 사기꾼도 들어올 수 있어야 하고 술주정뱅이, 살인자, 거지, 독재자도 들어와 함께 예배드릴 수 있어야 한다. 교회의 주인이신 주님께서 만민을 위한 구원자시기 때문이다. 그러므로 특정 부류의 사람들만 모이기 원하는 교회는, 단언하건대 주님의 교회가 아니다. 주님을 주인으로 모신 교회라면, 반드시 남녀노소 빈부귀천이 주님 안에서 차별 없이 한데 어울리는 보편적 교회여야만 한다. 그러나 여기에는 대전제가 있다. 교회는 제도나 건물이 아니라, 예수 그리스도를 주인으로 모신 사람들의 모임이다. 그러므로 교회가 보편적 교회이기 위해서는 교회를 이루고 있는 사람들이 먼저 보편적 그리스도인이 되어야 한다. 그리스도인들은 사도신경을 통해 신앙을 고백하면서 '거룩한 공회'를 믿는다고 고백한다. 그 '공회'가 '에클레시암 카똘리깜$^{ecclesiam\ cathlicam}$', 즉 보편적 교회를 의미한다. 그리스도인들은 사도신경을 통해, 자신이 속한 교회가 보편적 교회여야 함을 믿는다고 고백하는 것이다. 그 고백은 자신이 속한 교회가 보편적 교회가 될 수 있게끔, 그 교회를 이루고 있는 자기 자신이 먼저 자신과 다른 사람들을 수용하는 보편적 그리스도인으로 살겠다는 결단의 고백인 것이다.

앞에서 언급한 것처럼 다메섹 도상에서 주님의 빛에 사로잡힌 바울이 시력을 상실했을 때, 주님께서 다메섹의 아나니아에게 바울을 찾아가 그의 시력이 회복되게끔 안수해 줄 것을 명령하셨다. 아나니아는 교회를 짓밟던 바울의 전력을 주님께 고하면서 바울에 대한 거부감을 표했다. 주님께서 아나니아에게 다시 명령하셨다.

> 가라 이 사람은 내 이름을 이방인과 임금들과 이스라엘 자손들에게 전하기 위하여 택한 나의 그릇이라(행 9:15)

아나니아가 알고 있는 바울은 분명히 교회의 원수였지만, 주님께서는 바로 그 바울을 '택한 나의 그릇'이라고 선포하셨다. 주님의 그 선포에 아나니아는 자신의 뜻을 접고 바울을 찾아가, 그가 다시 세상을 볼 수 있도록 안수해 주었다. 아나니아는 보편적 그리스도인이었던 것이다. 그 아나니아의 도움으로 예수 그리스도를 대적하던 바울은 그리스도인의 삶을 시작할 수 있었다. 바울 역시 보편적인 그리스도인이었기에 안디옥에서 정통파 유대인 바나바, 흑인 노예 출신 시므온, 무명의 이방인 루기오, 그리고 불의한 헤롯 가문 출신 마나엔처럼 전혀 이질적인 사람들과 더불어 주님 안에서 이상적인 보편적 교회를 이룰 수 있었다. 그리고 지중해 세계를 누비고 다니며, 남녀노소 빈부귀천 가리지 않고 만나는 모든 사람들에게 복음을 전할 수도 있었다.

사명자는 자신의 사명이 아니라, 주님께서 주신 사명으로 사는 사람이다. 주님께서 주시는 사명은, 사명의 겉모양이 어떠하든 본질적으로는 예외 없이 사람을 위한 사명이다. 누군가를 돕고, 누군가를 세우고, 누군가를 회복시키고, 누군가와 삶을 나누는, 궁극적으로 누군가를 살리고 사랑하는 사명이다. 그래서 그대가 사명자로 살기 위해서는 반드시 보편적 그리스도인이 되지 않으면 안 된다. 주님께서 아나니아에게 교회의 원수였던 바울에 대한 사명을 맡기셨듯이, 주님께서 그대에게 누구를 위한 사명을 맡기실지 전혀 알 수 없기 때문이다. 그대는 지금부터 예수님의 제자들처럼, 안디옥교회 다섯 명의 지도자들처럼, 그대와 완전히 이질적인 사람들에 대해서도 온전히 열려 있어야 한다. 보편적 그리스도인이 되지 않고서도 사명자로 살아가는 사람이 있다면, 그는 주님께서 주신 사명이 아니라 자기 사명으로 사는 사람임에 틀림없다. 그런 사람은 사람을 살리기는커녕, 자기 사명에 열심을 내면 낼수록 더 많은 사람을 해칠 것이다.

미래와 희망의 사람이 되어야 한다

> 여호와께서 이와 같이 말씀하시니라 바벨론에서 칠십 년이 차면 내가 너희를 돌보고 나의 선한 말을 너희에게 성취하여 너희를 이곳으로 돌아오게 하리라 여호와의 말씀이니라 너희를 향한 나의 생각을 내가 아나니 평안이요 재앙이 아니니라 너희에게 미래와 희망을 주는 것이니라(렘 29:10-11)

2600년 전 예레미야 선지자가 살던 시대의 유다왕국은 사회적으로나 신앙적으로나 암울한 어둠의 시대였다. 하나님의 선민임을 자처하는 유대인들은 하나님의 말씀을 좇거나 하나님의 다스림을 좇으려 하지 않았다. 정치 지도자들은 누구와 손을 잡는 것이 자기에게 유리한지 따지며 자기보다 힘센 사람이나 나라를 쫓아다녔고, 종교 지도자들은 타락할 대로 타락하여 예루살렘성전에서 형식적인 제사를 드리는 것만으로 종교적 의무를 다했다는 착각에 빠져 있었다. 인간들의 삶 속에서 하나님의 말씀은 실종되었고, 욕망에 눈먼 인간들의 탐욕을 부추기는 거짓 선지자들의 거짓 사설邪說만 난무하였다. 마침내 주전 597년, 바벨론제국 느부갓네살의 대군이 예루살렘을 침공하였다. 유다 왕 여호야김은 성이 포위되기도 전에 죽었고, 그의 아들 여호야긴은 예루살렘성을 내어 준 뒤 수많은 유대인들과 함께 바벨론으로 끌려갔다. 바벨론 군대는 향후 유다왕국이 바벨론제국의 속국이 되어 조공을 바친다는 조건하에 퇴각하였다. 그러나 뒤이어 왕위에 오른 시드기야가 애굽의 힘을 믿고 바벨론에 조공 바치기를 중단하자, 바벨론제국의 느부갓네살은 재차 예루살렘을 침공하였고, 주전 586년 유다왕국의 멸망과 더불어 또다시 수많은 유대인들이 포로로 끌려갔다. 하나님의 성전이 있는 거룩한 예루살렘이 이방 군대에 유린당하고 하나님의 선민들이 포로가 되어 이방으로 끌려간다는 것은, 포로로 끌려가는 사람이든 예루살렘에 남은 사람이든 유대인 모두에게 큰 충격이었다. 그때 하나님께서 예레미야 선지자를 통해 유대인들에게 하신 말씀이 상기 본문의 내용이다.

　하나님께서는 포로로 끌려간 유대인들에게 70년 후 예루살렘으로의 귀환을 약속하시면서, '너희를 향한 나의 생각을 내가 안다'고 선포하셨다. 열 길 물속은 알아도 한 길 사람 속은 모른다는 말이 있다. 아무리 가까운 사이라도 상대의 속생각까지는 알 수 없다. 같은 사람끼리도 상대의 속생각을 알 수 없다면, 하물며 피조물인 인간이 어떻게 창조주이신 하나님의 생각을 알 수 있겠는가? 하나님께서 가르쳐 주시기 전까지는, 유한한 인간은 무한하신 하나님의 생각을 절대로 알 수 없다. 그러므로 '너희를 향한 나의 생각을 내가 안다'는 하나님의 선포는, '너희들이 결코 알 수 없는 내 생각을 내가 너희에게 직접 가르쳐 주겠다'는 선언이었다. 그리고 하나님께서는 "너희를 향한 나의 생각을 내가 아나니 평안이요 재앙이 아니니라. 너희에게 미래와 희망을 주는 것이니라"며, 당신의 생각을 친히 가르쳐 주셨다.

삶의 터전인 예루살렘이 멸망당하고 포로로 끌려간 유대인들에게, 그들이 당한 환난은 재앙 그 자체였다. 그러나 하나님께서는 그것은 재앙이 아니라 평안을 주기 위함이라고 하셨다. 유대인들은 모든 것이 끝장이요 내일은 없다는 절망에 사로잡혀 있었다. 하지만 그것은 하나님께서 그들에게 새로운 미래와 희망을 주시기 위한 섭리였다. 생명의 근원이신 하나님을 외면하고, 욕망에 눈이 멀어 한 번밖에 없는 소중한 생명을 허망하게 갉아먹던 그들을 꺾으심으로, 하나님께서 그들로 하여금 진리 안에서 참된 평안과 새로운 미래와 희망을 누리게 해주시기 위함이었다. 하나님께서 친히 가르쳐 주신 하나님의 이 생각을 알게 된 유대인들은 죄에서 돌이켜 하나님 앞에서 회개하였다. 그리고 하나님께서 작정하신 때가 이르렀을 때 그들은 예루살렘으로 귀환하여 참된 평안 속에서, 하나님께서 약속하신 새로운 미래와 희망의 삶을 누렸다. 호세아 선지자의 표현(호 6:1)을 빌리자면 하나님께서 유대인들을 평안으로 고쳐 주시기 위해 죄악에 물든 그들을 찢으셨고, 새로운 미래와 희망으로 싸매어 주시기 위해 욕망에 눈먼 그들을 치신 것이었다. 하나님의 이 깊은 생각을 신뢰하는 사람은 인생의 길목에서 어떤 일을 당해도 결코 절망하거나 좌절하지 않는다. 하나님께서 자신을 정금처럼 연단하셔서 당신이 주시려는 참된 평화, 새로운 미래와 희망을 누리게 하시기 위함임을 알기 때문이다.

사명자로 살아간다고 해서 이 세상에서 부귀영화를 누리고 무병장수하는 것은 아니다. 오히려 그 반대이기가 더 쉽다. 만약 우리의 인생에 태양만 내리쬔다면, 우리 인생은 생명과는 무관한 죽음의 사막이 될 것이다. 병충해를 박멸시켜 준 겨울의 맹추위로 언 땅이 봄볕에 녹으면 농부가 씨를 뿌린다. 그 씨는 여름의 폭양은 말할 것도 없고 모진 비바람 속에서 속이 꽉 찬 열매로 결실되어 가을에 거두어진다. 이처럼 사명자의 인생에도 봄, 여름, 가을, 겨울이 교차하는 가운데 사명의 열매가 결실되게 하시는 것은, 천지만물을 창조하시고 인생을 주관하시는 하나님의 섭리이다. 이 믿음을 지닌 사람이 인생의 엄동설한과 폭염 속에서도 흔들림 없이 사명자의 길을 걸을 수 있고, 결과적으로 예레미야 선지자처럼 절망에 빠져 있는 사람들의 삶 속에 참된 평강 그리고 새로운 미래와 희망을 일구어 줄 수 있다.

현대 중국이 오늘날과 같은 강대국으로 부상하는 데 결정적 역할을 한 덩샤오핑은 생전에 낙관주의자로 유명했다.

나는 하늘이 무너져도 걱정하지 않는다. 하늘이 무너지면 키 큰 사람의 머리에 먼저 부딪칠 것이기 때문이다.

잘 알려진 바와 같이 덩샤오핑은 5척 단신이었다. 성인치고 자기보다 작은 사람이 없으므로, 하늘이 무너져도 키 큰 사람 머리에 먼저 부딪칠 것이기에 자신은 걱정 없다는 것이었다. 그처럼 미래에 대한 낙관적인 생각으로 매일 매일을 살았으니 그 결과로 덩샤오핑 개인의 미래는 말할 것도 없고, 그가 이끌었던 중국의 미래까지 새로워진 것은 당연한 일 아니었겠는가? 그러나 덩샤오핑은 공산주의자였다. 공산주의자는 무신론자이고, 하나님을 부정하는 유물론자다. 하나님을 믿지 않는 무신론자도 미래에 대한 낙관적인 생각으로 그 개인과 그가 속한 나라의 미래를 새롭게 할 수 있었는데, 하물며 천지를 창조하신 하나님을 자신의 희망과 미래로 삼고 살아가는 사명자야 두말해 무엇 하겠는가? 하나님을 믿는 사명자는 하늘이 무너져도 근심하거나 두려워하지 않는다. 하늘이 무너지면 그대와 나는 오히려 기뻐할 것이다. 하늘이 무너지는 날이 곧 영원하신 하나님의 나라가 도래하는 날이요, 그대와 나는 이미 하나님 나라의 시민권자이기 때문이다.

하나님의 심판을 믿어야 한다

수일 후에 벨릭스가 그 아내 유대 여자 드루실라와 함께 와서 바울을 불러 그리스도 예수 믿는 도를 듣거늘 바울이 의와 절제와 장차 오는 심판을 강론하니 벨릭스가 두려워하여 대답하되 지금은 가라 내가 틈이 있으면 너를 부르리라 하고 동시에 또 바울에게서 돈을 받을까 바라는 고로 더 자주 불러 같이 이야기하더라 (행 24:24-26)

언제부턴가 한국 교회에서 '하나님의 심판'이라는 말이 실종되어 버리고 말았다. 그리고 그것은 한국 교회 타락의 한 원인이기도 하다. 성경에 등장하는 모든 사명자들은 하나님의 심판을 의식하며 살았던 사람들이다. 물론 바울도 예외가 아니었다.

바울이 가이사랴의 감옥에 갇혔을 때의 일이다. 어느 날 총독 벨릭스가 바울을 불러내어 예수 믿는 도의 요체가 무엇인지 물었다. 바울은 거침없이 세 단어로 대답하였다. '의', '절제', '심판'이었다. '의'는 하나님과 바른 관계를 의미한다. '절제'라 번역된 헬라어 '엥크라테이아έγκράτεια'는 영어로 'put aside', 하지 말아야 할 것을 아예 제쳐 버리는 것이다. 그리고 하나님의 '심판'은 믿지 않는 사람들에게는 영원한 형벌이지만, 구원받은 하나님의 자녀들에게는 '하나님의 셈하심', '하나님의 상 주심'이다. 하나님께서는 당신이 내려 주신 시간, 물질, 재능 등을 당신의 자녀들이 무엇을 위해 어떻게 사용하는지 셈하시고, 마지막 날 당신의 나라에서 당신의 셈에 따라 포상하는 분이심을 성경이 밝혀 주고 있다. 이와 관련해서는 《새신자반》과 《성숙자반》에서 이미 충분히 설명하였다.

바울로부터 믿음의 요체가 '의', '절제', '심판'임을 전해 들은 벨릭스 총독은 두려워하며 바울을 되돌려 보냈다. 일반적으로 당시의 종교인들은 권력자들 앞에서는 권력자들이 듣기 원하는 기복적인 메시지를 주로 전했다. 그러나 바울이 언급한 세 단어―'의', '절제', '심판'은, 불의한 권력자이자 탐욕의 화신으로 살고 있는 벨릭스 총독으로서는 그 가운데 어느 한 단어도 거리낌 없이 받아들일 수 없었다. 특히 하나님의 '심판' 운운하다니, 벨릭스는 불쾌함과 두려움을 동시에 느끼며 바울을 되돌려 보냈다. 그 이후 벨릭스는 바울을 더 자주 감옥에서 불러내어 그와 이야기를 나누었다. 바울이 전한 믿음의 요체를 더 깊이 이해하고, 앞으로 그리스도인으로 살아가기 위함이 아니었다. 혹 바울이 뇌물을 바치지는 않을까 하는 기대감 때문이었다. 당시 권력자들이 뇌물을 받고 죄수를 풀어 주는 일이 비일비재했고, 벨릭스는 신흥 종교집단의 지도자로 알려진 바울에게 상당한 재력이 있으리라고 믿었던 것이다. 바울이 전했던 '의', '절제', '심판'은 이미 벨릭스의 안중에도 없었다.

생각할수록 벨릭스는 한심한 인간이다. 대체 바울이 누구인가? 2천 년 기독교 역사상 가장 위대한 사도 아닌가? 그 위대한 사도로부터 개인적으로 설교를 들을 수 있었고, 또 개인적으로 대화를 나눌 수 있었다는 것은 얼마나 크나큰 은총인가? 그가 바울의 설교에 제대로 귀를 기울였다면, 2천 년 전 로마제국의 역사를 새롭게 하는 또 한 명의 사명자로 거듭나지 않았겠는가? 그러나 그는 하나님의 '심판'에 대해 바울의 설교를 듣는 순간 잠시 두려움을 느꼈을 뿐, 그 이후부터 바울과의 관계에서 그의 관심은 오직 돈뿐이었다. 그 얼마나 한심한 인간인가? 그러나 한심한 벨릭스가 실은 우리 자신들의 자화상임을 잊어서는 안 된다. 하나님을 믿는 우리도 하나님의 '심판'에 대해 알고는 있지 않은가? 어쩌다가 하나님의 '심판'에 대한 글이나 설교를 접하면, 잠시 두려움도 느끼지 않는가? 그러나 실생활 속에서는 우리의 관심 역시 벨릭스처럼 오직 돈뿐이지 않은가?

그리스도인치고 믿음의 요체가 '의', '절제', '심판'임을 알지 못하는 사람은 드물다. 그렇지만 그 요체를 삶 속에서 구현하는 그리스도인도 흔치 않다. 그 이유는 믿음의 요체는 '의', '절제', '심판'이지만, 믿음의 진행은 그 역순으로 이루어짐을 알지 못하기 때문이다. 믿음은 반드시 하나님의 심판, 다시 말해 하나님의 셈하심과 상 주심을 믿는 것으로부터 시작한다. 하나님의 심판을 믿는 사람만 그날에 대비하여, 자기 삶 속에서 끊어 낼 것을 미련 없이 끊어 내고 포기할 것을 기꺼이 포기할 수 있다. 하나님의 심판을 믿는 사람만 하나님의 셈하심을 기억하며, 뿌려야 할 씨를 울더라도 뿌릴 수 있다. 하나님의 심판을 믿는 사람만 하나님의 상 주심을 바라보며, 결과적으로 하나님과 바른 관계 속에서 살아갈 수 있다. 학교에 아무리 많은 학생이 다녀도 시험을 의식하는 학생만이 놀고 싶은 마음을 제치고 공부에 열중할 수 있으며, 결과적으로 좋은 결과를 얻게 되는 것과 같은 이치다.

성경 속의 이야기는 2천 년 전에 종결되지 않았다. 그 이야기는 오늘 우리 시대에도 반복되고 있으며, 주님 오시는 날까지 이 땅에서 반복될 것이다. 빛이 임하면 어둠은 반드시 반발하고, 넓은 길을 걷는 사람들은 좁은 길을 지향하는 사람들을 늘 비난하고 모함하며, 사명자로 사는 사람들은 불신자가 아니라 믿는다는 사람들로부터 모진 박해를 받을 것이다. 그러므로 그대가 하나님의 '심판'을 믿을 때에만, 그대는 하나님 앞에 서는 그날까지 사명자의 길을 완주할 수 있다.

4 복음과 사명자 행전의 연결고리 I

고린도전서 9장 16절
내가 복음을 전할지라도 자랑할 것이 없음은 내가 부득불 할 일임이라 만일 복음을 전하지 아니하면 내게 화가 있을 것이로다 신약성경의 첫머리는 복음서로 시작된다. 복음은 임마누엘 하나님께서 친히 인간의 모습으로 이 땅에 오셔서 인간을 죄와 사망의 속박에서 구원해 주셨다는 것이다. 죄로 인해 죽을 수밖에 없는 죄인임을 자각한 사람에게는 이보다 더 좋은 복음, 더 복된 소식, 더 기쁜 소식, 더 감격적인 '굿 뉴스'는 있을 수 없다. 이 복음의 토대 위에 세워진 것이 교회요, 교회가 어떻게 태동되고 교회의 역사가 어떻게 전개되었는지를 보여 주는 책이 복음서에 이은 사도행전이다. 그리고 그 뒤로, 복음에 대한 해석인 교리서가 이어지고 있다. 2장에서 언급한 것처럼 이 순서가 중요하다. 언제나 앞세워야 할 것은 복음이신 예수 그리스도이지 인간의 모임인 교회가 아니다. 교회가 중요하다면 그 자체가 중요해서가 아니라, 교회가 복음의 통로이기 때문이라고 했다. 하지만 교회는 늘 복음보다 교회 그 자체를 앞세웠고, 그때마다 교회는 추악한 이익집단으로 전락했다. 교회가 복음보다 교회를 앞세우는 순간부터 유대교처럼 도리어 예수 그리스도를 죽이기 때문이다. 그 결과 교회의 목적에서 수단으로 전락한 성경은 사람을 살리는 생명의 말씀이 아니라, 직업적인 종교인들에 의해 도리어 사람의 영혼을 죽이는 흉기로 오용되었다.

2011년 7월 영국 요크에서 영국성공회 총회가 열렸다. 그해 영국성공회 교인들의 평균 연령은 61세였다. 그 이전 40년 동안 성인 교인의 50퍼센트, 그리고 미성인 교인의 80퍼센트가 교회를 떠나 버린 참담한 결과였다. 특단의 대책을 세우지 않는다면 불과 20년 후면 영국성공회는 영국에서 자연 소멸되고 말 터였다. 그래서 영국성공회는 그해 총회에서 향후 교인 수를 늘리는 데 총력을 기울일 것을 결의하였다. 복음이신 예수 그리스도를 위해서가 아니라, 영국성공회 조직을 지키기 위해 교인 수를 늘리자는 것이었다. '선先 예수 그리스도, 후後 교회'가 아니라, '선 교회, 후 예수 그리스도'인 것이다. 이제 영국성공회가 각종 이벤트와 프로그램을 통해 당장 교인 수를 늘리려는 목표를 조만간 달성할 수 있을지도 모른다. 그러나 설령 그런 식으로 교인이 늘어난다 해도, 영국성공회는 얼마 지나지 않아 지금보다 더 심각한 문제에 직면하게 될 것이다. 예수 그리스도보다 앞선 교회, 복음을 수단화한 교회는 어떤 경우에도 주님의 교회가 아니기 때문이다.

예수 그리스도의 복음, 교회, 교리는 서로 불가분의 관계를 이루고 있지만 그 순서는 언제나 불변이어야 한다. 복음을 위해 교회와 교리가 뒤따르는 것이지, 교회와 교리를 위해 복음이 생긴 것이 아니다. 항상 드러나 보이는 것은 예수 그리스도의 복음, 복음이신 예수 그리스도이어야 한다. 어떤 교회가 좋은 교회인가? 좋은 예배당을 지닌 교회, 프로그램이 좋은 교회, 목사가 유명한 교회인가? 결코 아니다. 좋은 교회는 예수 그리스도만 두드러져 보이는 교회다. 그리고 교회는 예수 그리스도를 좇되 교리의 토대 위에서 좇아야 한다. 교리는 한마디로 복음의 원리다. 이 원리를 벗어나면 교회는 세속적인 사교 모임에 지나지 않게 된다.

복음의 핵심은 베드로의 고백처럼, 2천 년 전 이 땅에 오셨던 나사렛 예수가 그리스도(메시아=구원자)시요 하나님의 아들이시라는 것이다. 신약성경에서 복음에 이어진 교리의 핵심 역시 이것이다. 주님께서는 반석과도 같은 베드로의 그 고백 위에 당신의 몸 된 교회를 세우리라고 천명하셨다(마 16:16-18). 그 이후 이 땅의 모든 교회는 바로 이 고백 위에 세워졌고, 지금도 세워지고 있다. 교회는 건물이나 제도가 아니라, 주님을 주인으로 모시고 사는 사람들의 모임이라고 했다. 따라서 '주는 그리스도시요 하나님의 아들'이시라는 교회의 고백은, 실은 이 땅의 교회를 이루고 있는 모든 그리스도인들의 고백이고, 또 고백이어야만 한다. 여기에서 질문이 제기된다. 모든 교회가 '주는 그리스도시요 하나님의 아들'이시라는 그리스도인들의 고백 위에 세워졌다면, 그렇게 세워진 교회들은 예외 없이 주님의 참된 교회로 존속함이 마땅하지 않겠는가? 그럼에도 왜 문제없는 교회가 없고, 분쟁 없는 교회를 찾아보기 어려운가?

나사렛 예수가 그리스도시요 하나님의 아들이시라는 것은 복음의 총론이다. 총론이 중요한 것은 총론은 언제나 각론을 내포하고 있기 때문이다. 따라서 총론이 내포하고 있는 각론을 바르게 이해하고 실천하면 총론은 결과적으로 바르게 구현된다. 오늘날 한국 교회가 진통을 겪고 있는 것은 총론은 분명한데, 그 총론이 내포하고 있는 각론에 대한 이해와 실천이 결여된 까닭이다. 이런 관점에서 요한복음 21장의 중요성은 아무리 강조해도 지나침이 없다. 요한복음 21장은 요한복음의 마지막 장인 동시에 사복음서의 마지막 장이다. 사복음서의 마지막 결론장인 셈이다. 그리고 요한복음 21장과 맞물려 교회의 역사를 전해 주는 사도행전의 막이 오르고 있다. 이를테면 요한복음 21장은 사복음서와 사도행전을 이어 주는 연결고리 역할을 하고 있다. 복음을 위해 세워지는 교회, 즉 교회를 이루는 사람들이 복음의 총론을 구현하기 위해 반드시 실천해야 할 각론들이 요한복음 21장에 들어 있다는 말이다. 그 각론들을 바르게 이해하고 실천할 때 우리의 삶은, 마치 성경의 순서처럼 결과적으로 복음에 뒤이은 사도행전으로 엮어지게 되는 것이다. 사도행전의 주인공들이 모두 주님의 복음을 위한 사명자들이었다는 의미에서 사도행전은 곧 사명자행전이기도 하다.

요한복음 21장의 배경은 우리가 잘 알고 있는 것처럼 갈릴리다. 그리고 부활하신 주님께서 승천하시기 전 제자들에게 남기셨던 마지막 명령의 내용도 우리는 잘 알고 있다. "땅끝까지 이르러 내 증인이 되리라"(행 1:8)는 것이다. 주님의 이 마지막 명령으로 인해 그리스도인들은 땅끝에 대한 부담감이나 채무감을 안고 살아간다. '(직접 선교사로) 가든지 (아니면 선교사를 후원하여) 보내든지 하라'는 강압적인 멘트가 강단에서 예사로 선포되고 있는 것은, 땅끝에 대한 그리스도인들의 부담감과 채무감이 어느 정도인지를 잘 설명해 주고 있다. 하지만 부활하신 주님께서 제자들을 곧장 땅끝으로 내모신 것은 아니다. 주님께서는 예루살렘에서 부활하셨지만, 당신의 사랑하는 제자들에게 요한복음 21장의 각론을 주시기 위해 그들을 갈릴리로 부르셨다. 제자들에게 갈릴리는 삶의 터전이었다. 제자들은 갈릴리에서 태어나 갈릴리에서 잔뼈가 굵은 갈릴리 사람들이었다. 그들의 가족이 갈릴리에 있었고, 그들의 생계도 그곳에 있었다. 갈릴리를 떠나서는 그들의 존재 자체가 무색할 정도였다. 부활하신 주님께서는 예루살렘에 있던 제자들을 그 갈릴리로 부르시고, 그들의 삶의 현장인 갈릴리에서부터 다시 시작하게 하셨다. 그 이유가 무엇이었을까? 자기 삶의 현장에서, 자신을 가장 잘 아는 사람들 앞에서, 자신과 가장 가까운 사람들과의 관계 속에서, 주님의 증인으로 살 수 있는 사람만 땅끝에서도 주님의 증인으로 살 수 있기 때문이었다. 히브리어로 '갈릴리גלילה'는 '고리'란 의미다. 제자들에게 복음과 사명자행전을 연결시켜 주는 '고리'는 천상의 세계나 심산계곡의 수도원이 아니라 갈릴리, 평소 그들의 삶의 현장이었다.

주님께서 창조하신 땅은 평면이 아니라 둥근 원형이다. 만약 땅이 평면으로 이루어져 있다면 땅끝은 자신이 위치한 곳과 정반대의 장소가 될 것이다. 그러나 땅은 원형을 이루고 있기에 누구든지 한 방향으로 계속 나아가면, 반드시 지구를 한 바퀴 돌아 자신이 현재 서 있는 위치로 되돌아오게 된다. 땅끝은 흔히 오해하듯 아프리카나 북극이 아니다. 누구에게든지 자기 삶의 현장이 땅끝의 출발점인 동시에 목적지다. 이것이 부활하신 주님께서 예루살렘에 있던 제자들을 그들의 삶의 현장인 갈릴리로 다시 부르시고, 그 갈릴리에서 있었던 일을 밝혀 주는 요한복음 21장을 사복음서와 사명자행전인 사도행전의 연결고리로 삼으신 이유이다. 모든 그리스도인들이 자기 삶의 현장을 복음과 사명자행전의 연결고리로 삼기 위해 실천해야 할 열일곱 개의 각론들이 그 속에 들어 있기 때문이다. 이제부터 세 장에 걸쳐 그 열일곱 개의 각론들을 하나씩 살펴보기로 하자.

사명자는 자기 삶의 현장이 욕망의 바다임을 자각해야 한다

요한복음 21장 1절은 다음과 같이 막이 오르고 있다.

그 후에

요한복음 21장 1절이 '그 후에'라고 시작되는 것은, '그 후'의 내용을 바르게 이해하기 위해서는 '그 이전'에 있었던 일을 먼저 파악해야 함을 일러 주고 있다. 요한복음 21장 1절 '이전'에 무슨 일이 있었던가? 먼저 요한복음 20장 19절을 보자.

이날 곧 안식 후 첫날 저녁 때에 제자들이 유대인들을 두려워하여 모인 곳의 문들을 닫았더니 예수께서 오사 가운데 서서 이르시되 너희에게 평강이 있을지어다

예수님께서 부활하신 날 저녁때의 일이다. 그때까지도 제자들은 주님의 부활을 믿지 못한 채, 두려움에 사로잡혀 그들이 예루살렘에서 유숙하던 집 안에 숨어 있었다. 부활하신 주님께서 그 한심한 제자들을 친히 찾아가셨다. 마침 그때 도마는 그곳에 없었다. 나중에 동료들로부터 부활하신 주님께서 방문하셨다는 이야기를 들은 도마는 그 말을 믿지 않았다. 도마는 자신의 두 눈으로 부활하신 주님의 못 자국을 직접 보고, 자기 손가락을 주님의 못 자국에 넣어 보기 전까지는 믿을 수 없다고 버텼다. 그로부터 여드레가 지났다.

> 여드레를 지나서 제자들이 다시 집 안에 있을 때에 도마도 함께 있고 문들이 닫혔는데 예수께서 오사 가운데 서서 이르시되 너희에게 평강이 있을지어다 하시고 (요 20:26)

주님께서는 도마를 위해 제자들이 모여 있는 집을 다시 찾으셨고, 그 덕분에 의심 많던 도마 역시 부활하신 주님을 믿지 않을 수 없었다.

부활하신 주님께서 제자들을 두 번씩이나 찾아가셨음을 증언하는 요한복음 20장 19절과 26절에는 중요한 공통점이 있다. 두 번 모두 제자들은 집 문을 '닫고' 있었다. 이것은 문을 열고open 닫는다close는 의미에서 닫았다는 말이 아니다. 헬라어 동사 '클레이오κλείω'는 '잠그다lock'라는 의미다. 이 동사에서 파생된 프랑스어 '끌레clé'는 '열쇠'라는 뜻이다. 제자들은 두 번 모두 그들이 모여 있던 집에, 출입문을 안으로 잠그고 있었다. 그러나 주님께서는 두 번 모두 그 집 안, 제자들 한가운데 나타나셨다. 제자들 가운데 누구도 안으로 잠긴 출입문을 열어 드린 사람이 없었음에도 주님께서 두 번 다 홀연히 제자들 한가운데 나타나신 것이었다. 어떻게 이런 일이 가능할 수 있었을까?

지금 우리가 안으로 출입문이 잠긴 집 안에 있다고 가정해 보자. 우리 중에 누구도 안으로 잠긴 출입문이나 창문을 열어 주지 않았는데도 제3자가 우리의 집 안에 홀연히 나타날 수 있는가? 오직 한 경우에만 가능하다. 그 사람이 시간과 공간을 초월하는 경우다. 그 사람이 시공을 초월하여 우리의 집이 지어지기 전으로 거슬러 가 우리 집이 위치한 공간에 선 다음 다시 현재로 되돌아오면, 우리 가운데 누구도 문을 열어 주지 않아도 그 사람은 우리 집 우리 가운데 홀연히 나타날 수 있게 된다.

따라서 이것은 사람에게는, 그 누구에게든 불가능한 일이다. 사람 가운데 시간과 공간의 지배를 받지 않는 사람은 없기 때문이다. 그러나 예수님께서는 두 번씩이나 그렇게 하셨음을 요한복음 20장 19절과 26절이 되풀이하여 증언하고 있다. 부활하신 주님께서 이미 시간과 공간을 초월하셨음을 강조하기 위함이다. 요한복음 21장 1절도 '그 후에'라고 시작함으로써 왜 그 사실을 또다시 강조하고 있는가? 아니, 그 일 이후에 대체 무슨 일이 있었는가? 요한복음 21장 1절은 다음과 같이 이어지고 있다.

> 그 후에 예수께서 디베랴 호수에서 또 제자들에게 자기를 나타내셨으니 나타내신 일은 이러하니라

'그 후에' 부활하신 주님께서 세 번째로 제자들을 찾아가셨다. 찾아가신 장소가 이번에는 디베랴 호수였다. 디베랴 호수는 바로 갈릴리 호수다. 그 호수가 얼마나 큰지 사람들은 바다로 부르기도 했다. 갈릴리와 베뢰아 지방의 분봉왕이었던 헤롯 안디바스는 주후 25년 갈릴리 서쪽 연안에 신도시를 건설하고 당시 로마 황제 티베리우스의 이름을 붙여 디베랴라고 명명했다. 이를테면 디베랴는 문자 그대로 황제의 도시였다. 그 황제의 도시에 사는 로마제국의 지배자들은 도시 앞에 있는 갈릴리 바다마저 디베랴 바다라고 불렀다. 황제의 도시와 맞붙은 갈릴리 바다 역시 황제의 바다라는 의미였다. 그러나 그것은 이스라엘 땅을 점령한 지배자들이 사용하는 명칭이었을 뿐, 대대로 그 땅에 살아온 유대인들에게 갈릴리는 변함없는 갈릴리였다. 그래서 신약성경이 로마제국의 식민통치하에 기록되었음에도 신약성경의 기자들은 갈릴리를 갈릴리로 표

기하였다. 하지만 예외가 있다. 신약성경에 갈릴리를 지배자들의 용어인 디베랴로 표기한 곳이 있다. 그 예외는 사도 요한에 의해 이루어졌다. 사도 요한도 유대인이었기에, 그 역시 요한복음 속에서 갈릴리를 열여섯 번이나 갈릴리로 표기하였다. 그러나 요한은 요한복음 6장 1절과 23절, 그리고 지금 우리가 살펴보고 있는 본문인 요한복음 21장 1절에서는 갈릴리를 의도적으로 디베랴라고 표기하였다. 그 이유가 무엇이었을까?

요한복음 6장은 주님에 의한 오병이어의 이적에 관해 증언하고 있다. 주님께서 빵 다섯 조각과 물고기 두 토막으로 여자와 어린이를 제외하고도 남자 장정만 5천 명을 배불리 먹이시는 이적을 행하셨다. 현장에 있던 민중들은 즉석에서 주님을 억지로 붙잡아 왕으로 옹립하려 했다 (요 6:15). 그들이 주님께서 구원자이심을 바르게 알았기 때문이었는가? 아니었다. 그들에게 주님께서 누구신지는 중요하지 않았다. 그들에게 중요한 것은 그들의 눈으로 확인한 주님의 신통술이었다. 그 정도의 신통술을 지닌 분을 자신들의 왕으로 삼는다면 자신들이 욕망하는 모든 것을 얻을 수 있으리라 생각한 것이다. 그러나 주님께서는 그들의 제안을 일언지하에 거절하시고 기도하기 위해 산으로 올라가셨다. 주님께서 이 땅에 오심이 인간의 욕망을 채워 주기 위함이 아니었기 때문이다.

요한 사도는 그 내용을 전하면서 요한복음 6장에서 그 일이 디베랴 바닷가에서 일어났다고 기록하였다. 황제의 바닷가에서 일어난 일이라는 의미다. 황제는 자신의 욕망대로 사는 사람이다. 자신의 욕망을 위해서라면 수단과 방법을 가리지 않고, 수많은 사람의 생명을 짓밟기도 한다. 한마디로 황제는 인간 욕망의 상징이다. 그러므로 황제의 바다는 곧 욕망의 바다를 뜻한다. 요한 사도는 오병이어의 현장을 의도적으로 디베랴 바닷가라고 표기함으로써, 그 현장에 있던 사람들이 자기 욕망의 바다에 빠져 있었음을 보여 주었다. 자기 욕망의 바다에 빠진 가련한 인간들은 구원자이신 주님을 직접 뵙고도 주님을 알아보지 못했다. 그 대신 그들은 헛된 자기 욕망을 채우고자 주님을 허망한 욕망의 상징인 왕으로 옹립하려 했다. 황제의 바다를 압도하는 황제의 논리를 타파하기 위해 이 땅에 오신 주님께서는 그들을 떠나 기도의 산으로 올라가시지 않을 수 없었다. 이 대조적인 모습을 우리에게 적나라하게 보여 주기 위해 요한 사도가 갈릴리를 디베랴 바다라 표현한 것보다 더 좋은 방법은 있을 수 없었다.

그리고 사도 요한은 복음과 사도행전, 다시 말해 복음과 사명자행전의 연결고리인 요한복음 21장 1절에서 갈릴리를 마지막으로 또다시 디베랴라 표기했다. 그 이유는 무엇일까? 우리가 사명자로 살아야 할 이 땅은, 교회가 교회로 존립해야 할 이 세상은, 심산계곡 속의 수도원이 아니라 황제의 논리가 판을 치는 황제의 바다, 즉 욕망의 바다임을 강조하기 위함이다. 수도원 속에서는 누구든 사명자로 살아갈 수 있다. 그러나 우리가 살아가는 삶의 현장은 수도원이 아니다. 우리 삶의 현장은 욕망의 논리가 인간을 압도하는 욕망의 바다 한가운데다. 그 욕망의 바다 속에서 욕망의 논리에 사로잡히지 않고 도리어 욕망의 논리를 거슬러 복음을 좇는 사람만 자기 삶의 현장을 복음과 사명자행전으로 연결시키는 사명자로 살아갈 수 있다.

예수님께서 나귀를 타고 예루살렘으로 입성하실 때 수많은 사람들이 환호성을 지르며 예수님을 열광적으로 환영하였다. 오병이어의 현장에 있던 사람들처럼 예수님께서 자신들의 욕망을 충족시켜 주시리라는 헛된 기대감의 발로였다. 주님께서는 그들의 열광적인 환영에 들뜨거나 고무되시지 않았다. 오히려 예루살렘 성을 보시며 눈물지으셨음을 누가복음 19장 41절이 밝혀 주고 있다. 예수님께서는, 지금은 허망한 욕망에 눈이 멀어 욕망의 바다에서 허우적거리지만 머지않아 하나님에 의해 반드시 멸망당할 예루살렘 사람들의 미래를 보셨기 때문이다. 눈을 들어 미래를 바라보면, 욕망의 바다에서 물거품 같은 헛된 욕망을 위해 자신의 생명을 스스로 갉아먹는 인간보다 더 어리석고 불쌍한 존재는 있을 수 없다.

　우리는 여기에서 복음과 사명자행전의 연결고리인 요한복음 21장 1절이 왜 '그 후에'라는 단어로 막이 올랐는지, 다시 말해 그 이전의 요한복음 20장이 부활하신 주님께서 시간과 공간을 초월하신 분이셨음을 왜 두 번씩이나 강조했었는지 그 이유를 깨닫게 된다. 그리스도인들은 부활하신 주님, 시간과 공간을 초월하시는 주님을 믿는 사람들이다. 바꾸어 말하면 그리스도인들은 시간과 공간을 초월한 눈을 지닌 사람들이다. 눈에 보이는 것만을 추구해서는 결코 황제의 바다, 욕망의 바다에서 벗어날 수 없다. 아무리 욕망이 강하고 힘세 보여도 그 결과는 허망한 물거품으로 끝나 버릴 것임을 시간과 공간을 초월하여 볼 수 있는 사람만 욕망의 바다 한가운데서도 사명자로 살아갈 수 있고, 그 결과 그의 삶의 현장은 복음과 사명자행전의 연결고리로 승화될 수 있다. 부활하신 주님 안에서 현실을 뛰어넘는 시간과 공간을 초월한 눈을 지닌 사람—1장에서 언급한 '안경'을 쓴 사람만 정녕 크고 작은 것, 영원한 것과 유한한 것, 어떤 대가를 치르더라도 붙들어야 할 것과 미련 없이 버려야 할 것을 바르게 분별할 수 있다. 그런 사람이 매사에 사명자로 살아갈 수 있음은 너무나도 자명한 일이다.

사명자는 자신이 누군가를 어디로 이끌고 있는지, 누군가를 왜 따라가고 있는지 자문해야 한다

요한복음 21장은 계속하여 다음과 같이 증언하고 있다.

> 시몬 베드로가 나는 물고기 잡으러 가노라 하니 그들이 우리도 함께 가겠다 하고 나가서 배에 올랐으나 그날 밤에 아무것도 잡지 못하였더니(3절)

갈릴리로 되돌아간 제자들은 베드로를 필두로 고기잡이를 나갔다. 단순히 일용할 양식을 구하기 위함이었던가? 아니었다. 욕망의 바다를 보는 즉시 욕망의 바다에 뛰어드는 옛 삶으로 회귀해 버린 것이었다. 주님께서 그 바닷가에 임하셨으나 제자 중 누구도 주님을 알아보지 못했다는 4절의 증언이 그 증거다. 욕망의 바다에서 허우적거리는 그들에게 주님이 보일 리가 없었다. 예루살렘에 있던 그들이 왜 갈릴리로 되돌아갔는가? 주님께서 제자들에게 갈릴리에서 다시 보자고 말씀하셨기 때문이다. 그렇다면 갈릴리에 도착한 제자들은 응당 그곳에서 주님을 기다리고 주님을 찾아야만 했다. 하지만 그들은 욕망의 바다에 현혹되어 밤 새도록 헛되이 욕망의 그물질만 반복했다. 그리고 그들은 '그날 밤에 아무것도 잡지 못하였다'. 밤이 새도록 욕망의 그물질을 되풀이했지만 그들의 손은 빈손이었다. 왜 그랬을까? 욕망이라는 것 자체가 본래 실체가 없는 물거품에 지나지 않기 때문이다. 욕망을 좇는 삶은 많은 것을 획득하는 것처럼 보인다. 그러나 그 사람은 하나님 보시기에는 언제나 빈손일 뿐이다.

그대는 어떤가? 지난 한 달 동안 욕망의 그물질만 반복한 것은 아닌가? 그렇다면 그대가 한 달 동안 밤이 맞도록 수고했을지라도 하나님 앞에서 그대의 손은 빈손일 수밖에 없다. 그대가 지난 1년 동안 욕망의 그물질을 되풀이했다면, 그대가 지난 1년 동안 온갖 수고를 다 했어도 그대는 하나님 앞에서 빈손일 뿐이다. 그대가 일평생 욕망의 바다에서 허우적거린다면, 그대가 이 땅에서 쌓은 금은보화가 태산처럼 높다 할지라도 하나님 앞에서 그대는 아무것도 갖지 못한 걸인에 지나지 않을 것이다. 자신의 코끝에서 호흡이 멈춘 후에 하나님 앞에 가지고 갈 수 없는 것을 위해 그물질하는 삶은 결국 빈손일 수밖에 없음을 자각하지 못하는 한, 그 누구도 이 땅에서 사명자로 살아갈 수는 없다. 그 사람은 허망한 욕망의 그물질을 반복하느라 매일 천하보다 귀한 자기 생명을 어이없이 갉아먹을 것이기 때문이다.

그날 밤 욕망의 바다에서 밤새도록 욕망의 그물질을 헛되이 반복한 제자들은 2절에 의하면 시몬 베드로, 도마, 나다나엘, 세베대의 두 아들인 요한과 야고보, 그리고 또 다른 제자 두 명, 이렇게 총 일곱 명이었다. 예수님을 배신하고 자살한 가룟 유다를 제외한 열한 명의 제자들 가운데 네 명을 제외한, 주로 어부 출신의 제자들이 모두 밤새도록 헛되이 욕망의 그물질을 한 것이다. 그 헛된 그물질을 먼저 충동질한 사람은 누구였는가? 3절에 의하면 베드로였다. 베드로가 욕망의 바다를 향해 앞장서 나가자, 나머지 여섯 명의 제자들은 아무 생각 없이 베드로를 따라 나갔다. 그리고 그들은 모두 천금같이 귀한 하룻밤을 욕망의 그물질로 날려 버리고 말았다. 결과적으로 베드로가 동료를 잘못 인도한 것이었다.

만약 그대가 지금 누군가의 선봉이 되어 있다면, 그대는 지금 그대를 따르는 사람들을 어디로 이끌어 가고 있는지 주님 앞에서 자문해 보아야 한다. 그렇지 않을 경우 그대는 필경 그들을 욕망의 바다로 인도하여 욕망의 그물질을 하게 할 것이다. 그것은 그대의 인생은 말할 것도 없고, 다른 사람의 인생마저 망치는 범죄 행위다.

누구든지 나를 믿는 이 작은 자 중 하나를 실족하게 하면 차라리 연자 맷돌이 그 목에 달려서 깊은 바다에 빠뜨려지는 것이 나으니라 실족하게 하는 일들이 있음으로 말미암아 세상에 화가 있도다 실족하게 하는 일이 없을 수는 없으나 실족하게 하는 그 사람에게는 화가 있도다(마 18:6-7)

주님의 이 말씀을 믿는 그리스도인이라면, 누군가를 욕망의 바다로 이끌어 가는 어리석은 짓은 반드시 피해야 한다.

만약 그대가 지금 누군가를 추종하고 있다면, 그 경우에도 그대는 그를 따르는 이유가 무엇이며, 그를 따라 지금 어디로 가고 있는지 반드시 주님 안에서 자문해야 한다. 그렇지 않을 경우 본문 속에서 베드로에게 충동질당한 제자들처럼 그대 역시 자신도 모르게 누군가에게 충동질당하거나 선동당하는 어리석은 삶을 살 수밖에 없다. 사도 바울이 1차 전도 여행 중 비시디아 안디옥을 방문했을 때의 일이다.

주의 말씀이 그 지방에 두루 퍼지니라 이에 유대인들이 경건한 귀부인들과 그 시내 유력자들을 선동하여 바울과 바나바를 박해하게

하여 그 지역에서 쫓아내니(행 13:49-50)

비시디아 안디옥 사람들이 바울과 바나바가 전하는 복음에 관심을 갖자, 그곳 유대인들은 바울과 바나바를 시기하면서 그 두 사람을 비방하였다. 그것도 모자라 그들은 비시디아 안디옥의 귀부인들과 유력자들을 선동하여, 바울과 바나바를 박해하게 하여 끝내 그들을 추방시켜 버렸다. 유대인들에게 선동당한 사람들은 배우지 못해 사리분별력을 갖추지 못한 하층민들이 아니었다. 그들은 모두 비시디아 안디옥의 귀부인들과 유력자들, 다시 말해 최상류층 인사들이었다. 그럼에도 그들은 무엇이 옳고 그른지 앞뒤 따져 보려 하지 않았다. 그들은 유대인들에게 단번에 선동당해 진리의 사도들을 박해하고 추방하는 무지를 범하고 말았다. 그들을 선동한 유대인들과 그들이 모두 욕망의 바다 속에서 허우적거리는 무리였기 때문이다. 이것은 비단 비시디아 안디옥에서만 있었던 일이 아니다. 그 이후 바울이 가는 곳마다 유대인들은 현지인들을 선동했고, 선동당한 현지인들은 영문을 알지도 못하고 바울을 박해하는 일에 가담하였다. 어디 그뿐인가? 빌라도 총독이 예수님께 사형을 선고하지 않을 수 없도록 압력을 가했던 무리 역시, 대제사장들에게 간단하게 선동당한 민중들 아니었던가?

그대가 누군가를 어디로 이끌어 가고 있는지, 누군가를 왜 따르며 그를 따라 어디로 가고 있는지 주님 안에서 스스로 자문하지 않는다면, 그대는 욕망의 바다 속에서 누군가를 선동하는 악행을 저지르거나 누군가에게 선동당하는 무지에서 벗어날 수 없다. 사명자는 언제 어디에서나 진리를 좇으며, 누군가를 진리의 물가로 인도하는 사람이다.

사명자는 현재형으로 임해 계시는 주님에 대해 깨어 있어야 한다

> 날이 새어갈 때에 예수께서 바닷가에 서셨으나 제자들이 예수이신 줄 알지 못하는지라 (요 21:4)

제자들이 밤새도록 헛되이 욕망의 그물질을 되풀이하던 그 욕망의 바닷가에 예수님께서 서 계셨지만, 제자들은 예수님을 알아보지 못했다. 욕망에 눈이 먼 제자들에게 예수님이 보일 리가 없었다. 개역개정판 성경에는 "예수께서 바닷가에 **서셨으나** 제자들이 예수이신 줄 **알지 못하는지라**"로 번역되어 있다. 즉 예수님께서는 과거형으로 서 계시고, 제자들은 현재형으로 예수님을 알아보지 못하는 것으로 되어 있다. 그러나 헬라어 원문의 시제는 이와 다르다. 원문에는 예수님께서 바닷가에 과거형으로 서 계시고, 제자들은 그 예수님을 과거완료형으로 알아보지 못하는 것으로 기록되어 있다. 과거형과 과거완료형은 과거의 시점에서 보자면 각각 현재형과 과거형이다. 예를 들어 그대가 어제 저녁에는 친구를 만났고, 낮에는 책을 읽었었다고 하자. 오늘의 시점에서 따지자면 어제 저녁 친구를 만났던 것은 과거형이고, 어제 낮에 책을 읽었던 것은 과거완료형이 된다. 그러나 어제 저녁의 시점에서 보자면 그대가 친구를 만나는 것은 현재형, 그리고 낮에 책을 읽은 것은 과거형이 된다. 이 사실을 알고 나면, 주님께서 과거형으로 갈릴리 바닷가에 서 계시고, 제자들은 과거완료형으로 주님을 알아보지 못했다는 본문 4절의 의미를 정확하게 이해할 수 있다.

2천 년 전 주님께서는 갈릴리 바닷가에 현재형으로 서 계셨다. 그러나 불행히도 제자들은 이미 주님을 과거형으로 망각하고 있었다. 욕망의 바다에 빠진 제자들에게 주님은 까마득히 잊혀진 과거의 존재일 뿐, 더 이상 현재의 주님이 아니셨다. 아무리 그래도 그렇지, 주님께서 현재형으로 임해 계시는데 어찌 제자들이 그 주님을 과거형으로 잊을 수 있단 말인가? 제자들만 유별나게 못난 인간이어서 그렇게 했던 것은 아니다. 우리 역시 제자들과 조금도 다를 바가 없다. 주일예배가 끝나고 예배당 문을 나서는 순간부터 우리는 주님을 과거형으로 잊어버린다. 일주일 내내 우리 삶의 현장에 임해 계시는 주님을 새까맣게 망각한 채 욕망의 바다에서 헛되이 욕망의 그물질만 되풀이하는 것이다. 그리고 주일이 되면 그제야 성경책을 찾아들고 예배당에 나와 잠시 주님을 현재형으로 생각하다가, 예배가 끝남과 동시에 또다시 주님을 과거형으로 주머니 속에 구겨 넣고 욕망의 바다로 치닫는다. 본문 속 제자들의 행태가 영락없이 우리 자신들의 자화상인 것이다.

　　한국 그리스도인들은 간증을 좋아한다. 서점에는 매달 헤아릴 수 없을 정도로 많은 간증서적들이 쏟아져 나오고 있다. 그러나 간증을 좋아하는 만큼 한국 그리스도인들의 삶이 성숙해지지는 않는다. 간증은 주님께서 과거에 베풀어 주신 은혜에 대한 고백인 반면, 그리스도인의 삶의 성숙은 언제나 현재형으로 자신과 함께하고 계시는 주님에 대해 깨어 있을 때에만 가능하다. 한국 그리스도인들이 간증은 좋아하면서도 삶이 성숙해지지는 않는 것은, 결국 주님을 과거형으로만 기억하기 때문이다. 성경공부를 하며 은혜롭게 간증을 나누던 그리스도인들이 전혀 뜻밖의 상황을 맞으면 언제 간증했느냐는 듯 이내 그리스도인답지 않게 대응하는 것은, 그 뜻밖의 상황 속에 현재형으로 임해 계신 주님을 의식하지 못하기 때문이다. 그런 자세로는 사명자의 삶은 불가능하다. 영성은 거창한 것이 아니다. 영성은 언제나 내 삶의 현장에서 나와 함께하고 계시는 주님에 대한 통찰력, 그 주님에 대한 깨어 있음이다. 그 영성을 힘입어야만 어떤 상황 속에서든 사명자로 살아갈 수 있음은 두말할 나위가 없다.

모세가 시내산에서 하나님의 부르심을 받았다. 그에게 주어진 하나님의 명령은 이집트에서 노예살이하는 당신의 백성을 구원하라는 것이었다. 모세는 40년 동안 이집트의 왕자로 살았다. 그는 이집트 군사력이 얼마나 막강한지 누구보다도 잘 아는 사람이었다. 그러나 하나님께서는 모세에게 군인 한 명 무기 하나 주시지 않고, 당시 세계 최강의 군사력을 자랑하는 이집트로부터 당신의 백성을 구원하라고 명령하시기만 했다. 모세가 보기에 그것은 현실적으로 불가능한 일이었다. 모세는 하나님께, 그렇듯 황당하고도 무모한 명령을 내리시는 당신은 누구시냐고 물었다. 하나님께서는 "나는 스스로 있는 자이니라"(출 3:14)고 대답하셨다. 누군가에 의해 만들어진 피조물이 아니라 스스로 계시는 자존자自存者, 다시 말해 창조주시라는 의미다. 참으로 하나님에 대한 적절한 표현이다. 그러나 그 표현 속에는 보다 깊은 의미가 내포되어 있다. '나는 스스로 있는 자이니라'를 영어 성경은 'I am who I am'이라고 번역하였다. 시제는 모두 현재형이다. 하나님께서는 언제 어디서나 모세의 삶 속에 현재형으로 임해 계시는 분이심을 모세에게 일러 주신 것이다.

《성숙자반》에서 믿음은 '용기'라고 했다. 약혼자가 있는 마리아가 동정녀의 몸으로 하나님의 아들을 낳으라는 하나님의 명령에 순종하는 용기를 낼 수 있었던 것도, 75세의 아브라함이 오직 하나님의 말씀에만 의거하여 고향과 친척과 아버지의 집을 떠나 단 한 번도 가본 적이 없었던 미지의 가나안 땅으로 이주하는 용기를 지닐 수 있었던 것도, 모두 그들의 삶 속에서 현재형으로 그들과 함께하고 계시는 하나님을 절대적으로 신뢰한 결과였다. 모세 역시 자신과 현재형으로 함께하고 계시는 하나님을 믿음으로 세계 최강의 군사력을 지닌 이집트를 단신으로 찾아갔음은 물론이었다. 그래서 마리아도, 아브라함도, 모세도, 사명자의 삶으로 일관할 수 있었다.

다윗이 무엇이라 고백했는가?

> 내가 사망의 음침한 골짜기로 다닐지라도 해를 두려워하지 않을 것은 주께서 나와 함께하심이라 주의 지팡이와 막대기가 나를 안위하시나이다(시 23:4)

다윗의 인생에는 굴곡과 풍파가 많았다. 그러나 다윗은 그 어떤 사망의 음침한 골짜기가 앞길을 가로막아도 조금도 두려워하지 않았다. 하나님께서 자신과 함께하시면서 하나님의 지팡이와 막대기로 자신을 현재형으로 안위해 주심을 굳게 믿은 까닭이다. 다윗 역시 그 믿음으로 사명자의 삶을 완수할 수 있었다.

그대가 지난 날 인생의 길목에서 사망의 음침한 골짜기를 지날 때, 그때 주님께서 현재형으로 그대와 함께하고 계셨다. 그대가 이 책을 읽는 지금도, 주님께서 그대의 삶 속에 현재형으로 임해 계신다. 그리고 앞으로 그대가 어디로 가든, 주님께서는 변함없이 현재형으로 그대와 함께

하실 것이다. 그 주님에 대해 깨어 있을 때, 그대는 그분을 힘입어 그 어떤 역사의 격랑 속에서도 사명자로 살 수 있을 것이다.

사명자는 주님 앞에서
낮고 낮은 어린아이의 마음이어야 한다

예수께서 이르시되 얘들아 너희에게 고기가 있느냐 대답하되 없나이다(요 21:5)

어부였던 제자들이 자신들의 능력을 믿고 욕망의 바다에 뛰어들 때, 그들은 이미 주님을 과거형으로 잊고 있었다. 그러나 밤새도록 욕망의 그물질을 반복했지만 그들의 능력으로는 아무것도 얻을 수 없음을 절감하고서야 비로소 그들에게는 자신들을 부르시는 주님의 음성이 들렸다. 그래서 인간의 실패는 하나님의 은총 중의 은총이다.

고난당하기 전에는 내가 그릇 행하였더니 이제는 주의 말씀을 지키나이다(시 119:67)

고난당한 것이 내게 유익이라 이로 말미암아 내가 주의 율례들을 배우게 되었나이다 주의 입의 법이 내게는 천천 금은보다 좋으니이다 (시 119:71-72)

욕망의 바다에서 실패의 쓴잔을 마시는 사람만 말씀의 식탁으로 나아갈 수 있다. 주님께서 욕망의 바다에 뛰어든 당신의 자녀가 반드시 실패의 고난을 겪게 하시는 까닭이 여기에 있다. 그대가 욕망의 바다에서 지금 실패했다면, 그대는 오히려 주님께 감사드려야 한다. 그대가 욕망의 바다에 뛰어들었는데도 실패하지 않는다면, 그것은 결코 성공을 의미하지 않는다. 그것은 그대가 아직 주님의 자녀가 아니라는 증거일 뿐이다.

중요한 것은 주님께서 제자들을 부르시며 사용하신 호칭이다. 주님께서는 제자들을 "얘들아" 하고 부르셨다. 우리말로는 스승이 20대 제자들을 얼마든지 '얘들아' 하고 부를 수 있다. 그러나 헬라어 원문에는 이 단어가 '파이디아παιδία'라고 기록되어 있다. 이것은 20대 청년들에게 사용할 수 있는 단어가 아니다. 헬라어 '파이디아'는 '파이디온παιδίον'의 복수형으로서 '유아'나 '어린아이'를 부르는 호칭이다. 왜 주님께서는 이미 성인이 된 제자들을 '유아' 혹은 '어린아이'를 지칭하는 '파이디아'라고 부르셨을까? 주님께서 이 단어의 의미를 정확하게 알지 못하셔서 실수하신 것인가? 아니면 현재형으로 서 계시는 당신을 과거형으로 망각한 채 욕망의 헛그물질만 해대는 한심한 제자들을 의도적으로 폄훼하시기 위함이었는가? 주님께서 그날 새벽 제자들을 '파이디아'라고 부르신 것은, 작고 작은 어린아이의 마음을 지닐 때만 현재형으로 임해 계시는 주님과 바른 관계를 맺을 수 있음을 제자들의 심령 속에 각인시켜 주시기 위함이었다.

제자들이 예루살렘에서 갈릴리로 되돌아간 것은 주님께서 그곳에서 다시 만나자고 하셨기 때문이다. 그러나 갈릴리에 도착한 제자들이 주님을 과거형으로 망각하고 욕망의 바다에 뛰어든 것은 그 바다에서 잔뼈가 굵은 자신들의 능력을 과신한 결과였다. 그 바다에서라면 주님 없이

도 얼마든지 자신들의 삶을 영위할 수 있는 어른들이라고 그들은 스스로 믿어 의심치 않았다. 주님의 부르심을 받지 못한 사람이라면 모르려니와, 주님의 제자 된 그들이 주님을 과거형으로 망각하고 그렇듯 스스로 주님 앞에서 어른이 되려 한 결과는 무엇이었는가? 밤이 새도록 그물을 던졌지만 아무것도 얻은 것이 없었다. 주님을 도외시하고 스스로 서려 했던 인생은 철저하게 빈손일 수밖에 없었다. 그 어리석고도 가련한 제자들을 주님께서는 '파이디아'라고 불러 주셨다. 일평생 '파이디아'의 마음으로 살라는 촉구였다. 그리고 제자들이 '파이디아'의 마음을 회복하면서, 제자들과 그들 가운데 현재형으로 임해 계시는 주님 사이에 비로소 소통이 이루어지기 시작했다.

그런즉 선 줄로 생각하는 자는 넘어질까 조심하라(고전 10:12)

젊은 시절의 바울이 교회를 짓밟고 그리스도인들을 색출, 연행, 투옥하는 것을 천직으로 여겼을 때, 그는 스스로 세상에 굳게 선 어른이라 여겼다. 그러나 하나님 앞에서 어른처럼 살았던 그의 인생은 다메섹 도상에서 고꾸라졌을 때 빈손 정도가 아니었다. 시력을 상실한 그는 오히려 마이너스 인생이었다. 그 이후 바울은 다시는 스스로 선 어른으로 자신을 착각하지 않았다. 그는 자신만의 능력으로는 언제든 넘어질 수밖에 없는 어린아이라는 마음으로 살았다. 그래서 어린아이가 부모의 손을 꼭 잡고 걷듯, 그는 언제나 주님 안에서 주님을 의지해서만 살았다.

나에게 이르시기를 내 은혜가 네게 족하도다 이는 내 능력이 약한 데서 온전하여짐이라 하신지라 그러므로 도리어 크게 기뻐함으로 나의 여러 약한 것들에 대하여 자랑하리니 이는 그리스도의 능력이 내게 머물게 하려 함이라 그러므로 내가 그리스도를 위하여 약한 것들과 능욕과 궁핍과 박해와 곤고를 기뻐하노니 이는 내가 약한 그 때에 강함이라 (고후 12:9-10)

바울은 평생 지병으로 시달렸다. 세 번이나 간절히 기도했건만 그의 지병은 낫지 않았다. 그러나 바울은 주님께서 내 곁에 계시지 않는 것이냐며 주님을 의심하거나 원망하지 않았다. 오히려 지병이 자신을 위한 주님의 특별한 은혜임을 기도를 통해 깨달았다. 바울은 각종 병자를 치유하는 것은 말할 것도 없고 죽은 유두고도 살려 낸 능력의 소유자 아니었던가? 어디 그뿐인가? 그가 쓰는 글마다 신약성경이 될 만큼 그는 뛰어난 영적 지도자였다. 그 바울이 육체적으로 건강하기까지 했다면, 그는 어느 순간엔가 교만에 빠져 스스로 교주가 되었을지도 모른다. 그가 지병에 시달리는 병약한 인간이었기에 그는 일평생 어린아이의 마음으로 겸손하게 주님을 의지할 수밖에 없었고, 결과적으로 그는 주님 안에서 주님의 온전함을 힘입어 살 수 있었다. 유대인이었던 바울에게는 유대인의 관점에서 볼 때 자랑거리가 많았다. 그러나 주님을 만난 이후 바울의 자랑거리는 그의 결함과 약함으로 바뀌었다. 세상적으로 본다면 그것은 수치거리일 뿐이요 조금도 자랑거리가 될 수 없었다. 그러나 바울에게는 그보다 더 큰 자랑거리가 없었다. 어린아이처럼 불완전한 자신의 결함과 약함을 잊지 않는 한, 자신의 삶 속에 현재형으로 임해 계시는 주님만을 의지하지 않을 수 없었기 때문이다. 이처럼 바울은 언제나 낮고 낮은 어린아이의 마음으로 위대한 사명자 사도 바울의 삶을 살 수 있었다.

그리스도인이 '파이디아', 어린아이의 마음으로 일관해야 한다는 것은 평생 유치한 인간으로 살라는 말이 아니다. 모든 그리스도인은 예수 그리스도를 본받아 믿음이 장성하고 또 성숙해지지 않으면 안 된다. 그러나 벼가 익으면 익을수록 고개를 숙이듯, 그리스도인도 장성하고 성숙할수록 그 마음이 하나님 앞에서 어린아이처럼 더더욱 낮고 겸손해져야 한다. 그것이 자기 삶 속에 현재형으로 임해 계시는 하나님과의 관계를 심화시키는 유일한 길이다.

이 땅에 오신 예수님께서는 하나님의 독생자, 성자 하나님 아니셨던가? 그럼에도 예수님께서는 성부 하나님을 어린아이처럼 "아빠"(막 14:36)라고 부르심으로써, 당신의 삶 속에 현재형으로 임해 계시는 성부 하나님을 힘입어 십자가의 구원 사역을 성취하실 수 있었다. 성자 하나님이신 예수님도 그러하셨다면, 하물며 미물보다 못한 우리야 두말해 무엇하랴? 세상의 부모는 어린 자식의 보호자가 되지만, 세월이 흘러 늙으면 부모는 도리어 자식에게 부양의 대상이 되고 만다. 그러나 하나님 아버지께서는 아무리 세월이 흘러도 변함 없는 하나님 아버지시다. 그 영원하신 하나님 아버지 앞에서 인간이 스스로 어른이 되려는 것보다 더 미련한 짓은 없다.

셋째 아이가 유치원에 다닐 때였다. 하루는 유치원에서 바둑을 배운 아이가 내게 바둑을 두자고 했다. 바둑판에 앉자 아이는 서슴없이 흰 돌을 잡았다. 바둑에서는 고수가 흰 돌을 잡는다. 아빠가 흰 돌을 잡아야 하지 않겠느냐는 나의 말에 아이는 고개를 가로 저으며, 아빠는 바둑 둘

줄 모르니 흰 돌은 자기 차지라며 검은 돌을 내 앞으로 내밀었다. 그 아이는 태어난 이래 유치원에 들어갈 때까지 내가 바둑을 두는 것을 단 한 번도 본 적이 없었으니, 아빠는 응당 바둑을 둘 줄 모른다고 생각한 것이었다. 그리고 내가 검은 돌, 아이가 흰 돌을 잡고 바둑을 둔 결과는 아이의 완패였다. 바둑판 위에 아이의 집은 단 한 집도 없었다. 그 이후 아이는 내 앞에서 감히 흰 돌을 잡겠다는 말을 더 이상 하지 않았다.

혹 하나님 앞에서 스스로 선 줄로 착각하고, 자신의 능력을 자랑하면서, 마치 어른처럼 흰 돌을 잡고 있는 것은 아닌가? 그렇다면 세상에서 아무리 성공하는 것처럼 보여도 하나님 앞에서는 언제나 빈손, 백전백패일 수밖에 없다. 주님께서는 오늘도 그대를 향해 '파이디온'이라 부르고 계신다. 주님 앞에서 어린아이처럼 언제나 겸손한 마음으로 검은 돌을 잡으라. 그때부터 그대의 삶 속에 현재형으로 임해 계시는 주님과의 깊은 대화가 시작되고, 그분을 힘입어 그 어떤 역경과 고난 속에서도 사명자의 길을 걸을 수 있다.

사명자는 그물이 찢어지면 안 된다

> 이르시되 그물을 배 오른편에 던지라 그리하면 잡으리라 하시니 이에 던졌더니 물고기가 많아 그물을 들 수 없더라 (요 21:6)

> 시몬 베드로가 올라가서 그물을 육지에 끌어 올리니 가득히 찬 큰 물고기가 백쉰세 마리라 이같이 많으나 그물이 찢어지지 아니하였더라 (요 21:11)

제자들을 '파이디아'라고 부르신 주님께서는 제자들에게 그물을 배 오른편에 던지라시며, 그렇게 하면 물고기를 잡을 것이라고 말씀하셨다. 이것은 제자들이 밤새도록 그물을 배 왼편에만 던졌다는 말이 아니다. 제자들은 갈릴리 바다를 삶의 터전으로 삼은 직업 어부들이었다. 그들이 날이 새기까지 배 왼편 오른편은 말할 것도 없고 전방과 후방 어디엔들 그물을 던지지 않았겠는가? 그럼에도 빈손인 그들에게 주님께서 배 오른편에 그물을 다시 던지라 하신 것은, 이제부터 주님 안에서 주님의 말씀을 따라 다시 시작하라는 의미였다. 여기에 우리의 소망이 있다. 더 이상 기회가 없다는 말보다 인생을 절망하게 하는 것은 없다. 그러나 주님 안에서는 언제나 다시 시작할 수 있다.

> 보라 내가 새 일을 행하리니 이제 나타낼 것이라 너희가 그것을 알지 못하겠느냐 반드시 내가 광야에 길을 사막에 강을 내리니 장차 들짐승 곧 승냥이와 타조도 나를 존경할 것은 내가 광야에 물을, 사막에 강들을 내어 내 백성, 내가 택한 자에게 마시게 할 것임이라 이 백성은 내가 나를 위하여 지었나니 나를 찬송하게 하려 함이니라
> (사 43:19-21)

그대가 지금껏 욕망의 바다에서 헛그물질을 하느라 그대의 손이 지금 빈손이어도 괜찮다. 그대는 이미 그대의 삶 속에 현재형으로 임해 계시는 주님의 말씀을 좇아 얼마든지 다시 시작할 수 있다. 광야와 같은 그대 인생에 물이 솟구치고, 사막 같은 그대 삶에 생명의 강이 흐르게 해주시기 위해, 주님께서 그대의 삶 속에 이미 현재형으로 임해 계신다.

밤새도록 아무것도 잡지 못한 제자들이 주님의 말씀에 의지하여 배 오른편에 다시 그물을 던진 결과는 어떠했는가? 물고기의 씨가 아예 말라 버린 것 같던 그 갈릴리 바다에서 얼마나 많은 물고기가 잡혔던지 제자들이 그물을 들어 올릴 수 없을 정도였다. 그토록 많은 물고기가 잡혔는데도, 11절은 그물이 찢어지지 않았음을 증언하고 있다. 이것은 대단히 중요한 사실을 우리에게 전해 주고 있다. 성경에 기록된 표현 중 의미 없는 표현은 없다. 일단 성경에 하나님의 말씀으로 기록된 모든 단어, 문장은 절대적인 의미를 지니고 있다. 그날 새벽 엄청나게 많은 물고기가 잡혔는데도 그물이 찢어지지 않았다는 11절의 증언은, 평소라면 그 정도로 많은 물고기가 잡힐 경우 반드시 그물이 찢어졌다는 의미다. 그러나 그날 새벽에는 반드시 찢어져야 할 그물이 전혀 찢어지지 않았다. 그 이유가 무엇이었을까?

제자들이 잡아 올린 '물고기'가 헬라어 원문에 '익뒤스ἰχθύς'로 표기되어 있다. '익뒤스'를 이루고 있는 헬라어 스펠링은, 헬라어 성경에서 가장 중요한 다섯 단어의 첫 글자들로 조합되어 있다.

    이에수스('Ἰησοῦς, 예수)

    크리스토스(Χριστός, 그리스도)

    테오스(θεός, 하나님)

    휘오스('Υυἱός, 아들)

    소테르(Σωτήρ, 구원자)

'예수 그리스도는 하나님의 아들이요 구원자시다'라는 것은 신약성경의 핵심이다. 그 핵심을 이루는 다섯 단어의 첫 글자들을 조합한 단어가 '익뒤스'—'물고기'이기에, '익뒤스'는 초대교회 시절 그리스도인의 상징이었다. 당시 혹독한 박해를 당하던 그리스도인들은 아무도 모르게 땅바닥에 물고기를 그려 서로 자신을 밝혔다. 물고기 그림을 통해 자신이 하나님의 아들이신 구원자 예수 그리스도를 믿는 그리스도인임을 나타낸 것이다. 2천 년이 지난 오늘날에도 자동차에 물고기 형상의 장식물을 부착하는 그리스도인이 있는 것 역시 여기에서 유래한 것이다.

그렇다면 우리는 본문의 메시지를 정확하게 이해할 수 있다. 밤새도록 헛그물질을 하던 제자들은 주님의 말씀에 의거하여 배 오른편에 그물을 던졌고, 들어올릴 수도 없을 정도로 많은 '익뒤스'를 잡았다. 그러나 제자들이 그날 새벽에 잡은 '익뒤스'는 그 이전에 잡아 올리던 것과 같은, 단순한 물고기가 아니었다. 그들의 손은 물고기를 끌어올리고 있었지만, 그들의 중심은 '익뒤스'—성자 하나님이신 예수 그리스도를 굳게 붙잡고 있었다. 욕망의 바다에서 욕망의 헛그물질을 하던 제자들이 비로소 현재형으로 임해 계신 주님을 의식하고, 하나님의 아들이시며 구원자이신 예수 그리스도를 진정으로 붙잡기 시작했음을 의미했다. 이것이 평소라면 반드시 찢어졌어야만 했을 그물이 찢어지지 않았던 이유였다. 그들이 욕망의 바다에서 욕망의 그물질을 할 때 그들의 인생 그물은 갈가리 찢어지고 있었다. 밤새도록 수고했지만 아무것도 얻지 못한 빈손일 수밖에 없었다. 그러나 그들이 하나님의 아들이며 구원자이신 예수 그리스도만을 굳게 붙잡기 시작하면서, 그들의 인생 그물은 결코 찢어지지 않는 사명자행전으로 엮어질 수 있었다.

오늘날 왜 그리도 많은 교회가 찢어지고 있는가? 왜 수많은 선교단

체와 선교지가 찢어지고 있는가? 평생 수고한 사역자들의 사역이 왜 하루아침에 갈가리 찢어져 버리는가? 찢어지는 가정은 또 왜 그리도 많은가? 예수 그리스도를 붙잡지 않고 인간을, 인간의 야망을 붙잡기 때문이다. 사도 바울은 에베소서 5장 16절을 통해 우리에게 "세월을 아끼라"로 권면한다. 이것은 흔히 오해하듯 짧은 시간 내에 효율적으로 많은 일을 하라는 의미가 아니다. 《성숙자반》에서 언급한 것처럼, 우리말 '아끼다'로 번역된 헬라어 동사 '엑사고라조$_{εξαγοραζω}$'는 '건져 올리다'라는 의미를 지니고 있다. 세월을 아끼는 것은 세월을 건져 올리는 것이다. 욕망의 바다에서는 세월을 아낄 수 없다. 욕망의 바다에서는 인생의 그물도, 시간의 그물도, 젊음의 그물도, 모두 찢어져 버리기 때문이다. 세월을 아끼고 세월을 건져 올리는 길은 하나밖에 없다. '익뒤스'―하나님의 아들이시며 구원자이신 예수 그리스도를 붙잡고 사는 것이다. 그분 안에서는 그 어떤 그물도 찢어지지 않기 때문이다.

내가 내 삶의 현장에 현재형으로 임해 계시는 주님을 인격적으로 만나 붙잡기 시작한 것은 우리 나이로 서른여섯 살 때였다. 그 이전에 나는 젊은 사업가로 떵떵거리며 산 적도 있었지만, 그 36년은 물거품처럼 허망하게 다 사라져 버리고 말았다. 젊은 시절 내 인생의 그물이 갈기갈기 찢어져 있었기 때문이다. 내가 주님을 붙잡기 시작한 이후 내게는 세상적으로 지닌 것은 아무것도 없다. 그러나 예전에는 상상할 수도 없었던 생명의 열매가 내 삶 속에서 거두어지고 있다. 내 인생의 그물이 더 이상 찢어지지 않기 때문이다. 이 반전을 이루어 주신 분이 '익뒤스'―성자 하나님이신 예수 그리스도이심은 두말할 나위도 없다. 그분이 내 안에서 내 인생의 그물이 되시어 내 인생을 친히 건져 올려 주고 계시는 것이다.

그대가 살아가는 이 세상은 디베랴―욕망의 바다임을 잊지 말라. 그 욕망의 바다에 침몰하여 익사하는 어리석음을 범치 않도록, 언제나 그대 삶의 현장에 현재형으로 임해 계신 예수 그리스도에 대해 깨어 있으라. 주님께서 그대를 아무리 높여 주셔도 주님 앞에서 어른 행세를 하려 하지 말라. 이 세상 사는 동안 언제나 낮고 겸손한 어린아이의 마음을 견지하라. 그리고 욕망의 파도가 그대를 덮칠 때에도 오직 '익뒤스'―성자 하나님이신 예수 그리스도만을 붙잡고 나아가라. 이 세상 그 누가 알아주지 않아도 그대의 인생 그물은 예수 그리스도 안에서 결코 찢어지지 않는 사명자행전으로 엮어질 것이다. 그대가 굳게 붙잡은 예수 그리스도는 하나님의 아들이신 구원자시기 때문이다.

5 복음과 사명자 행전의 연결고리 Ⅱ

고린도전서 9장 23절
내가 복음을 위하여 모든 것을 행함은 복음에 참여하고자 함이라 그리스도인들이 자기 삶의 현장을 복음과 사명자행전의 연결고리로 삼기 위해 실천해야 할 각론들을 요한복음 21장 속에서 계속 살펴보기로 하자.

사명자는 예의의 사람이어야 한다

> 예수께서 사랑하시는 그 제자가 베드로에게 이르되 주님이시라 하니 시몬 베드로가 벗고 있다가 주님이라 하는 말을 듣고 겉옷을 두른 후에 뛰어 내리더라(요 21:7)

베드로는 본래 성미가 급한 청년이었다. 본문은 베드로의 그 급한 성격을 잘 보여 주고 있다. 8절에 의하면, 다른 제자들은 현재형으로 바닷가에 임해 계시는 주님을 알아보고서도 그대로 배를 타고 뭍으로 나왔다. 그러나 '예수께서 사랑하시는 제자'—요한이 주님이시라고 소리치는 즉시 베드로만은 조금이라도 더 빨리 주님께 나아가기 위해 배에서 바다로 첨벙 뛰어내렸다. 옷을 입고 바다에서 움직이려면 배를 타고 있는 것보다 오히려 속도가 늦어질 것이지만, 주님을 향한 베드로의 다급한 마음은 그런 것을 생각할 겨를도 없었다. 역시 평소의 베드로다운 행동이었다. 그와 동시에 본문은 평소의 베드로와는 전혀 어울리지 않는 모습도 보여 주고 있다.

우리가 그림이나 영화에서 보듯이 옛날 유대인들은 '케토네트ṇṇṇ'라 불리는, 어깨에서 발목까지 이르는 통자루 형태의 옷을 입었다. 그리고 그 위에 긴 조끼 형태의 겉옷인 '메일ḥyṇ'을 입었다. 갈릴리에 도착한 베드로가 욕망의 바다로 향할 때 그는 '케토네트'와 '메일'을 모두 입고 있었다. 그러나 욕망의 바다에서 욕망의 그물질을 시작하면서 그는 겉옷인 '메일'을 벗었다. 그것은 어부였던 베드로에게는 당연한 수순이었다. 땀을 비 오듯 흘려야 하는 어부치고 겉옷을 입고 그물질하는 어부는 없었다. 베드로 역시 겉옷을 벗은 채로 밤새도록 헛그물질을 계속했다. 그 와중에 주님이시라는 요한의 말에 불같이 급한 성격의 베드로가 바다로 뛰어내렸다면, 응당 겉옷을 벗은 채로 뛰어듦이 마땅할 것이었다. 그러나 조급한 성격의 베드로는 그렇게 하지 않았다. 그는 그 급한 순간에도 배에 벗어 두었던 겉옷을 찾아 두른 후에 바다로 뛰어내렸다. 겉옷까지 걸치고 바다에 뛰어들면 행동거지가 더 불편해질 것이 뻔한 데도 말이다. 이것은 전혀 평소의 베드로답지 않은 행동이었다.

이와 같은 베드로의 행동은 주님을 연상케 한다. 주님께서 잡히시기 전, 제자들과 이른바 최후의 만찬을 가지셨다.

저녁 잡수시던 자리에서 일어나 겉옷을 벗고 수건을 가져다가 허리에 두르시고 이에 대야에 물을 떠서 제자들의 발을 씻으시고 그 두르신 수건으로 닦기를 시작하여(요 13:4-5)

식사를 마치신 주님께서는 우리가 잘 아는 바와 같이 제자들을 위해 세족식을 거행하셨다. 주님께서는 먼저 겉옷을 벗으셨다. 제자들의 발을 씻겨 주시는 데 겉옷이 거추장스럽기 때문이었을 것이다. 주님을 배신한 가룟 유다도 아직 그 자리에 있었으므로, 주님께서는 몸을 숙이시고 남자 장정 열두 명의 발을 연거푸 씻고 닦아 주셨다. 그것은 가볍게 할 수 있는 일이 아니었다. 사람이 몸을 쓰는 일에 집중하다 보면 일을 할 때보다 일이 끝났을 때가 더 더운 법이다. 주님께서도 열두 제자들의 발을 모두 씻고 닦아 주기를 마치셨을 때가 막상 더 더우셨을 것이다.

그들의 발을 씻으신 후에 옷을 입으시고 다시 앉아 그들에게 이르시되 내가 너희에게 행한 것을 너희가 아느냐(요 13:12)

세족식을 마친 주님께서 제자들에게 마지막 유훈의 말씀을 시작하셨다. 주님께서는 제자들의 스승이셨다. 주님께서 더위를 식히시며 겉옷을 벗으신 채로 제자들에게 편하게 말씀하셔도 문제 삼을 제자는 없었다. 하지만 세족식을 끝낸 주님께서는 먼저 벗어 두었던 겉옷을 찾아 입으신 뒤에 제자들에게 유훈의 말씀을 시작하셨다. 제자들 앞에서 주님께서 먼저 의관을 정제하시며 예의를 갖추신 것이었다. 그 주님을 기억하면서, 베드로 역시 바다에 뛰어내리는 다급한 순간에도 먼저 겉옷을 찾아 입고 주님에 대한 예의를 다하려 했다. 이처럼 삼위일체 하나님과 우리의 관계는 예의의 관계다. 우리가 하나님께 먼저 예의를 지켜서가 아니라, 하나님께서 하찮은 우리에게 먼저 예의를 다해 주셨기 때문이다. 성부 하나님께서 더러운 죄인인 우리를 살리시기 위해 당신의 독생자인 성자 하나님을 십자가의 제물로 삼으셨다는 것보다 인간에 대한 더 큰 예의가 어디에 있겠는가? 그러므로 사명자는 반드시 예의의 사람이어야 한다. 예의의 사람이라 함은 두 가지 의미다.

먼저 사명자는 하나님에 대해 예의의 사람이어야 한다.

하나님께서 선행적으로 인간에 대해 예의를 다하셨다면, 인간이 예의로 하나님께 응답하는 것은 너무나도 당연한 일이다. 특히 사명자는 누구보다도 하나님께 대해 예의의 사람이어야 한다. 사명자는 자기 자신의 사명이 아니라, 하나님께서 부여하신 사명으로 살아가는 사람이라 했다. 하나님께 예의를 다하지 않고도 하나님께서 부여하시는 사명을 깨닫고 받아들인다는 것은 불가능한 일이다. 인간에 대한 하나님의 예의가 당신의 독생자를 십자가의 제물 삼으신 것으로 극치를 이루었다면, 하나님에 대한 인간의 예의는 예배로 극치를 이룬다.

예배는 한자로 '예절 예禮'와 '절할 배拜' 자로 이루어져 있다. 예배는 인간이 하나님께 예를 갖추어 경배하는 것이다. 참으로 적절한 표현이다. 예배의 동기와 목적이 오직 하나님께만 있는 까닭이다. 그러므로 예배의 동기와 목적이신 하나님에 대한 인간의 예의가 결여된 예배는 애당초 예배일 수 없다. 우리가 누군가에게 최고의 예의를 갖춘다는 것은 우리는 없어지고 상대만 높이는 것을 의미한다. 마찬가지로 우리가 하나님께 예배드리는 것은 우리 자신은 죽고 우리 가운데서 하나님만 드러나

시게 하는 것이다. 우리가 죽고 하나님께서 사심으로 결과적으로 우리가 사는 것—바로 이것이 예배다. 그러므로 사명자와 예배는 불가분의 관계다. 사명자는 하나님에 대한 예의의 사람이기에 예배의 사람일 수밖에 없고, 예배를 통해 사명자는 사명자로 더더욱 곧추설 수 있다. 그대가 지금 주어진 사명에 동분서주하느라 예배를 소홀히 할 수밖에 없다면, 그대는 그대 자신을 위한 자기 사명자일 뿐 하나님을 위한 하나님의 사명자는 아니다.

다음으로 사명자는 인간에 대해 예의의 사람이어야 한다.

인간에 대해 무례한 예수님을 상상할 수 있는가? 신약성경을 기록하는 데 사용된 헬라어에는 존댓말이 없다. 그 성경을 번역한 영어나 프랑스어에도 존댓말은 없다. 그러나 우리말에는 존댓말과 반말이 엄격하게 구별되어 있다. 한글 성경이 예수님의 말씀을 천편일률적으로 반말로만 번역한 것은 크나큰 실수다. 하나님의 아들이시면서도 로마 황제의 황궁이 아닌 짐승의 구유에서 태어나실 정도로 겸손하신 예수님께서, 남녀노소를 막론하고 세상 모든 사람들에게 반말지거리를 하신다는 것은 얼마나 무례한 짓인가? 2천 년 전 예수님께서 한반도에 임하셨다면, 예수님께서 우리 조상들에게 현재의 한글 성경 번역처럼 반말을 하셨겠는가? 그러셨을 리가 없다. 예수님께서는 열두 제자들의 발을 모두 씻고 닦아 주신 뒤 마지막 유훈의 말씀을 남기시기 전에 먼저 겉옷을 찾아 입으실 정도로 예의의 주님이셨다. 무례한 베드로, 예의범절과 무관하게 행동하는 바울을 생각할 수 있는가? 그들이 무례한 사람들이었다면, 그들을 통한 복음 전도는 반드시 실패하고 말았을 것이다.

사명자의 경륜이 쌓여 가면 자기 편하게 행동하기가 쉽다. 문제는 그것이 타인에게 무례로 비치기 쉽다는 것이다. 그 경우, 사명자가 그동안 쌓아 온 모든 노력은 수포로 돌아가고 만다. 브루더호프 공동체의 리더로서《공동체 제자도》의 저자인 요한 하인리히 아놀드는 "백 마디의 성경구절을 전하는 것보다 예의범절을 다하는 것이 더 확실한 전도다"라고 말했다. 백번 옳은 말이다. 그대가 예의를 결하면 세상 사람들에게 그대가 전하려는 예수님도 무례하게 비칠 것이요, 그것이 사실이라면 예수님께서 그대를 통해 역사하실 수 없을 것이다. 그대가 진정 사명자로 살아가기 원한다면, 그대는 예의의 주님을 본받아 지금부터 모든 사람에 대해 예의의 사람으로 살기 시작해야 한다.

사명자의 사명감은 배신감을 압도해야 한다

> 다른 제자들은 육지에서 거리가 불과 한 오십 칸쯤 되므로 작은 배를 타고 물고기 든 그물을 끌고 와서 육지에 올라보니 숯불이 있는데 그 위에 생선이 놓였고 떡도 있더라 (요 21:8-9)

주님께서 지난 3년 동안 열두 명의 제자들에게 쏟아 부은 사랑을 생각해 보라. 그들은 주님의 부르심을 받아 3년간이나 주님과 함께 숙식하며 주님을 직접 뵙고, 주님으로부터 직접 하나님의 말씀을 듣고 하나님의 독생자이신 주님의 직계 제자가 되었다. 그것은 엄청난 특혜였다. 인류 역사상 주님으로부터 그와 같은 특혜와 사랑을 받은 사람들은 그들이 유일했다. 그렇지만 그들 가운데 가룟 유다는 은 삼십 냥에 주님을 배신하고 말았다. 나머지 열한 명의 제자들도 크게 다를 바가 없었다.

주님께서 십자가에 못박혀 돌아가시는 가장 결정적인 순간에 제자들은 주님을 등지고 도망쳐 버렸다. 베드로는 세 번씩이나 주님을 부인하고, 심지어는 저주하기까지 했다. 어떤 면에서는 주님을 배신했던 가룟 유다보다 죄질이 더 나빴다. 주님께서 십자가 죽음을 당하기 전에 반드시 부활하실 것을 제자들에게 세 번이나 밝히셨지만, 주님의 말씀을 믿지 못한 제자들은 혹시 화가 자신들에게도 미칠까 두려움에 사로잡혀, 문을 안으로 잠그고 집 안에 숨어 있기도 했다. 부활하신 주님께서는 시간과 공간을 초월하여 두 번이나 그곳에 홀연히 나타나셔서, 부활하신 당신을 제자들에게 직접 확인시켜 주시기까지 했다. 그리고 주님께서 그들을 갈릴리로 부르셨건만, 갈릴리에 도착하여 욕망의 바다를 본 제자들은 그 바다에서 밤이 새도록 욕망의 헛그물질만 되풀이하였다. 그 바닷가에 주님께서 현재형으로 임해 계셨지만, 제자들은 이미 주님을 과거형으로 망각하고 있었다. 참으로 한심하기 짝이 없는 인간들이었다. 그 한심한 인간들로부터 주님께서 느끼셨을 배신감이 얼마나 컸겠는가? 보자보자 하니 너희들 짐승만도 못한 인간들이구나, 주님께서 이렇게 배신감을 토로하시면서 제자들과 아예 결별해 버리심이 마땅하지 않았겠는가?

그러나 주님께서는 제자들에 대한 배신감으로 치를 떨며 돌아서시지 않았다. 제자들이 현재형으로 임해 계신 주님을 과거형으로 망각하고, 언제 주님의 제자였었느냐는 듯 욕망의 바다에서 밤새도록 욕망의 헛그물질을 계속할 때, 주님께서는 도리어 그 한심한 제자들을 위해 조반을 준비하고 계셨다. 왜 조반인가? 누구든 밤을 꼬박 새워 본 사람이라면 새벽녘 허기가 가장 고통스러움을 잘 알 것이다. 당시 제자들은 모두 20대 청년들이었다. 그들은 욕망의 헛그물질로 밤을 꼬박 새우느라 밤새 아무것도 먹지 못했다. 그물질에 집중하고 있을 때는 느끼지 못했겠지만, 새벽이 되기까지 물고기 한 마리 잡지 못한 채 빈손으로 막상 뭍에 오르면 허기가 그들을 덮칠 것이 뻔했다. 그 이른 시간에 빈손으로 각자 집으로 간다 한들, 하루 벌어 하루 먹고 사는 갈릴리 빈민촌에 먹을거리가 있을 리 만무했다. 주님께서는 그 가련한 제자들을 위해 그 시간 그들에게 꼭 필요한 생선과 빵을 준비하셨다. 그들을 당신의 제자로 바로 세우시려는 주님의 사명감이, 당신이 그들에게 당하신 배신감을 압도했기에 가능한 일이었다. 만약 주님께서 제자들에게 당한 배신감에 압도당하셨던들, 당신을 이미 과거형으로 망각해 버린 그들을 위해 손수 조반을 마련하셨을 리가 만무했다.

    십자가의 죽음을 앞두고 기도하기 위해 겟세마네 동산을 찾은 주님께서는 고민과 슬픔에 잠겨, 평소와는 달리 베드로와 요한 그리고 야고보에게 당신을 위해 기도해 주기를 부탁하기까지 하셨다. 그것은 주님께서 이 땅에서 제자들에게 처음이자 마지막으로 행하신 부탁이었다. 그리고 조금 더 나아가 기도하시던 주님께서 되돌아오셨을 때 세 제자들은 잠에 곯아떨어져 있었다. 스승의 처음이자 마지막 간절한 부탁에 대한 배신 행위나 다름없었다. 그러나 그때도 주님께서는 배신감에 분노하시지 않았다. 주님께서는 도리어 이렇게 말씀하셨다.

    너희가 나와 함께 한 시간도 이렇게 깨어 있을 수 없더냐 시험에 들지 않게 깨어 기도하라 마음에는 원이로되 육신이 약하도다

    (마 26:40하-41)

주님께서는 제자들이 잠에 곯아떨어진 까닭이, 마음으로는 정말 주님을 위해 기도하고 싶지만 육신이 약하기 때문임을 아셨다. 이처럼 스승으로서 제자들에 대한 이해심과 배려심이 더 컸기에, 주님께서는 얼마든지 배신감을 느낄 상황이었지만 전혀 배신감에 압도당하시지 않았다.

그날 갈릴리 바닷가에서도 마찬가지였다. 제자들이 현재형으로 임해 계신 주님을 과거형으로 망각하고 밤새도록 욕망의 헛그물질만 반복한 것은, 그들이 본래 사탄처럼 사악한 존재여서가 아니었다. 여전히 자기 욕망의 감옥 속에 갇혀 있는 그들의 연약함과 무지와 어리석음으로 인함이었다. 그 사실을 아셨기에 주님께서는 그 가련한 제자들을 위해 조반을 준비하실망정 그 어떤 배신감에도 압도당하지 않으셨다. 오히려 제자들에 대한 주님의 사랑과 사명감이, 주님께서 그 상황 속에서 얼마든지 느끼실 수 있는 배신감을 압도하고 초월했다. 그리고 그 주님을 힘입어 제자들이 사도행전—사명자행전의 주역들이 된 것은 결코 우연한 일이 아니었다.

하나님의 명령에 순종하여 혈혈단신 이집트로 되돌아간 모세는 목숨을 걸고 절대 권력자인 파라오와 맞서, 마침내 이스라엘 백성을 노예살이에서 해방시켰다. 그 후 모세가 시내산에서 40일 만에 하나님의 계명을 받아 내려와 보니, 이스라엘 백성은 금송아지를 만들어 놓고 하나님이라 경배하며 광란의 축제를 벌이고 있었다. 모세가 하나님의 뜻에 순종하여 이스라엘 백성을 위해 자신의 목숨을 걸었던 결과는 참담하게도 이스라엘 백성의 영적 배신이었다. 모세는 그들의 배신 행위에 격노했다. 하나님께서 모세에게 말씀하셨다.

내가 이 백성을 보니 목이 뻣뻣한 백성이로다 그런즉 내가 하는 대로 두라 내가 그들에게 진노하여 그들을 진멸하고 너를 큰 나라가 되게 하리라(출 32:9하-10)

하나님께서 이스라엘 백성을 진멸하시고 모세를 큰 나라로 세우시겠다는 것은, 모세를 시조로 삼아 새 역사를 다시 시작하시겠다는 의미였다. 모세 개인의 입장에서 보자면 한 민족의 시조가 되는 것보다 더 큰 영광이 있을 수 없었다. 그러나 모세는 하나님께 다음과 같이 아뢰었다.

슬프도소이다 이 백성이 자기들을 위하여 금 신을 만들었사오니 큰 죄를 범하였나이다 그러나 이제 그들의 죄를 사하시옵소서 그렇지 아니하시오면 원하건대 주께서 기록하신 책에서 내 이름을 지워 버려 주옵소서(출 32:31하-32)

모세는 얼씨구나 하고 새로운 민족의 시조가 되려 하기는커녕, 하나님 앞에서 자신의 구원을 걸고 하나님과 자신을 배신한 이스라엘 백성의 구명 운동을 벌였다. 모세 역시 400년 동안이나 죄와 암흑과 우상의 소굴 이집트에서 노예살이하던 이스라엘 백성의 미숙한 영적 수준을 잘 알고 있었기 때문이다. 그렇기에 그들의 행위에 배신감을 느꼈지만, 그 배신감에 압도당하지는 않았다. 그들을 가나안으로 인도해야 할 그의 사명감이, 그가 그들에게 당한 배신감을 오히려 압도한 것이었다. 그때 모세가 배신감에 압도당했더라면, 이스라엘 백성을 가나안으로 인도하는 거룩한 사명은 결코 완수하지 못했을 것이다.

자식이 장성할수록 부모가 자식에게 배신감을 느끼면서도 변함없이 자식을 사랑하는 것은, 자식에 대한 부모의 사랑이 부모가 자식에게 느낄 수 있는 배신감에 압도당하지 않기 때문이다. 자식이 부모에게서 배신감을 맛보면서도 연로한 부모를 공경하는 것은, 부모에 대한 자식의 책임감이 부모에게서 맛볼 수 있는 배신감을 도리어 압도하기 때문이다. 자식에 대한 배신감에 부모가 압도당하고, 부모에게서 맛보는 배신감에 자식이 압도당한다면, 부모와 자식의 관계는 필경 해체되거나 원수지간이 되고 말 것이다.

주님을 좇아 신실하게 살면 살수록 작은 일에도 모함받고 상대적으로 불이익을 당하는 일이 허다하다. 그래서 주님을 좇는 사람일수록 믿었던 사람들에게 배신감을 느끼기가 쉽다. 이것은 비단 오늘날만의 문제가 아니다. 2천 년 전 주님께서 이 땅에 계실 때도 그랬고, 앞으로도 주님 오시는 마지막 날까지 그럴 것이다. 그러나 과거에 그러했던 것처럼 현재는 물론이요 미래에도 배신감에 압도당하지 않는 사람이 사명자행전을 일구어 갈 수 있다. 사명자라고 아예 배신감을 느끼지도 않는 것은 아니다. 사명자도 모세처럼 얼마든지 배신감을 느낄 수 있다. 그러나 사명자는 주님 안에서 사람에 대한 사명감에 투철한 사람이기에, 그 사명감으로 인해 배신감에 압도당하지 않는다. 오히려 사명감이, 사명자가 당할 수 있는 배신감을 초월하고 압도하게 해준다. 배신감에 압도당하지 않는 사명감, 그것은 밤새도록 욕망의 헛그물질을 하는 제자들을 위해 조반을 준비해 주신 주님 안에서만 가능하다.

그대는 알고 있는가? 그때 그 제자들이 바로 우리들이었음을!

사명자는 주님의 은혜를 날마다 헤아려야 한다

> 예수께서 이르시되 지금 잡은 생선을 좀 가져오라 하시니 시몬 베드로가 올라가서 그물을 육지에 끌어 올리니 가득히 찬 큰 물고기가 백쉰세 마리라 이같이 많으나 그물이 찢어지지 아니하였더라
>
> (요 21:10-11)

주님께서 뭍으로 나온 제자들에게 지금 잡은 생선을 가져오라고 말씀하셨다. 왜 그러셨을까? 제자들과 함께 조반으로 잡수시기 위함이었을까? 그렇지 않다. 주님께서는 제자들을 위해 이미 생선과 빵을 조반으로 준비해 두셨다. 그런데도 왜 지금 잡은 생선을 가져오라고 하셨을까? 우리말 '가져오라'로 번역된 헬라어 동사 '훼로$\phi\acute{\epsilon}\rho\omega$'는 '공개하라'는 뜻이기도 하다. 주님께서 제자들에게 어떤 고기가 얼마나 많이 잡혔는지 공개적으로 확인하라고 말씀하신 것이었다. 이에 베드로가 그물에 든 물고기를 일일이 세었더니 큰 물고기가 백쉰세 마리나 되었다. 그렇게 많은 물고기가 잡혔지만 그물이 찢어지지 않았음을 본문이 밝혀 주고 있다. 이것은 평소에 그 정도의 물고기가 잡혔다면 반드시 그물이 찢어졌을 것이란 의미임은 이미 앞 장에서 설명하였다. 그러므로 제자들은 평소에 그렇게 많은 물고기를 건져 올려 본 적이 한 번도 없었다. 그물은 어부들에게 가장 중요한 재산이다. 그물이 찢어지면 그물만 잃는 것이 아니라 그물 속에 든 물고기를 포함하여 모든 것을 잃게 된다. 분명히 그물이 찢어지도록 많은 물고기가 잡혔는데도 그물이 찢어지지 않은 것은 그날 새벽이 처음이었다.

그렇다면 주님의 명령에 따라, 베드로를 필두로 하여 그물 속에 잡힌 큰 물고기를 한 마리씩 공개적으로 헤아리는 제자들의 모습을 연상해 보자. 제자들 역시 그토록 큰 물고기가 과연 몇 마리나 그물 속에 걸려 들었는지 궁금했을 것이다. 제자들의 시선이 물고기에 집중되었다. 한 마리, 두 마리, 세 마리……열 마리……쉰 마리……드디어 백 마리가 넘었다. 물고기를 세는 베드로의 목소리도, 그 물고기를 응시하는 제자들의 눈도 점점 커졌을 것이다. 백열 마리……백서른 마리……백쉰 마리를 세었는데도 아직도 물고기가 남아 있다. 마치 12월 31일 밤 종로 보신각 앞에 모인 군중들이 새해 0시를 맞는 카운트다운을 한 목소리로 "……3초, 2초, 1초" 하고 외치듯이, 제자들 역시 마지막 순간엔 "백쉰한 마리, 백쉰두 마리, 백쉰세 마리"라고 다같이 큰 목소리로 소리쳤을 것이다. 그토록 큰 물고기를 단 한 번의 그물질로 무려 백쉰세 마리나 잡은 것은 평생 어부로 살아온 그들이 겪는 첫 경험이었기 때문이다.

그 경험이 얼마나 경이롭고 감격스러웠던지 요한 사도는 복음서와 사도행전의 연결고리인 요한복음 21장에 물고기의 수가 백쉰세 마리였음을 정확하게 기록으로 남겼다. 그 숫자는 주님께서 그들에게 베풀어 주신 은혜의 상징이었고, 그 이후 사도행전의 삶을 살면서 그 어떤 역경도 극복하게 해주는 원동력이 되었다. 중요한 사실은 그때 제자들이 물고기의 수를 직접 세어 보았기에 주님의 그 크신 은혜를 확인할 수 있었고, 그 은혜를 힘입어 사명자행전의 삶을 일구어 갈 수 있었다는 것이다. 주님께서 제자들에게 잡은 물고기를 공개적으로 확인토록 하신 까닭이 거기에 있었다.

그림을 아는 사람에게 그림이 더 폭넓게 보이고, 음악을 아는 사람이 음악을 더 깊이 들을 수 있는 것처럼, 주님의 은혜는 헤아려 보는 사람이 보다 크고 많이 누리게 된다. 주님께서 아무리 많은 은혜를 내려 주셔도 주님의 은혜를 은혜로 헤아려 보려 하지 않으면 은혜에 둔감해지고, 결국 은혜와 무관한 사람이 되고 만다. 출애굽한 지 40년 만에 이스라엘 백성을 드디어 가나안 서쪽 모압 평지까지 인도한 모세는, 이집트를 출발하여 모압 평지에 이르기까지의 여정을 민수기 33장 1-49절에 기록하였다. 그 가운데 1-14절의 내용만 함께 살펴보자.

모세와 아론의 인도로 대오를 갖추어 애굽을 떠난 이스라엘 자손들의 노정은 이러하니라 모세가 여호와의 명령대로 그 노정을 따라 그들이 행진한 것을 기록하였으니 그들이 행진한 대로의 노정은 이러하니라 그들이 첫째 달 열다섯째 날에 라암셋을 떠났으니 곧 유월절 다음 날이라 이스라엘 자손이 애굽 모든 사람의 목전에서 큰 권능으로 나왔으니 애굽인은 여호와께서 그들 중에 치신 그 모든 장자를 장사하는 때라 여호와께서 그들의 신들에게도 벌을 주셨더라 이스라엘 자손이 라암셋을 떠나 숙곳에 진을 치고 숙곳을 떠나 광야 끝 에담에 진을 치고 에담을 떠나 바알스본 앞 비하히롯으로 돌아가서 믹돌 앞에 진을 치고 하히롯 앞을 떠나 광야를 바라보고 바다 가운데를 지나 에담 광야로 사흘 길을 가서 마라에 진을 치고 마라를 떠나 엘림에 이르니 엘림에는 샘물 열둘과 종려 칠십 그루가 있으므로 거기에 진을 치고 엘림을 떠나 홍해 가에 진을 치고 홍해 가를 떠나 신 광야에 진을 치고 신 광야를 떠나 돕가에 진을 치고 돕가를 떠나 알루스에 진을 치고 알루스를 떠나 르비딤에 진을 쳤는데 거기

는 백성이 마실 물이 없었더라

　이 여정은 대체 어떤 여정이었는가? 이스라엘 백성이 노예로 고통당하던 이집트 라암셋에서 자유의 몸이 되게끔 하나님께서 이집트에 재앙을 열 번이나 내리셨다. 그러나 하나님께서는 그 모든 재앙이 이스라엘 백성은 비켜 가게 하셨다. 비하히롯 앞 믹돌에서는 하나님께서 홍해를 가르시어 이스라엘 백성을 구원하시고, 그들을 추격하던 이집트의 군대를 홍해 속에 수장시키셨다. 마라는 하나님께서 마실 수 없는 쓴 물을 단물로 바꾸어 주신 곳이었다. 신 광야에 이르러 이스라엘 백성이 이집트에서 들고 나온 먹을거리가 다 떨어지자 하나님께서 하늘에서 메추라기와 만나를 내려 주셨다. 르비딤에서 마실 물이 없을 때는 하나님께서 반석에서 강이 터지게 해주셨다.
　그러므로 모세는 단순히 지난 40년간의 여정만을 기록한 것이 아니었다. 갈릴리 바닷가에서 제자들이 물고기를 일일이 세면서 밤새도록 헛그물질한 자신들에게 주님께서 베풀어 주신 은혜를 확인하였듯이, 모세 역시 노예에 불과한 이스라엘 백성에게 하나님께서 베풀어 주신 은혜를 일일이 헤아린 것이다. 왜 그랬을까? 모세의 책임과 사명은 모압 평지까지였다. 이제 이스라엘 백성을 인도하여 요단강 건너 가나안으로 입성하는 대임大任은 젊은 여호수아의 몫이었다. 가나안에 입성해서도 가나안 원주민과 맞서 가나안 정복을 마치기까지는 숱한 고비를 넘어야만 했다. 그래서 모세는 그동안 하나님께서 베풀어 주신 은혜를 공개적으로 헤아려 이스라엘 백성에게 확인시켜 주었다. 지난 40년 동안 하나님께서 베풀어 주신 그 많은 은혜를 이스라엘 백성들의 심령에 각인시켜 줌으로

써, 자신이 떠난 뒤에도 이스라엘 백성이 여호수아를 필두로 가나안 정복의 대업을 완수할 수 있게 해주기 위함이었다. 그리고 세월이 흐른 뒤에는 여호수아도 그렇게 했다.

여호수아와 이스라엘 자손이 요단 이편 곧 서쪽 레바논 골짜기의 바알갓에서부터 세일로 올라가는 곳 할락 산까지 쳐서 멸한 그 땅의 왕들은 이러하니라 (그 땅을 여호수아가 이스라엘의 지파들에게 구분에 따라 소유로 주었으니 곧 산지와 평지와 아라바와 경사지와 광야와 네겝 곧 헷 족속과 아모리 족속과 가나안 족속과 브리스 족속과 히위 족속과 여부스 족속의 땅이라) 하나는 여리고 왕이요 하나는 벧엘 곁의 아이 왕이요 하나는 예루살렘 왕이요 하나는 헤브론 왕이요 하나는 야르뭇 왕이요 하나는 라기스 왕이요 하나는 에글론 왕이요 하나는 게셀 왕이요 하나는 드빌 왕이요 하나는 게델 왕이요 하나는 호르마 왕이요 하나는 아랏 왕이요 하나는 립나 왕이요 하나는 아둘람 왕이요 하나는 막게다 왕이요 하나는 벧엘 왕이요 하나는 답부아 왕이요 하나는 헤벨 왕이요 하나는 아벡 왕이요 하나는 랏사론 왕이요 하나는 마돈 왕이요 하나는 하솔 왕이요 하나는 시므론 므론 왕이요 하나는 악삽 왕이요 하나는 다아낙 왕이요 하나는 므깃도 왕이요 하나는 게데스 왕이요 하나는 갈멜의 욕느암 왕이요 하나는 돌의 높은 곳의 돌 왕이요 하나는 길갈의 고임 왕이요 하나는 디르사 왕이라 모두 서른한 왕이었더라(수 12:7-24)

여호수아 역시 가나안 입성 이후 정복한 왕들을 한 명씩 헤아려 보았다. 놀랍게도 그 수가 서른한 명이나 되었다. 왜 여호수아가 그 수를 성경에 기록함으로써 공개적으로 헤아려 보았는가?

> 여호수아가 나이가 많아 늙으매 여호와께서 그에게 이르시되 너는 나이가 많아 늙었고 얻을 땅이 매우 많이 남아 있도다(수 13:1)

그때 이미 여호수아는 나이 들어 있었다. 하지만 가나안 정복은 끝나지 않았고, 아직도 정복해야 할 땅이 많이 남아 있었다. 여호수아는 모세를 본받아 그동안 하나님께서 베풀어 주신 은혜를 공개적으로 헤아려 확인시켜 줌으로써, 자신이 떠난 뒤에 남은 이스라엘 백성이 가나안 정복의 대업을 완수할 수 있게 해준 것이었다.

부모의 사랑을 헤아려 보지 않는 자식은 평생 부모의 사랑을 알지 못한다. 삼위일체 하나님의 은혜를 헤아려 보는 사람만 그 은혜를 더 크게 누리고, 그 은혜를 힘입어 어떤 역경과 고난 속에서도 사명자의 삶을 완수할 있다. 오늘밤부터 잠자리에 들기 전, 하나님께서 그대에게 온종일 베풀어 주신 은혜를 다섯 가지씩만 매일 헤아려 일기장에 기록해 보라. 그대의 인생은 반드시 새로운 차원으로 진입할 것이다. 이런 의미에서 찬송가 429장은 부르면 부를수록 더더욱 은혜롭다.

> 세상 모든 풍파 너를 흔들어 약한 마음 낙심하게 될 때에
> 내려 주신 주의 복을 세어라 주의 크신 복을 네가 알리라
> 받은 복을 세어 보아라 크신 복을 네가 알리라
> 받은 복을 세어 보아라 주의 크신 복을 네가 알리라

사명자의 모든 질문은 주님 안에서 해소된다

> 예수께서 이르시되 와서 조반을 먹으라 하시니 제자들이 주님이신 줄 아는 고로 당신이 누구냐 감히 묻는 자가 없더라 (요 21:12)

제자들은 조금 전까지 현재형으로 임해 계신 주님을 과거형으로 망각하고 있었다. 그들이 생업의 터전이었던 갈릴리로 돌아가 욕망의 바다에서 욕망의 그물질을 반복할 때, 그들 각자의 마음속에는 갖가지 회의와 번민이 없을 수 없었을 것이다. 지난 3년 동안 나는 처자를 버려 두고 대체 무엇을 한 것인가? 내가 무엇에 홀렸던 것은 아닌가? 3년이란 귀한 인생을 허망하게 날려 버린 것은 아닌가? 내가 3년 동안 구원자라고 좇았던 예수가 과연 길이요, 진리요, 생명이 맞는 건가? 나와 똑같은 인간인 그가 정녕 하나님의 독생자―성자 하나님일 수 있는가? 제자들의 마음속에서 질문은 꼬리에 꼬리를 물고 계속 이어졌을 것이다. 그러나 그 물질을 끝내고 뭍으로 나온 제자들 가운데 그 누구도 주님을 향해 "당신이 누구냐 감히 묻는 자"가 없었다. 나사렛 예수, 당신이 참으로 구원자인가? 여인의 몸에서 태어난 당신이 정말 성자 하나님이신가? 내가 영원히 좇아야만 할 길과 진리와 생명이 진정 당신인가? 제자들 가운데 그 누구도 감히 주님의 정체성에 대해 질문하려 하지 않았다.

우리말 '감히'로 번역된 헬라어 '톨마오^{τολμάω}'는 '구태여'라는 의미도 지니고 있다. 제자들은 구태여 주님께 질문할 필요를 느끼지 않았다. 왜 그랬을까? 본문은 그 까닭을 "제자들이 주님이신 줄 아는 고로"라고 밝히고 있다. 여기에서 우리말 '알다'로 번역된 헬라어 동사 '에이도^{εἴδω}'는

'보다'라는 의미이기도 하다. 뭍으로 나온 제자들이 자신들의 두 눈으로 주님을 직접 뵈었기에 구태여 질문할 필요를 느끼지 않았다. 주님을 직접 뵙는 순간 그들의 마음속에서 제기되었던 숱한 질문들이 모두 사라져 버렸기 때문이다. 사람이 어디에 시선을 고정시키고 사느냐 하는 것은 이렇게 중요하다. 사람은 눈으로 보는 것이 마음에 담기고, 또 마음에 담긴 것의 지배를 받는다.

주님의교회를 목회할 때 단군교 교주가 등록 교인이 되었다. 당시 단군교는 잠실에 본부 건물과 강화도에 수련원을 소유하고 있었고, 적지 않은 신도들을 거느리고 있었다. 그러나 주님을 영접한 교주는 자기가 그리스도인이 되었음을 신도들 앞에서 밝히고, 자신이 창시한 단군교를 스스로 해체하였다. 그리고 잠실 본부 건물 맨 위층에 있던 단군교 성전을 폐쇄하기 위한 예배를 드려 줄 것을 내게 부탁했다. 심방 대원들과 함께 단군교 성전을 찾은 나는 단군 초상화가 걸려 있는 제단 앞에서, 단군교 성전이 주님의 집이 되었음을 선포하는 예배를 인도하였다. 예배가 끝나자 그는 나더러, 제단에 걸려 있는 단군 초상화를 떼어 옥상에서 불태워 달라고 부탁했다. 그가 주님을 영접한 이래 내가 단군교 성전을 방문할 때까지 여러 주가 지났지만, 그는 그때까지 두려움으로 인해 단군 초상화를 스스로 떼어 내거나 폐기하지 못하고 있었다. 제단 중앙에 걸려 있던 단군 초상화를 떼어 낸 나는 옥상으로 올라가, 그에게서 건네받은 라이터로 초상화에 불을 붙였다. 천연색 초상화는 한동안 푸른 불꽃을 일으키다가 마침내 재로 변했다.

그때 그는 바로 내 곁에 서 있었는데 그가 얼마나 떠는지, 그의 바짓가랑이가 마치 사시나무 떨듯 떨렸다. 그리고 초상화가 완전히 재가 되고 난 다음에야 그는 안도의 한숨을 쉬었다. 단군 초상화를 떼어 내 불태우는 내게 혹시 무슨 화라도 임하지나 않을까 하는 두려움이 그제야 사라졌기 때문이었다.

그 단군 초상화는 하늘에서 떨어진 것이 아니었다. 수천 년 전부터 전해져 내려오는 신비하거나 신성한 유물인 것도 아니었다. 미술적 가치를 지닌 대단한 예술 작품도 아니었다. 그 그림은 단군교 교주였던 그가 화가에게 의뢰하여 그린 그림이다. 그림 속 단군의 얼굴 모습, 의복 등은 모두 그의 머리에서 나온 것이다. 그렇다면 자기 아이디어로 완성한 그 그림을 그가 무서워할 까닭이 없지 않은가? 하지만 그는 나의 방문 때까지 두려워 그 그림을 제단에서 떼어 내지도 못했고, 내가 내 손으로 떼어 낸 그림을 옥상에서 불태우는 동안에도 그의 바짓가랑이는 사시나무 떨듯 떨렸다. 단순한 족자에 지나지 않는 그 그림을 그는 왜 그토록 두려워했을까? 그동안 그의 시선이 그 그림에 집중되어 있었기 때문이다. 그는 매일 새벽부터 시작하여 정해진 시간마다 그 그림을 향해 절을 하며 제사를 드렸다. 하루에 몇 번씩 그 그림을 쳐다보며 경배한 것이다. 그뿐이 아니다.

5층 건물인 단군교 본부의 5층이 단군 초상화가 걸려 있는 성전이었고, 교주였던 그의 숙소는 옥상에 있었다. 그러나 건물 엘리베이터가 5층에서 멈추기에, 그는 자신의 숙소를 드나들 때마다 반드시 5층의 성전 제단에 걸려 있는 그 그림을 지나쳐야만 했다. 이처럼 그의 시선이 날마다 그 그림에 집중되어 있다 보니, 그 그림은 단순한 그림이거나 족자일 수가 없었다. 그것은 분명히 그의 머리에서 나온 죽은 그림임에도 불구하고, 그 그림은 그의 마음속에서 살아 움직이며 그를 지배하였다. 그 결과 그는 주님을 영접하였으면서도 그동안 자신을 지배했던 그 그림으로부터 혹 화를 당하지나 않을까 그토록 두려워한 것이었다. 사람이 자기 시선을 어디에 고정시키고 사느냐 하는 것은 이처럼 엄청난 결과를 초래한다.

사이비 종교의 공통점이 있다. 대개 공동생활을 하면서 교주의 사진을 방에 걸어 두거나 지갑 속에 지참하게 한다. 그리고 하루에 몇 번씩 교주의 사진을 보면서 사진 속의 교주와 눈을 맞추게 한다. 이유는 간단하다. 그렇게 함으로써 교인들을 지배하기 위함이다. 앞에서 언급한 것처럼 사람은 눈으로 보는 것이 마음에 담기고, 마음에 담긴 것의 지배를 받는 까닭이다. 그러므로 "우리의 시선이 예수 그리스도를 향해 있을 때에만 우리는 그리스도인"이라는 C. S. 루이스의 지적은 백번 타당하다. 우리의 시선이 이 세상을 향하고 있는 한, 우리의 인생은 오리무중에 빠져들 수밖에 없다. 우리의 심중에 세상이 똬리를 틀고 앉아 우리를 지배할 것인즉, 모든 것이 가변적인 세상에는 질문만 있을 뿐 답이 없기 때문이다. 그러나 길이요 진리요 생명이신 예수 그리스도 안에서는 모든 질문이 해소된다. 그분이 곧 인생의 모든 질문에 대한 해답이시기에, 그분의 지배에 대한 순종 가운데 인생이 나아가야 할 바른 길이 있다.

교회를 짓밟고 그리스도인들을 박해하던 젊은 시절의 바울이 다메섹 도상에서 그를 덮친 빛에 사로잡혔다. 그리고 "네가 왜 나를 박해하느냐?"라는 뇌성과도 같은 음성을 들었다. 그때 땅바닥에 꼬꾸라진 바울이 한 것이라고는 질문을 던지는 것밖에 없었다. "주님, 누구시니이까?" 바울로서는 당연한 질문이었다. 자신을 빛으로 굴복시키고 자신으로부터 박해받으셨다는 분이 누구신지 반드시 알아야만 했기 때문이다. 그러나 그것은 주님에 대한 바울의 처음이자 마지막 질문이었다. 주님께서 그의 질문에 답하셨다. "나는 네가 박해하는 나사렛 예수라." 바울의 질문과 그 질문에 대한 주님의 대답을 기점으로 바울의 시선은 주님께 고정되기 시작했다. 그 이후 바울은 다시는 주님께 질문을 제기하지 않았다. 주님께 시선을 고정시킴과 동시에 바울의 모든 질문이 해소되었다. 로마제국 통치하의 식민지 백성으로 살면서, 유대인으로 태어나 열혈 유대교 신자로 살면서, 자신의 웅지를 마음껏 펼치고픈 20대 청년 시절을 살면서, 그의 마음속에 시도 때도 없이 솟구쳐 올랐던 수많은 질문들에 대한 모든 해답이 어느 것 하나 빠짐없이 모두 주님 안에 있었다.

우리에게 말씀묵상과 기도생활 같은 경건 훈련이 필요한 이유가 여기에 있다. 말씀을 통해, 기도를 통해, 우리의 시선을 주님께 고정시키기 위함이다. 우리의 시선이 주님께 고정되어 있을 때에만 우리는 이 세상에서 제기되는 모든 질문을 초월하여 참된 그리스도인, 참된 사명자로 살아갈 수 있다. 내가 왜 지금 이 자리에 있어야 하는가? 내가 왜 지금 이런 일을 하고 있어야 하는가? 내가 왜 지금 이 사람과 함께 있어야 하는가? 내가 왜 지금 상대적으로 불이익을 당해야 하는가? 그 대답은 하나다. 주님의 뜻이기 때문이다. 주님 안에서만 모든 질문은 해소되고, 하찮게 보이는 우리의 모든 일은 절대적인 의미를 지니게 된다. 주님께 시선을 고정시키는 삶의 중요성은 아무리 강조해도 지나침이 없다.

> 나는 빛으로 세상에 왔나니 무릇 나를 믿는 자로 어둠에 거하지 않게 하려 함이로라 (요 12:46)

사명자는 물질 이전에 마음을 주어야 한다

> 예수께서 가셔서 떡을 가져다가 그들에게 주시고 생선도 그와 같이 하시니라(요 21:13)

밤새 욕망의 바다에서 욕망의 헛그물질을 하던 제자들이 뭍으로 올라와 보니 생선과 빵이 준비되어 있었다. 그러나 제자들은 주님께서 "와서 조반을 먹으라"(12절)고 말씀하시기 전까지는, 그것이 주님께서 자신들을 위해 친히 마련하신 조반임을 상상할 수도 없었다. 그들은 밤새도록 현재형으로 임해 계신 주님을 과거형으로 잊고 있지 않았던가? 그 주님께서 자신들을 위해 조반을 마련하셨다는 것은 세속적 인간성을 지닌 그들의 상상을 초월하는 일이었다. 그들이 인면수심人面獸心의 인간이 아니고서야, 그 상황에서 누가 감히 그 조반에 손을 댈 엄두를 낼 수 있겠는가? 그 조반을 대하는 순간, 그들은 간밤에 자신들이 주님 앞에서 얼마나 어리석은 짓을 했었는지를 새삼스럽게 뉘우치면서 말할 수 없는 수치심을 느꼈을 것이다. 양심의 가책은 또 얼마나 컸겠는가? 그들은 배고픔도 망각한 채 주님께서 손수 마련해 주신 조반 앞에서 몸 둘 바를 몰라 했을 것이다. 그들을 안쓰럽게 여기신 주님께서는 당신이 마련하신 생선과 빵을 직접 들고 제자들에게 일일이 나누어 주셨다. 그리고 15절은 "그들이 조반 먹은 후에"라고 증언하고 있다. 제자들은 주님께서 일일이 나누어 주시는 것마저 사양할 수 없어 마침내 주님께서 친히 마련하신 생선과 빵을 받아먹었다.

평생 먹는다고 다 같은 식사가 아니다. 그날 그 조반은 제자들이 평생 잊지 못할 조반이었다. 그날 새벽 그들이 먹었던 것은 단순한 생선과 빵이 아니었다. 갈릴리 빈민촌에서 마련한 생선과 빵을 돈으로 따진들 대체 값이 얼마나 나가겠는가? 그러나 그것은 주님의 사랑의 결정체였다. 그들은 그날 새벽 생선과 빵을 먹은 것이 아니라, 주님의 사랑과 생명을 씹고 삼켰다. 그들은 주님의 사랑을 씹고 삼키면서 많은 것을 생각하고, 회개하고, 또 결단했을 것이다. 진수성찬을 차린다고 사람의 마음을 변화시킬 수 있는 것은 아니다. 오히려 진수성찬으로 사람의 마음을 상하게 하는 일이 허다하다. 그러나 마른 빵 한 조각과 생선 한 토막으로도 사람을 감동시키고 변화시킬 수 있다. 그것은 빵 한 조각과 생선 한 토막을 마련하는 사람의 마음에 달려 있다. 그 일을 억지로 하느냐, 아니면 진정으로 상대를 사랑하는 마음으로 하느냐의 차이다.

1988년 6월 26일, 나의 첫 번째 전임 목회지였던 주님의교회가 창립되었다. 그로부터 열 달이 지난 1989년 4월이었다. 생전 처음 해보는 전임 목회는 나의 생각과는 전혀 달랐다. 애초 나는, 목회는 설교하고 성경 공부 인도하는 것이 전부라고 생각했다. 하지만 막상 교회를 시작하고 보니 그게 아니었다. 온갖 회의에 빼앗기는 시간이 훨씬 더 많았다. 각자 생각과 개성이 다른 교인들과 의견을 맞추어 가는 것은 여간 힘든 일이 아니었다. 그런 과정이 목회에서 중요한 비중을 차지한다는 것을 나중에는 알게 되었지만, 그때는 그런 일이 전혀 비생산적으로만 여겨졌다. 그런 일에 목회자로서 나의 전 생애를 거는 것이 과연 주님의 뜻일까, 하는 회의에서 벗어날 수가 없었다. 그런 마음으로 목회를 계속하는 것은 교회에도 덕이 되지 않는다고 판단했다. 결국 나는 스스로 정한 임기 10년과는 상관없이, 창립 만 1년이 되는 두 달 후에 스스로 사임하리라 마음을 굳혔다. 어느 날 새벽이었다. 평소처럼 새벽기도회를 인도하기 위해 당시 주님의교회가 예배처소로 사용하던 강남YMCA 2층 예식장으로 들어갔다. 아직 시간이 되지 않아 예식장 안은 어두웠고, 미리 온 교인들은 조용히 기도하고 있었다. 나도 제일 앞자리에 앉아 기도하기 시작했다. 그때 왼쪽에서 인기척이 나더니 나지막한 목소리가 들렸다. "전도사님, 나중에 가지고 가세요." 그때 나는 주님의교회를 개척하여 담임하고 있었지만 목사 안수를 받기 전이어서 호칭은 전도사였다. 이윽고 새벽기도회 시작 시간이 되어 불이 켜졌다. 나의 왼쪽 의자 위에 분홍색 보자기에 싸인 무엇인가가 놓여 있었다. 새벽기도회가 끝난 뒤에 보자기를 들었더니, 안으로부터 따뜻한 온기가 전해졌다. 사무실에서 보자기를 풀자, 조그만 상자 속에 그때까지도 따뜻한 시루떡이 담겨 있었다. 시루떡 위에는 붉은 콩으로 '축 생신'이란 글자가 장식되어 있었다. 그리고 상자 속에 들어 있던 카드에는 '전도사님의 생신을 진심으로 축하합니다'라고 쓰여 있었다. 발신자는 넉넉지 못한 삶을 사는 여집사님이었다. 그날은 나의 생일이었다.

그날 새벽 시루떡이 어떤 맛이었는지는 나의 기억 속에 전혀 남아 있지 않다. 그러나 그날 새벽 그 시루떡을 눈물로 씹고 삼켰던 것은 지금도 생생하게 기억하고 있다. 그것은 단순한 시루떡이 아니었다. 그 시루떡을 밤새 정성스럽게 준비한 집사님의 사랑과 생명의 결정체였다. 그 새벽에 따뜻한 시루떡을 가져오려면, 그 집사님은 거의 뜬눈으로 밤을 지새웠음이 분명했다. 젊은 전도사의 생일을 축하하기 위해 넉넉지 않은 살림에 밤을 새워 만든 사랑과 생명의 시루떡을 씹고 삼키면서, 나는 1년 만에 교회를 사임하려 했던 나의 경박한 생각을 회개했다. 그리고 이런 교우님이 있는 한, 무슨 일이 있어도 반드시 나의 임기 10년을 채우리라고 주님 앞에서 굳게 결심했다. 그 이후 목회의 어려움이 있을 때마다 나는 그날 새벽 시루떡을 생각하며 마음을 추스르곤 했다. 그 시루떡의 가치를 돈으로 환산한다면 얼마 되지 않을 것이다. 하지만 내게 그 시루떡의 가치는 절대적이었다. 주님의교회에서 내게 주어졌던 10년간의 사명을 완수할 수 있었던 것도, 오늘과 같은 목사로 살아가고 있는 것도, 그 원동력은 거슬러 올라가면 그날 새벽 주님의 사랑으로 그 시루떡을 만든 집사님의 따뜻한 마음이었다. 만약 그날 새벽 집사님이 밤을 새워 정성스럽게 만든 사랑과 생명의 시루떡이 없었던들 1년 만에 주님의교회를 사임한 나는 지금, 상황에 따라 자신의 말도 지키지 않는 가벼운 언행의 경박한 목사로 살아가고 있을 것이다.

사람이 마음을 주는 것은 이렇게 중요하다. 사람의 마음을 움직이는 것은 마음이지 물질이 아니다. 성전 미문 앞에서 선천성 하반신마비자를 주님의 이름으로 일으켜 세운 베드로의 경우 역시 마찬가지였다.

> 베드로가 이르되 은과 금은 내게 없거니와 내게 있는 이것을 네게 주노니 나사렛 예수 그리스도의 이름으로 일어나 걸으라 하고 오른손을 잡아 일으키니(행 3:6-7상)

베드로는 선천성 하반신마비자에게 예수 그리스도의 이름으로 일어나라고 입으로 선포하기만 한 것이 아니었다. 치료비에 보태 쓰라고 거금을 쾌척한 것도 아니었다. 만약 그랬더라면 베드로를 통한 주님의 치유는 일어나지 않았을 것이다. 베드로는 하반신마비자에게 예수 그리스도의 이름으로 일어나 걸으라고 하면서 그의 손을 잡았다. 그는 귀한 혈통이거나 부잣집 자식이 아니었다. 그는 매일 그 자리에서 구걸하는 걸인이었다. 당시 걸인의 몸은 불결하기 짝이 없었고, 옷에서는 역겨운 냄새가 났다. 지나가던 행인이 걸인의 손을 잡아 준다는 것은 상상할 수도 없는 일이었다. 걸인에게 적선하는 사람도 걸인의 몸에 자신의 손이 닿지 않게끔 동전을 던져 주곤 했다.

베드로는 그 더러운 걸인의 손을 잡아 주었다. 선천성 하반신마비자였던 그 걸인에게는 평생 처음 경험하는 일이었을 것이다. 더러운 걸인인 자신의 손을 아무 거리낌 없이 잡아 준 베드로의 손을 통해 베드로의 따뜻한 체온이 걸인의 몸속으로 스며들 때, 걸인의 마음이 베드로가 전한 예수 그리스도를 향해 어찌 활짝 열리지 않을 수 있었겠는가? 베드로가 그렇듯 걸인의 손을 덥석 잡아 줄 수 있었던 것은, 그가 그 불쌍한 걸인에게 그의 마음을 먼저 주었기 때문이다. 마음을 주지 않고서는 더러운 걸인의 손을 잡아 줄 수는 없다. 마음을 주지 않고도 걸인의 손을 잡을 수는 있다고 해도, 그런 사람의 마음을 통해서는 주님께서 역사하시지 않을 것이다. 마음이 자신의 손발을 움직이게 할 뿐 아니라, 다른 사람의 마음도 움직이게 한다. 주님께서는 그런 사람의 마음을 당신의 통로로 사용하신다.

사람에게 마음을 주라. 그대는 마른 떡 한 조각으로도 누군가의 인생을 살릴 것이요, 손을 잡아 주는 것만으로도 무너진 인생을 일으켜 줄 수 있을 것이다. 그대의 마음을 통해 주님께서 친히 역사하실 것이기 때문이다.

사명자의 믿음의 토대는 부활신앙이어야 한다

이것은 예수께서 죽은 자 가운데서 살아나신 후에 세 번째로 제자들에게 나타나신 것이라 (요 21:14)

주님께서 갈릴리에서 제자들을 만나신 것은 부활하신 후 세 번째 나타나심이었다. 주님의 부활 후 처음과 두 번째 나타나심은 앞에서 살펴본 것처럼, 제자들이 예루살렘에서 기거하던 숙소에서였다. 그러나 사도 요한은 본문을 기록하면서 주님께서 '부활'하셨다는 용어를 사용하지 않았다. 그 대신 그는 "예수께서 죽은 자 가운데서 살아나신 후"라고 기록하였다. 사도 요한은 '부활'을 왜 이렇게 긴 문장으로 표현했을까? 헬라어에는 '부활'을 뜻하는 단어가 없기 때문인가? 헬라어에는 '부활'을 의미하는 단어 '아나스타시스ἀνάστασις'가 분명히 있다. 그런데도 사도 요한은 왜 그 간단하고도 분명한 단어를 사용하지 않고, '부활'을 '죽은 자 가운데서 살아나신' 것으로 풀어서 설명했을까? 그러고 보면 다른 복음서도 마찬가지다. 사복음서 가운데 예수님의 '부활'을 '부활'이라는 단어로 표기한 곳은 없다. 그 이유가 무엇이었을까?

2천 년 전 헬라어를 사용하던 사람들이 '부활'이라는 단어에 대해 지니고 있던 보편적 인식은 오늘날 우리의 인식과는 전혀 달랐다. 당시 사람들이 '부활'을 언급할 때는 두 경우 중의 하나였다. '부활'은 절대로 있을 수 없다는 의미로 부정하기 위한 경우거나, '부활'은 현실과는 동떨어진 전설이나 신화 속의 이야기임을 나타내기 위한 경우였다. 만약 복음서 기자들이 예수님의 '부활'을 '부활'이라는 단어로 표현했다면, 당시 사람들은 예수님의 '부활'을 새빨간 거짓말이거나 허황된 전설 혹은 신화로 받아들일 것이 뻔했다. 그래서 복음서 기자들은 약속이라도 한 듯이 예수님의 '부활'을, 당시 부정적 의미를 지니고 있던 '부활'이라는 단어 대신 다르게 표현하였다.

> 무덤에 들어가서 흰 옷을 입은 한 청년이 우편에 앉은 것을 보고 놀라매 청년이 이르되 놀라지 말라 너희가 십자가에 못박히신 나사렛 예수를 찾는구나 그가 **살아나셨고** 여기 계시지 아니하니라 보라 그를 두었던 곳이니라(막 16:5-6)

> 천사가 여자들에게 말하여 이르되 너희는 무서워하지 말라 십자가에 못박히신 예수를 너희가 찾는 줄을 내가 아노라 그가 여기 계시지 않고 그가 말씀하시던 대로 살아나셨느니라 와서 그가 누우셨던 곳을 보라 또 빨리 가서 그의 제자들에게 이르되 그가 **죽은 자 가운데서 살아나셨고** 너희보다 먼저 갈릴리로 가시나니 거기서 너희가 뵈오리라 하라 보라 내가 너희에게 일렀느니라 하거늘(마 28:5-7)

> 여자들이 두려워 얼굴을 땅에 대니 두 사람이 이르되 어찌하여 살아 있는 자를 죽은 자 가운데서 찾느냐 여기 계시지 않고 **살아나셨느니라** 갈릴리에 계실 때에 너희에게 어떻게 말씀하셨는지를 기억하라(눅 24:5-6)

이것은 예수께서 **죽은 자 가운데서 살아나신** 후에 세 번째로 제자

들에게 나타나신 것이라(요 21:14)

이처럼 복음서 기자들은 예수님의 '부활'을 한결같이 예수께서 다시 살아나신 것으로 기술하였다. '죽은 자 가운데서 살아나신' 것을 역설한 것이다. 우리말로 '죽은 자'라면 고상하게 들리지만, 헬라어 '네크로스 νεκρός'는 '시체'라는 말이다. 왜 복음서 기자들은 예수님께서 '시신'이 되셨다가 다시 살아나신 것을 역설하였는가? 예수님의 부활은 허무맹랑한 거짓말이거나 허황된 전설이 아니라, 실제로 일어난 사실이었음을 강조하기 위함이었다. 예수님께서 호흡이 잠시 멎거나 가사상태에 빠지셨던 것이 아니었다. 십자가에 못박히셨던 예수님께서는 운명하시고 시신이 되셨다. 시체는 끝남이다. 한 인간의 인생은 시체가 됨과 동시에 막을 내린다. 그래서 시체는 절망과 체념의 동의어이다. 모든 것의 끝남을 의미하는 시체에는 형체마저 소멸되는 부패만 있을 뿐, 그 어떤 희망이나 미래도 있을 수 없다. 예수님께서 시신이 되셨다는 것 역시 그분의 모든 것이 끝났음을 뜻했다. 그러나 그분의 시신이, 시신이셨던 그분이 다시 살아나셨다. 그분이 모든 것의 끝남과 절망과 체념의 죽음을 깨뜨리신 것이다. 그래서 복음서 기자들은 그분의 시신이, 시신이셨던 그분이 다시 살아나셨음을 역설하였다. 그분 안에서는 죽음도 끝남이 아니라 새로운 시작이요, 절망이나 체념이 아니라 새로운 희망이요 기회이다.

이것이 얼마나 중요한지 우리는 사도신경을 통해 예수님께서 '십자가에 못박혀 죽으시고, 장사한 지 사흘 만에 죽은 자 가운데서 다시 살아나셨음'을 믿는다고 우리의 신앙을 고백한다. 우리는 예배를 드릴 때마다 사도신경을 통해 예수님의 시신이, 시신이셨던 예수님께서 다시 살아나셨음을 믿는다고 고백하는 것이다. 그대는 정녕 이 사실을 믿고 있는가? 이것을 믿는 것이 왜 중요한가? 이것이 우리 믿음의 토대가 될 때에만 어떤 절망적인 상황 속에서도 사명자로 살아갈 수 있다. 부활하신 예수 그리스도 안에서는 우리의 코끝에서 호흡이 멎는 죽음이 끝이 아니요 영원한 생명의 시발점일진대, 대체 이 세상에서 그 무엇이 사명자로 살아가는 우리를 절망시키고, 사명자로 살아가려는 우리의 의지를 체념시킬 수 있겠는가?

그러나 부활신앙을 지닌다는 것은 보다 깊은 뜻이 있다. 바울은 비시디아 안디옥에서 예수님의 부활에 대해 다음과 같이 설명하였다.

> 우리도 조상들에게 주신 약속을 너희에게 전파하노니 곧 하나님이 예수를 일으키사 우리 자녀들에게 이 약속을 이루게 하셨다 함이라 시편 둘째 편에 기록한 바와 같이 너는 내 아들이라 오늘 너를 낳았다 하셨고 또 하나님께서 죽은 자 가운데서 그를 일으키사 다시 썩음을 당하지 않게 하실 것을 가르쳐 이르시되 내가 다윗의 거룩하고 미쁜 은사를 너희에게 주리라 하셨으며 또 다른 시편에 일렀으되 주의 거룩한 자로 썩음을 당하지 않게 하시리라 하셨느니라 다윗은 당시에 하나님의 뜻을 따라 섬기다가 잠들어 그 조상들과 함께 묻혀 썩음을 당하였으되 하나님께서 살리신 이는 썩음을 당하지 아니하였나니(행 13:32-37)

바울은 하나님께서 시신이셨던 예수님을 다시 살리신 것을 '다시 썩음을 당하지 않게 하신 것'으로 설명하였다. 시체는 시체가 되는 순간부터 썩기 시작한다. 만약 시체가 다시 살아난다면 그 시체는 더 이상 썩지 않는다. 십자가에 못박혀 시신이 되셨던 예수님께서 다시 살아나심으로 예수님의 육체는 썩지 않게 되었다. 예수님의 육체만? 아니다. 예수님의 말씀, 예수님의 사역, 예수님의 뜻 등 예수님의 모든 것이 썩지 않게 되었다. 언제까지? 예수님께서 영원히 다시 사셨으므로 영원히 썩지 않게 되었다. 그 예수님 안에 있으면, 우리의 생명뿐 아니라 예수님을 위한 우리의 모든 뜻도 영원히 썩지 않는다. 그래서 사도들의 육체는 이 세상에서 순교당했을망정, 주님을 위해 살았던 그들의 뜻은 영원히 썩지 않고 사도행전을 통해 지금도 결실되고 있다. 그대가 부활신앙을 믿음의 토대로 삼는 한, 주님을 위해 그대가 품고 있는 뜻이 비록 그대 생애에는 빛을 보지 못한다 해도, 시신이 되셨다가 다시 살아나신 주님 안에서는 결코 썩음을 당하지 않고 영원 속에서 대를 이어 가며 반드시 결실될 것이다.

누구보다도 예의의 사람이 되라. 그대의 사명감이 그대가 당할 수 있는 배신감을 압도하게 하라. 매일 밤 주님의 은혜를 헤아려 보는 것으로 하루를 마무리하라. 그대의 시선을 주님께 고정시켜라. 물질 이전에 마음을 주라. 그 위에 더하여 부활신앙의 토대 위에 서라. 그대의 일거수일투족은 매일 주님 안에서 사명자행전으로 엮어질 것이다.

6 복음과 사명자 행전의 연결고리 Ⅲ

고린도전서 9장 14절
이와 같이 주께서도 복음 전하는 자들이 복음으로 말미암아 살리라 명하셨느니라 그리스도인이 자기 삶의 현장을 복음과 사명자행전의 연결고리로 삼기 위해 실천해야 할 각론들을 요한복음 21장 속에서 마지막으로 살펴보기로 하자.

사명자는 자신이 지금 무엇을 사랑하고 있는지를
분명히 해야 한다

그들이 조반 먹은 후에 예수께서 시몬 베드로에게 이르시되 요한의 아들 시몬아 네가 이 사람들보다 나를 더 사랑하느냐 하시니
(요 21:15상)

제자들은 그날 새벽 단순히 생선과 빵을 먹은 것이 아니었다. 그들은 주님의 사랑과 생명을 씹고 삼켰다. 이 광경을 머릿속에서 영상으로

그려 보라. 막 동이 터 오르는 갈릴리 바닷가, 파도소리와 바람소리 이외에는 그 어떤 소리도 들리지 않는다. 그런 만큼 제자들이 주님께서 주신 빵과 생선을 씹고 삼키는 소리는 각자의 귀에 더 크게 들린다. 이따금씩 제자들의 흐느끼는 소리도 들린다. 그 소리들을 제외하면 갈릴리 바닷가는 정적에 휩싸여 있다. 그 정적을 먼저 깨뜨린 분은 주님이셨다.

요한의 아들 시몬아

시몬은 베드로의 본래 이름이었다. 시몬의 이름 앞에 '요한의 아들'이란 수식어가 붙어 있는 것은, 당시 유대인들의 이름에는 성姓이 없었기 때문이다. 성이 없이 이름만 있다 보니 동명이인이 많아 이름만으로는 누가 누구인지 구별하기가 어려웠다. 그래서 유대인들은 사람의 이름 앞에 지명이나 아버지의 이름을 붙여 'OOO 출신 아무개', 혹은 'OOO 아들 아무개' 하는 식으로 사람을 구별하였다. 이를테면 구레네 출신의 시몬을 '구레네 시몬', 그리고 본문의 시몬을 '요한의 아들 시몬'이라고 구별하여 부르는 식이었다. 요한의 아들 시몬이 베드로로 불리게 된 연유는 다음과 같았다.

요한의 말을 듣고 예수를 따르는 두 사람 중의 하나는 시몬 베드로의 형제 안드레라 그가 먼저 자기의 형제 시몬을 찾아 말하되 우리가 메시야를 만났다 하고 (메시야는 번역하면 그리스도라) 데리고 예수께로 오니 예수께서 보시고 이르시되 네가 요한의 아들 시몬이니 장차 게바라 하리라 하시니라 (게바는 번역하면 베드로라) (요 1:40-42)

시몬이 주님을 처음 만나던 날, 주님께서는 시몬에게 '게바'라는 새 이름을 주셨다. 히브리어로 '반석'을 의미하는 '게바'는 헬라어로 '베드로'였다. 시몬으로 불리던 옛 삶을 과감하게 벗어던지고 주님 안에서 반석과도 같은 굳건한 믿음의 소유자로 살라는 의미였다. 그 이후 그는 시몬이라는 본명보다는, 주님께서 지어 주신 베드로라는 이름으로 우리에게 더 널리 알려진 인물이 되었다. 그러나 주님께서는 그날 새벽 그를, 당신이 친히 지어 주신 새 이름 베드로로 부르시지 않고, 그의 옛 이름인 요한의 아들 시몬으로 부르셨다. 그 이유가 무엇이었을까? 주님께서 분명히 갈릴리에서 다시 만나자고 하셨음에도 갈릴리로 되돌아간 그는 반석(베드로) 같은 믿음으로 주님을 기다리기보다는, 지난 시절 어부였던 시몬으로 되돌아가 밤새도록 욕망의 헛그물질만 반복하고 있었기 때문이다. 주님께서 그의 옛 이름을 부르심으로써, 그가 지금 주님 안에서 새사람의 삶을 살고 있는지, 아니면 옛사람의 삶으로 회귀해 버렸는지 스스로 확인케 해주시기 위함이었다. 그래서 주님께서는 베드로에게 이렇게 물으셨다.

요한의 아들 시몬아 네가 이 사람들보다 나를 더 사랑하느냐

주님께서는 베드로에게 그냥 '네가 나를 사랑하느냐'고 물으시지 않았다. 주님께서는 "네가 이 사람들보다 나를 더 사랑하느냐"고 비교급으로 물으셨다. 주님께서 '이 사람들보다'라고 비교급으로 물으셨기에, 마치 주님께서 베드로를 다른 제자들과 비교하시고, 또 제자들을 서로 경쟁시키시는 것처럼 여겨진다. 그러나 그것은 오해다. 주님께서는 우리 한

사람 한 사람을 절대적으로 평가하시지, 다른 사람과 비교하여 상대적으로 평가하는 분이 아니시다. 주님께서 우리에게 요구하시는 것은 언제나 우리의 '최선'이지, 모든 사람 가운데 '최고'가 아니라는 말이다.

한글 성경에 '이 사람들'이라고 번역되어 있는 헬라어 '후토스οὗτος'는 지시대명사로서, 영어로 번역하면 'these'가 된다. 'these'는 사람을 가리키는 '이들'을 의미할 수도 있고, 사물을 칭하는 '이것들'을 뜻할 수도 있다. 주님께서 사람을 경쟁시키거나 상대적으로 평가하는 분이 아니시라면, 본문의 정황 속에서 '후토스'는 마땅히 '이것들'을 의미할 것이다. 주님께서 베드로에게 '요한의 아들 시몬아, 네가 이것들보다 나를 더 사랑하느냐?'고 물으신 것이다. 그렇다면 주님께서 언급하신 '이것들'은 본문 속에서 구체적으로 무엇을 뜻하는가? 먼저는 베드로가 방금 먹은 빵과 생선이었다. 따라서 주님의 질문은 이런 의미였다. '요한의 아들 시몬아, 네가 빵과 생선, 다시 말해 육체의 양식을 목적으로 삼는 네 배보다 나를 더 사랑하느냐?' '이것들'은 또 베드로가 밤새도록 욕망의 헛그물질을 했던 욕망의 바다이기도 했다. '요한의 아들 시몬아, 네가 너를 사로잡고 있는 네 욕망보다 나를 더 사랑하느냐?' '이것들'은 '디베랴'—황제의 바다로 불리는 이 세상을 뜻하기도 했다. '요한의 아들 시몬아, 네가 황제의 논리에 압도당한 이 세상보다 나를 더 사랑하느냐?'

주님께서 베드로에게 '네가 이것들보다 나를 더 사랑하느냐'고 물으시면서, 베드로를 그의 옛 이름인 시몬으로 부르셨다. 주님 보시기에 베드로는 반석 같은 믿음으로 주님을 사랑하기보다는, '이것들'을 더 사랑하는 옛 삶으로 이미 회귀해 있었다. 그러므로 주님께서 베드로의 옛 이름을 부르신 것은, 그로 하여금 반석과도 같은 믿음에서 동떨어져 있는 그의 실상을 자각게 해주시기 위함이었다. '이것들'로 대변되는 이 세상의 모든 것들보다 주님을 더 사랑하지 않는 한, 물거품처럼 덧없는 옛 삶을 버리고 주님 안에서 새 삶을 추구하고 누릴 수는 없다.

'네가 이것들보다 나를 더 사랑하느냐?' 이 질문은 요한의 아들 시몬―베드로에게만 국한된 질문이 아니었다. 그날 밤새도록 욕망의 바다에서 욕망의 헛그물질을 반복한 제자들 모두를 향한 질문이었다. 그리고 그로부터 2천 년이 지난 오늘날 디베랴 바다 속에서 살아가고 있는 우리 개개인을 향한 질문이기도 하다. '네가 이것들보다 나를 더 사랑하느냐?'는 주님의 질문에 자신 있게 대답할 수 없다면, 우리는 주님을 사랑하노라고 입술로 고백은 하면서도, 실은 주님을 수단 삼아 세상의 것들을 목적 삼는 옛 삶을 반복하는 이 시대의 시몬들에 지나지 않을 것이다. 그래서 우리는 언제나 내가 지금 사랑하는 것이 무엇인지 분명하게 자문하고, 정직하게 자답할 수 있어야만 한다. 그래야만 옛 삶에서 탈피하여 주님만을 사랑하는 사명자의 삶을 일구어 갈 수 있다. 본문 이후의 사도행전 속에서 베드로는 더 이상 옛 삶에 예속된 시몬이 아니었다. 그는 이 세상의 모든 것들보다 주님을 더 사랑하는 사명자 베드로, 그 어떤 경우에도 주님 주신 이름 그대로 조금도 흔들림 없는 믿음의 반석으로 살았다.

주님께서 우리 각자의 이름을 부르시며 '네가 이것들보다 나를 더 사랑하느냐'고 질문하시는 이유가 무엇인가? 이 질문을 통해 우리로 하여금 사명자의 삶을 살도록 이끄시는 이유가 무엇인가? 미물에 지나지 않는 우리를 이용하여 당신의 유익을 꾀하시기 위함인가? 오히려 그 반대다. 나 한 사람이 주님을 더 사랑하는 사명자로 살지 않는다고 우주만

물을 소유하신 주님께 손해 날 것은 아무것도 없다. 그러나 내가 주님을 더 사랑하며 내 삶을 사명자행전으로 건져 올리지 않으면, 내가 이 세상에서 아무리 성공했다 한들 주님 앞에서 내 인생은 공동묘지의 한 줌의 흙으로 허망하게 끝나 버리고 말 것이다. 그래서 주님께서는 오늘 우리 각자에게 묻고 계신다.

네가 이것들보다 나를 더 사랑하느냐

지금 그대의 가슴 위에 손을 얹고 정직하게 대답해 보라. 그대가 지금 정말 사랑하고 있는 것은 무엇인가? 주님이신가? 아니면 디베랴의 '이것들'인가?

사명자는 모든 방향으로 사랑의 통로가 되어야 한다

그들이 조반 먹은 후에 예수께서 시몬 베드로에게 이르시되 요한의 아들 시몬아 네가 이 사람들보다 나를 더 사랑하느냐 하시니 이르되 주님 그러하나이다 내가 주님을 사랑하는 줄 주님께서 아시나이다 이르시되 내 어린 양을 먹이라 하시고 또 두 번째 이르시되 요한의 아들 시몬아 네가 나를 사랑하느냐 하시니 이르되 주님 그러하나이다 내가 주님을 사랑하는 줄 주님께서 아시나이다 이르시되 내 양을 치라 하시고 세 번째 이르시되 요한의 아들 시몬아 네가 나를 사랑하느냐 하시니 주께서 세 번째 네가 나를 사랑하느냐 하시므로 베드로가 근심하여 이르되 주님 모든 것을 아시오매 내가 주님을

사랑하는 줄을 주님께서 아시나이다 예수께서 이르시되 내 양을 먹이라(요 21:15-17)

주님께서 베드로에게 '네가 나를 사랑하느냐'고 세 번 동일한 질문을 던지셨고, 베드로 역시 주님의 질문에 '내가 주님을 사랑한다'는 동일한 답변을 세 번 드렸다. 세 번에 걸친 베드로의 고백을 확인한 주님께서는 '내 양을 먹이라'는 명령을 세 번 반복하셨다. 이처럼 주님과 베드로의 대화는 동일한 질문과 답변 그리고 명령이 세 번씩이나 반복되었을 정도로 중요한 메시지를 담고 있다. 우리는 이에 대한 은혜로운 해석들을 이미 알고 있다.

먼저 주님께서 당신을 세 번 부인했던 베드로에게 그의 배신을 공개적으로 만회하는 기회를 주셨다는 해석이다. 주님께서 잡히시던 밤, 베드로는 대제사장의 집에서 주님을 알지 못하노라고 세 번이나 공개적으로 부인하였다. 심지어는 주님을 알지 못한다고 맹세하는 것도 모자라 주님을 저주하기까지 했다. 그 가련한 베드로에게 주님께서는 그가 주님을 사랑한다고 세 번 공개적으로 고백할 수 있는 기회를 주셨다. 그 공개적 고백을 통해 주님을 세 번이나 부인했던 베드로의 내적 상처는 비로소 치유될 수 있었을 것이다. 주님께서 그런 기회를 주시지 않았던들 베드로는 주님을 공개적으로 배신했다는 죄책감으로 일평생 주눅 든 삶을 살아야만 했을 것이다. 사랑은 다시 기회를 주는 것이다. 부모가 자식을 어떻게 키우는가? 몇 번이고 계속 기회를 다시 주기를 반복하면서 키운다. 그 덕분에 모자라고 허물투성이인 자식이 장성하여 스스로 자립할 수 있게 된다. 자식이 한 번 실수했다고 다시는 기회를 주지 않는다면 그 사람은 친부모가 아니거나, 비정상적인 부모다. 사랑은 언제나 또다시 기회를 주는 것이다.

주님께서 베드로와 동일한 내용의 대화를 세 번 반복하신 것은 베드로의 수준에 당신을 맞추어 주시기 위함이었다는 해석도 있다. 우리말로는 모든 사랑을 사랑이라는 한 단어로 표현하지만, 헬라어에는 사랑의 의미와 대상에 따라 네 단어로 구별된다. 남녀 간의 사랑—이성애적 사랑은 '에로스ἔρως', 가족 간의 사랑은 '스트로게στοργή', 친구 간의 사랑—우정 혹은 형제애는 '필리아φιλια'이다. 이 세 종류의 사랑은 조건적이라는 공통점을 지니고 있다. 소위 '기브 앤 테이크give and take' 식의 사랑이다. 언뜻 가족 간의 사랑에는 조건이 개재되지 않는 것처럼 여겨지지만 실은 그렇지 않다. 형제 중에도 좋아하거나 싫어하는 형제가 있고, 부모 자식 간에도 갈등의 골이 깊어 가는 것은 가족들끼리도 결국엔 조건을 따지기 때문이다. 조건적인 이 세 사랑과 구별하여 무조건적인 네 번째 사랑을 헬라어는 '아가페ἀγάπη'라 한다.

주님께서 베드로에게 '네가 나를 사랑하느냐?'고 던지신 첫 질문의 동사가 헬라어 원문에는 '아가파오ἀγαπάω'로 기록되어 있다. 아가페의 사랑으로, 다시 말해 무조건적으로 당신을 사랑하느냐는 질문이었다. 그 질문에 대해 베드로가 답한 동사는 '휠레오φιλέω'였다. 필리아의 사랑으로, 형제애의 사랑으로 사랑한다는 답변이었다. 완전히 동문서답이었다. 주님께서 베드로에게 재차 아가페의 사랑으로 당신을 사랑하느냐고 물으셨고, 베드로는 또다시 필리아의 사랑으로 사랑한다고 대답했다. 그 두 번의 동문서답을 통해 베드로가 주님께서 언급하신 아가페의 사랑을 잘못 들은 것이 아니라, 그 단어 자체를 전혀 이해하지 못하고 있음이 확인되었다. 주님께서 마지막 세 번째에는 베드로에게 필리아의 사랑으로 당신을 사랑하느냐고 아예 고쳐 물으셨고, 베드로는 이번에도 필리아의 사랑으로 사랑하노라고 고백했다. 주님께서 필리아의 사랑까지만 알고 있는 베드로의 수준에 당신을 맞추어 그의 고백을 받아 주신 것이었다.

사랑은 상대에게 요구할 수 있는 것을 요구하는 것이다. 이재理財에 밝지 않은 남편에게 돈을 요구해서는 안 된다. 그것은 남편을 불의와 야합하게 하는 지름길이다. 남편이 잘할 수 있는 것을 요구하고 격려해야 남편은 떳떳하고도 바른 가장이 될 수 있다. 공부에 소질이 없는 자식에게 좋은 성적만 요구하는 것 역시 자식을 탈선하게 하는 첩경이다. 성적이 자식의 모든 것일 수는 결코 없다. 하나님께서는 우리 자식들에게 무한한 창의성을 주셨다. 그 창의성을 발견케 하고 계발하도록 돕는 것이 부모의 몫이다. 그런 부모 혹은 어른 밑에서 자라는 자식들이 창조주 하나님의 창조 사역에 쓰임 받을 수 있다. 요구할 수 없는 것을 요구하면 결국 상처 받는 사람은 자기 자신이다. 그러나 요구할 수 있는 것을 요구하는 사람은 항상 감사하다.

베드로에게 아가페의 사랑을 요구할 수 없음을 아신 주님께서는 당신을 그의 수준에 맞추어, 그에게 요구할 수 있는 필리아의 사랑을 요구하고 받으셨다. 그러나 그것이 끝이었던 것은 아니다. 주님께서 베드로의 수준으로 내려가서 그에게 요구할 수 있는 것을 요구하시고 그를 품어 주셨을 때, 베드로는 마침내 주님 안에서 아가페의 사랑에까지 다다를 수 있게 되었다. 이것이 사랑의 위대함이다. 상대의 수준으로 내려가 상대에게 요구할 수 있는 것을 요구한다는 것은 상대를 품는다는 말이다.

그것은 상대의 수준에서 상대와 내가 함께 그대로 머문다는 말이 아니다. 상대를 품으면 상대를 품은 나의 품 안에서 상대가 나에게 동화된다. 그래서 상대를 품는 사랑은 위대하다.

지금까지 언급한 것과 같은 본문에 대한 해석들은 참으로 은혜롭다. 그러나 본문 속에는 보다 심오한 메시지가 담겨 있다. 중요한 사실은 주님께서 베드로에게 '네가 나를 사랑하느냐?'고 세 번씩이나 질문하시고, '내 양을 치라'고 동일한 명령을 세 번이나 반복하신 곳이 어디냐는 것이다. 바로 디베랴—욕망의 바닷가였다. 욕망의 논리가 판을 치는 이 욕망의 세상에서 주님을 사랑하는 길은 '주님의 양', 즉 주님께서 사랑하시는 사람을 사랑하는 것이다. 그 이외에 주님을 사랑하는 길은 없다. 우리 각자가 무슨 직업을 갖고 있든, 그 궁극적 목적이 사람을 사랑하기 위함일 때 우리는 주님을 진정으로 사랑하는 사명자일 수 있다. 개역개정판 성경에는 베드로로부터 사랑의 고백을 받으신 주님께서 그에게 "내 어린 양을 먹이라", "내 양을 치라", "내 양을 먹이라"고 세 번 명령하신 것으로 번역되어 있어, 주님께서 언급하신 '양'의 차별성이 정확하게 드러나 있지 않다.

헬라어 원문에는 주님께서 처음으로 언급하신 양이 '아르니온 ἀρνίον'으로 기록되어 있다. 개역개정판 성경이 '어린 양'이라고 번역한 것처럼 '새끼 양'을 의미한다. 주님의 '아르니온'을 사랑한다는 것은 자기보다 못한 사람을 사랑하는 것이다. 이것은 말처럼 쉬운 일이 아니다. 일반적으로 사람은 자기보다 못한 사람에 대해 우월감을 갖는다. 우월감을 갖는 한 그의 모든 행위는, 자신은 아무리 부정해도, 실은 자기 과시일 뿐 사랑은 아니다. 자기보다 못한 사람에게 선행을 베풀고도 상처를 주는 것은 그 행위가 우월감의 발로이기 때문이다. 자신보다 못한 사람을 사랑하는 것은 그의 처지에 서는 것이다. 그때 그 사람을 이해할 수 있고, 품을 수 있다. 주님께서 마지막으로 언급하신 양은 원문에 '프로바톤 πρόβατον'으로 기록되어 있다. '장성한 양'이라는 뜻이다. 주님의 '프로바톤'을 사랑하는 것은 자기보다 더 크고 나은 사람을 사랑하는 것이다. 이것 역시 어려운 일이다. 어떤 사람은 자기보다 큰 사람 앞에서 비굴해진다. 비굴해지면 사랑할 수 없다. 어떤 사람은 자기보다 큰 사람에게 아첨하여 그를 이용하려 한다. 사랑은 어떤 경우에도 이기적인 목적으로 상대를 이용하지 않는다. 또 어떤 사람은 자기보다 크고 나은 사람을 무조건 헐뜯는다. 배고픈 것은 참지만 배 아픈 것은 못 참는 식이다. 자기보다 더 크고 나은 사람을 사랑하는 것은 그의 수고를 인정해 주고, 또 그를 긍휼히 여기는 것이다. 그 사람 역시 주님 앞에서는 허물투성이의 죄인인 까닭이다. 그때 자신의 주머니가 텅 비어 있어도 눈빛 혹은 말 한마디만으로도 그 사람을 사랑으로 감싸 안을 수 있다. 주님께서 두 번째로 언급하신 양이 사본에 따라서는 '프로바티온πρόβατιον'이라 기록되어 있다. '새끼 양'과 '장성한 양' 사이의 '중간 양'을 의미한다. 주님의 '프로바티온'을 사랑하는 것은 자기보다 못한 사람이나 큰 사람이 아니라, 자기와 같은 수준의 사람을 사랑하는 것이다. 이것도 만만찮은 일이다. 비슷비슷한 사람끼리는 라이벌의식 때문에 서로 경쟁 상대로 여기기 쉽다. '경쟁자'를 뜻하는 영어 'rival'은 '강'을 의미하는 'river'에서 파생되었다. 같은 강물을 마시는 한동네 사람끼리 경쟁자가 된다는 의미다. 모르는 사람과는 경쟁의식을 갖지도 않는다. 비슷비슷한 사람끼리 경쟁하지 않고 사랑하는 것은 그만큼 힘든 일이다. 그러나 경쟁은 어떤 경우에도 사랑의 속성이 아님을 깨달으면, 비슷비슷하기에 오히려 비슷비슷한 사람들끼리 서로 보완해 주며 더욱 사랑할 수 있다.

이처럼 자기보다 못한 사람을 위해 아래로, 자기와 비슷비슷한 사람을 위해 옆으로, 그리고 자기보다 더 큰 사람을 위해 위로, 다시 말해 모든 방향으로 주님의 사랑을 흘려 보내는 것이 참된 사명자의 삶이다. 우리 주님께서 그런 분이셨기 때문이다. 주님께서는 외양간 구유에서 태어나셨다. 외양간은 짐승의 우리요, 구유는 짐승의 밥통이다. 이 세상에서 가장 비천한 사람보다 더 낮은 사람으로 오신 것이다. 반면에 주님께서는 하나님의 아들로 이 땅에 오셨다. 당시 무소불위의 권력을 휘두르던 로마 황제도 하나님의 아들보다 더 높을 수는 없었다. 이 땅에 오셨던 주님께서는 이 세상에서 가장 높고 크다는 인간보다 더 높고 크신 분이셨다. 그래서 주님께서는 가장 낮은 사람에서부터 가장 높은 사람에 이르기까지, 이 세상 모든 사람을 사랑하는 사랑의 주님이실 수 있었다. 주님께서는 가난하고 헐벗은 사람들의 슬픔과 아픔에 동참해 주실 뿐만 아니라, 평범한 소시민들의 애환과 괴롬도 헤아려 주시고, 대통령과 재벌의 고독과 고뇌도 분별해 주신다. 무릇 그 주님의 제자라면, 주님께서 사랑하시는 주님의 양들을 위해 모든 방향으로 그 사랑의 통로로 살아야 함은 너무나도 당연한 일 아니겠는가?

사명자는 주님을 향해 두 팔을 벌리고 살아야 한다

내가 진실로 진실로 네게 이르노니 네가 젊어서는 스스로 띠 띠고 원하는 곳으로 다녔거니와 늙어서는 네 팔을 벌리리니 남이 네게 띠 띠우고 원하지 아니하는 곳으로 데려가리라 이 말씀을 하심은 베드로가 어떠한 죽음으로 하나님께 영광을 돌릴 것을 가리키심이러라(요 21:18-19상)

그동안 베드로가 스스로 인생의 띠를 띠고 자기 뜻대로 살았다면, 앞으로는 주님께서 두 팔을 벌린 베드로의 인생을 그의 뜻과는 무관하게 인도하겠다고 말씀하셨다. 베드로의 최후가 순교로 끝날 것임을 예고하신 말씀이었다. 그러나 베드로는 그 이후 상당한 세월이 지난 다음에야 순교했다. 그러므로 주님 앞에서 두 팔을 벌리고 산다는 것은, 사명자가 이 세상을 떠나는 순간까지 견지해야 할 믿음의 자세임을 깨닫게 해준다.

상대를 향해 두 팔을 벌리는 것은 항복하는 것이다. 더 이상 저항하지 않겠다는 표시다. 자신의 뜻이 무엇이든 상관없이 오직 상대의 뜻을 전적으로 따르겠다는 표현이다. 믿음은 주님을 향해 두 팔을 벌리고 항복하는 것이다. 스스로 인생의 띠를 띠던 자신의 뜻을 버리고, 주님의 뜻에 온전히 이끌려 가는 것이다. 어떤 경우에도 주님을 자신이 끌고 가려해서는 안 된다. 《성숙자반》 1장에서 '믿음'은 '다루어짐'이라고 정의했었다. 자신의 두 손을 뻗어 주님을 다루려는 것은, 그 어떤 명분을 동원해도 미신일 뿐 믿음은 아니다. 믿음은 주님 앞에서 두 팔을 벌려 항복하고, 온전히 그분에 의해 다루어지는 것이다. 나보다 나를 더 잘 아시는 분은 오직 한 분, 나를 만드시고 구원하신 그분뿐이시다.

베드로를 갈릴리로 부르신 분은 주님이셨다. 예루살렘에 있던 베드로는 분명히 주님을 다시 뵙기 위해 갈릴리로 되돌아갔다. 그러나 욕망의 바다를 보는 즉시 옛사람으로 회귀한 그는 현재형으로 그곳에 임해 계시는 주님을 과거형으로 망각한 채, 허망하게도 욕망의 헛그물질로 밤을 지새우지 않았던가? 만약 그 베드로가 그 이후에도 스스로 인생의 띠를 띠고 자신의 욕망을 좇아 살았다면 어떻게 되었을까? 그는 2천 년 전 이름 없는 갈릴리의 어부로 흔적도 없이 사라져 버렸을 것이요, 우리가 그를 기억하고 기릴 까닭도 없을 것이다. 그러나 한심하고도 어리석기만 했던 베드로는 본문 이후 주님 앞에 두 팔을 벌리고 온전히 항복했다. 주님께서는 항복한 베드로의 허리에 진리의 띠를 둘러 주시고, 그를 사명자의 길로 친히 인도하셨다. 그리고 그는 영원한 사도가 되어 영원 속에서 영원히 살아 있다. 그가 주님 앞에 두 팔을 벌려 항복하지 않았던들 결코 불가능했을 신비로운 대역전극이었다.

바울도 예외는 아니었다. 만약 바울이 스스로 자기 인생의 주관자로 살았더라면 어떻게 되었을까? 그의 일생은 예수 그리스도의 대적이요, 교회의 원수로 끝나 버리고 말았을 것이다. 그러나 그는 다메섹 도상에서 주님의 빛에 사로잡히는 순간부터 주님을 향해 두 팔을 벌리고 항복했다. 자기 스스로 띠고 있는 인생의 띠를 미련 없이 풀어 던진 것이다. 그리고 자신이 원하든 원치 않든, 좋든 싫든, 자신에게 유리하든 불리하든 따지지 않고, 자신을 이끄시는 주님의 뜻에 자신을 온전히 맡겨 드렸다. 그리고 그는 위대한 사도 바울이 되었다. 그래서 그는 "내가 나 된 것은 하나님의 은혜로 된 것"(고전 15:10)이라고 고백하지 않을 수 없었다. 자기 인생의 띠를 손수 이끌어 주신 주님의 은혜가 아니었던들, 자신의 능력이나 힘으로는 절대로 그렇게 될 수 없었음을 바울 자신이 너무나도 잘 알고 있었다.

솔로몬은 한편으로는 하나님께 겸손하게 지혜를 구한 지혜의 왕인 동시에, 또 한편으로는 하나님 앞에서 우상의 산당을 짓고 처첩을 천 명이나 거느렸던 희대의 패륜아였다. 그 솔로몬이 자신의 아들에게 이런 교훈을 남겼다.

너는 범사에 그를 인정하라 그리하면 네 길을 지도하시리라(잠 3:6)

우리말 '범사'로 번역된 히브리어 '콜bb'은 '전적으로' 혹은 '모든 면에서'라는 의미다. 하나님을 '전적으로' 혹은 '모든 면에서' 인정하라는 것은, 하나님을 향해 두 팔을 벌리고 완전히 항복하라는 말이다. 그때 인생을 창조하신 하나님께서 그 사람을 영원히 바른 길로 이끌어 주실 것이기 때문이다. 솔로몬이 이 사실을 잊지 않았을 때 그는 하나님의 이끄심 속에서 지혜의 왕이었다. 그러나 이 중요한 사실을 망각하고 스스로 자기 인생의 주관자가 되는 순간, 그는 하나님 앞에서 희대의 패륜아로 전락하고 말았다.

이것은 성경 속 인물들만의 이야기가 아니다. 우리 모두도 실은 이와 같다. 1984년 8월 2일 새벽 2시 주님의 이끄심에 내가 두 팔을 벌리고 항복하지 않았던들, 단언컨대 나는 오늘도 밤거리를 누비며 여전히 희대의 방탕아로 살고 있을 것이다. 내가 내 인생의 띠를 스스로 띠고 다닐 때 비록 세상에서의 소유는 많고 명목상으로는 선데이크리스천이었지만, 나의 삶과 소유 가운데 하나님 앞에 가치 있게 건져 올릴 수 있는 것이라고는 단 하나도 없었다. 순전히 그분의 이끄심이 오늘의 나를 만드셨기에, 앞으로도 나는 그분께 두 팔을 벌리고 날마다 항복하면서 살아갈 수밖에 없다.

그대가 주님 앞에서 두 팔을 벌리고 그분의 이끄심에 그대의 인생을 맡긴다면, 그대의 삶은 그분에 의해 영원한 사명자행전으로 엮어질 것이다. 이것을 아는 것이 지혜다. 만약 그대 스스로 계속 그대 인생의 띠를 띠고 살려 하면, 그대의 인생이 아무리 현란하게 보여도 결국엔 영원하신 주님 앞에서 사상누각이 될 것이요, 그것은 주님을 믿는 그리스도인에게는 미련의 극치다.

사명자는 소문과 진실을 구별할 수 있어야 한다

> 이 말씀을 하시고 베드로에게 이르시되 나를 따르라 하시니 베드로가 돌이켜 예수께서 사랑하시는 그 제자가 따르는 것을 보니 그는 만찬석에서 예수의 품에 의지하여 주님 주님을 파는 자가 누구오니이까 묻던 자더라 이에 베드로가 그를 보고 예수께 여짜오되 주님 이 사람은 어떻게 되겠사옵나이까 예수께서 이르시되 내가 올 때까지 그를 머물게 하고자 할지라도 네게 무슨 상관이냐 너는 나를 따르라 하시더라 이 말씀이 형제들에게 나가서 그 제자는 죽지 아니하겠다 하였으나 예수의 말씀은 그가 죽지 않겠다 하신 것이 아니라 내가 올 때까지 그를 머물게 하고자 할지라도 네게 무슨 상관이냐 하신 것이러라 (요 21:19하-23)

주님께서 베드로의 최후가 주님을 위한 순교로 끝날 것임을 밝히신 후 베드로에게 "나를 따르라"고 명령하셨다. 이제부터 주님께서 이끄시는 대로 두 팔을 벌리고 따라오라는 말씀이셨다. 그러자 베드로가 돌이켜 "예수께서 사랑하시는 그 제자", 즉 요한을 보았다. 그리고 주님께 "주님, 이 사람은 어떻게 되겠사옵나이까?" 하고 물었다. 우리말 '보니'로 번역된 헬라어 동사 '블레포βλέπω'는 '주목하다 look at'라는 의미다. 베드로는 평소 자신이 제자들 가운데 으뜸이라는 자부심을 지니고 있었다. 그런가 하면 요한은 요한복음을 기록하면서 자신을 '예수께서 사랑하시는 제자'라 표현할 정도로, 자신이 주님으로부터 가장 사랑받는다는 긍지를 지니고 있었다. 이를테면 그때까지만 해도 그 두 사람은 서로 라이벌 의식을 갖고 있었다. 그래서 베드로는 자신이 순교할 것이라는 주님의 말씀이 끝나자마자 돌이켜 요한을 주목하면서, 요한은 어떻게 될 것인지를 주님께 여쭈었다. 자신의 삶이 순교로 끝난다면, 자신의 라이벌인 요한의 생은 어떻게 끝날 것인지 궁금하여 견딜 수가 없었던 것이다.

베드로의 질문에 대한 주님의 답변은 간단명료했다. "내가 올 때까지 그를 머물게 하고자 할지라도 네게 무슨 상관이냐? 너는 나를 따르라"(22절)는 것이었다. 주님께서는 당신의 재림 때까지 반드시 요한을 이 세상에 살려 두실 것이라고 단정적으로 말씀하시지 않았다. 주님께서는, 만약 당신의 재림 때까지 요한을 살려 둔다 한들 그게 너와 무슨 상관이냐고 가정법으로 말씀하셨을 뿐이다. 그러나 그 직후 희한한 일이 벌어졌다. 주님의 그 말씀이 제자들 사이에서 요한은 주님의 재림 때까지 죽지 않는다고 와전되어 퍼지기 시작한 것이다. 그것은 결코 진실이 아니었다. 그것은 의도적인 왜곡이요, 명백한 거짓이었다. 그 거짓의 진원지는 두말할 것도 없이 주님의 그 말씀을 직접 듣고 전한 베드로였다. 그래서 본문 23절은 거짓과 진실을 명쾌하게 해명하고 있다. 주님의 재림 때까지 요한이 죽지 않는다는 단정적인 말은 인간에 의해 왜곡된 거짓이요, 주님의 말씀은 단지 가정법이었을 뿐이라는 해명이었다.

　베드로에 의한 거짓말 사건에 뒤이어 교회의 역사를 증언하는 사도행전의 막이 오르고 있다. 이것은 얼마나 의미심장한 교훈인가? 교회는 교인의 수와 예배당의 웅장함과는 상관없이 언제든 헛소문 혹은 거짓소문의 진원지가 될 수 있고, 그로 인해 누군가가 상처 받고 피해를 입을 수 있다는 교훈이다. 나도 그동안 나에 대한 거짓 소문을 얼마나 많이 들었는지 모른다. 이를테면 내가 주님의교회를 퇴임하면서 거액의 전별금을 받았다든가, 국내 모 유명 교회의 청빙을 받아 작은 제네바한인교회를 버리고 목회지를 옮길 것이라든가, 양화진 묘지기인 100주년기념교회 담임목사가 되기 위해 양화진외국인선교사묘원의 법적 소유주인 100주년기념사업협의회에 수억 원의 뇌물을 건넸다는 식의 거짓 소문이었다. 목사만 거짓 소문의 피해자가 되는 것은 아니다. 신앙생활을 오래한 교인치고 한두 번쯤 거짓 혹은 헛소문에 시달리거나 피해를 보지 않은 교인은 드물 것이다. 바꾸어 말하면 교인들은 거짓이나 헛소문의 피해자가 되기도 쉽지만, 반대로 자기도 모르게 가해자가 되기도 쉽다.

　주님을 주인으로 모신 그리스도인들 사이에서, 대체 어떻게 이런 일이 가능할 수 있겠는가? 우리가 살펴보고 있는 요한복음 21장 속에 그 해답이 있다.

　　시몬 베드로와 디두모라 하는 도마와 갈릴리 가나 사람 나다나엘과 세베대의 아들들과 또 다른 제자 둘이 함께 있더니 시몬 베드로가 나는 **물고기 잡으러 가노라** 하니 그들이 우리도 함께 가겠다 하고

나가서 배에 올랐으나 그날 밤에 아무것도 잡지 못하였더니(2-3절)

예루살렘에 있던 제자들이 갈릴리로 되돌아간 것은 주님의 명령에 따라 그곳에서 주님을 다시 뵙기 위함이었다. 하지만 갈릴리에 도착한 그들은 욕망의 바다를 보자마자 주님을 과거형으로 망각한 채, 베드로를 위시하여 모두 물고기 잡으러 가버리고 말았다. 이처럼 인간은 언제나, 심지어는 주님을 좇는다는 그리스도인들조차도, 영적 양식의 필요성을 인정하기는 하면서도 실제로는 육적 양식에 모든 관심과 시간을 투자한다. 영원한 진리를 말하기는 하면서도 자신을 스스로 갉아먹는 자기 욕망에 마음과 시간을 송두리째 빼앗겨 버리는 것이다.

내가 진실로 진실로 네게 이르노니 네가 젊어서는 스스로 띠 띠고 원하는 곳으로 다녔거니와 늙어서는 네 팔을 벌리리니 남이 네게 띠 띠우고 원하지 아니하는 곳으로 **데려가리라**(18절)

주님께서는 그렇듯 한심한 인간을 데려가신다. 욕망에서 진리로, 어둠에서 빛으로, 죽음에서 생명으로, 저주의 심판에서 구원의 상급을 베푸시는 은혜의 자리로 데려가신다. 하지만 그게 끝이 아니다.

이 말씀을 하심은 베드로가 어떠한 죽음으로 하나님께 영광을 돌릴 것을 가리키심이러라 이 말씀을 하시고 베드로에게 이르시되 **나를 따르라** 하시니(19절)

욕망의 자리에서 자멸의 길을 걷던 인간을 영원한 은혜의 자리로 데려가시는 것이 주님의 은혜라면, 그다음부터 주님의 그 은혜를 의지하여 주님을 따르는 것은 인간의 의지다. 집채만 한 소를 어린이 한 명이 얼마든지 물가로 끌고 갈 수 있지만, 장정 스무 명이 달려들어도 소에게 물을 억지로 마시게 할 수는 없다. 소가 스스로 물을 마시지 않는 한, 물가에서도 소에게 물을 먹일 도리는 없는 것이다. 소를 물가로 데려가는 것이 목자의 책임이라면 물을 마시는 것은 소의 책임이듯이, 당신의 택하신 자녀를 은혜의 자리로 데려가시는 것이 주님의 책임이라면, 그 은혜의 주님을 의지를 다해 좇는 것은 전적으로 인간의 책임이다.

예수께서 이르시되 내가 올 때까지 그를 머물게 하고자 할지라도 네게 무슨 상관이냐 너는 **나를 따르라** 하시더라(22절)

인간이 은혜의 주님을 따르는 것이 얼마나 중요한지 주님께서는 베드로에게 '나를 따르라'는 명령을 두 번 연거푸 반복하셨다. 주님께서 은혜의 자리로 데려가셔도, 가룟 유다처럼 주님의 은혜를 깨닫지 못하고 은혜의 주님을 따르지 않으면 아무 유익도 있을 수 없기 때문이었다.

여기에서 우리는 주님의 제자였던 베드로가 왜 거짓 소문의 진원지가 되었는지 그 이유를 알게 된다. 베드로는 주님의 제자가 될 만한 자격을 갖춘 인물이 전혀 아니었다. 그는 가진 것도, 배운 것도, 내세울 것도 없는, 욕망의 바다에서 욕망의 그물질만 하던 욕망의 자식이었다. 그 베드로를 주님께서 당신의 제자로 부르셨다. 은혜의 자리로 데려가신 것이다. 그것은 주님의 일방적이면서도 불가사의한 은총이었다. 그렇다면 그는 의지를 다해 주님의 은혜를, 은혜의 주님을 따라야만 했다. 만약 그랬더라면, 그는 마땅히 사랑해야 할 동료 요한을 경쟁자로 여겨 시기하고 주님의 말씀을 의도적으로 왜곡하여 거짓 소문까지 퍼뜨리는 어리석음과 미숙함은 결코 범치 않았을 것이다. 안타깝게도 그때까지 베드로는 주님에 의해 은혜의 강가로 옮겨지기만 했을 뿐 스스로 은혜의 강물을 마시지는 않았고, 결과적으로 복음서의 마지막 장 마지막 단락에서 그만 치부를 드러내고 말았다. 그러나 그것이 마지막이었다. 복음서에 연이어 막이 오른 사도행전에서의 베드로는 달랐다. 그는 더 이상 동일한 실수를 반복하지 않는, 명실상부한 주님의 제자―사랑의 사도로 살았다. 성령님의 인도하심 속에서 의지를 다해 주님만을 따른 당연한 결과였다. 그 베드로의 권면이다.

하나님과 우리 주 예수를 앎으로 은혜와 평강이 너희에게 더욱 많을지어다 그의 신기한 능력으로 생명과 경건에 속한 모든 것을 우리에게 주셨으니 이는 자기의 영광과 덕으로써 우리를 부르신 이를 앎으로 말미암음이라 이로써 그 보배롭고 지극히 큰 약속을 우리에게 주사 이 약속으로 말미암아 너희가 정욕 때문에 세상에서 썩어질 것을 피하여 **신성한 성품에 참여하는 자**가 되게 하려 하셨느니라 그러므로 너희가 더욱 힘써 너희 믿음에 덕을, 덕에 지식을, 지식에 절제를, 절제에 인내를, 인내에 경건을, 경건에 형제 우애를, 형제 우애에 사랑을 더하라 이런 것이 너희에게 있어 흡족한즉 너희로 우리 주 예수 그리스도를 알기에 게으르지 않고 열매 없는 자가 되지 않게 하려니와 이런 것이 없는 자는 맹인이라 멀리 보지 못하고 그의 옛 죄가 깨끗하게 된 것을 잊었느니라 그러므로 형제들아 **더욱 힘써 너희 부르심과 택하심을 굳게** 하라 너희가 이것을 행한즉 언제든지 실족하지 아니하리라 이같이 하면 우리 주 곧 구주 예수 그리스도의 영원한 나라에 들어감을 넉넉히 너희에게 주시리라(벧후 1:2-11)

베드로는 이미 주님의 "신성한 성품에 참여하는" 그리스도인이 되어 있었다. "더욱 힘써 부르심과 택하심을 굳게" 한 덕분이었다. 다시 말해 자신을 은혜의 강가로 옮겨 주신 주님 안에서 은혜의 강물을 마시며, 자신의 의지를 다해 은혜의 주님을 따른 결과였다. 그는 동료를 시기하여 의도적으로 거짓 소문을 퍼뜨리는 유치함과 미련함을 다시는 되풀이하지 않았다.

신성해야 할 교회가 거짓이나 헛소문의 진원지가 되는 이유는, 교회를 이루고 있는 교인들이 주님에 의해 은혜의 자리로 옮겨 오기만 했을 뿐 의지를 다해 주님을 따르지는 않기 때문이다. 그로 인해 교회에서 진실과 소문이 구별되지 않고, 교인들은 서로 자기도 모르게 누군가에게 상처를 입히는 가해자인 동시에 누군가로부터 상처를 받는 피해자가 된다. 주님의 은혜를 힘입어 힘써 주님을 따르는 사람만 진실과 소문을 구별할 수 있다. 진실과 소문의 차이는 확인 여부다. 확인되지 않은 소문을 듣고 확대 재생산하는 것은 당사자에 대한 범죄 행위다. 그것은 주님의 양들, 주님께서 사랑하시는 사람들을 사랑해야 할 그리스도인에게는 금물이다. 힘써 주님을 따르는 사람만 거짓 소문의 통로가 아니라, 오히려 거짓되고 헛된 소문으로부터 형제자매를 보호하고 감싸 주는 사명자로 살 수 있다. 그 사람은 주님의 은혜 속에서 주님의 신성한 성품에 참여한 주님의 제자이기 때문이다.

사명자는 하나님의 영역을 침범하지 않는다

> 예수께서 이르시되 내가 올 때까지 그를 머물게 하고자 할지라도 **네게 무슨 상관이냐** 너는 나를 따르라 하시더라 이 말씀이 형제들에게 나가서 그 제자는 죽지 아니하겠다 하였으나 예수의 말씀은 그가 죽지 않겠다 하신 것이 아니라 내가 올 때까지 그를 머물게 하고자 할지라도 **네게 무슨 상관이냐** 하신 것이러라 (요 21:22-23)

이것은 주님께서 복음서에서 하신 마지막 말씀이시다. 이 이후에 두 구절(24-25절)이 더 있긴 하지만, 그것은 요한복음을 기록한 사도 요한의 결어이지 주님의 말씀이 아니다. 주님께서 사복음서의 마지막 결론장인 요한복음 21장에서 마지막으로 남기신 말씀은 "네게 무슨 상관이냐?"이다. 이 말씀이 얼마나 중요하면 똑같은 내용의 말씀이 두 번 반복하여 기록되어 있다. 그리고 이 말씀에 연이어 막이 오른 사도행전 첫머리에서 주님께서는 다시 이렇게 말씀하셨다.

> 그들이 모였을 때에 예수께 여쭈어 이르되 주께서 이스라엘 나라를 회복하심이 이때니이까 하니 이르시되 때와 시기는 아버지께서 자기의 권한에 두셨으니 **너희가 알 바 아니요** (행 1:6-7)

부활하신 주님께서 40일 동안 제자들에게 보이시고 또 하나님의 나라에 대해 말씀하셨다. 하지만 제자들의 관심은 늘 이스라엘의 정치적인 독립에 있었다. 로마제국의 지배 속에서 나라 잃은 백성으로 살아가는 20대 젊은이들인 제자들에게는 어쩌면 당연한 일이었다. 제자들은 주님께서 승천하시기 직전에 이스라엘이 로마제국으로부터 독립할 때가 지금이냐고 주님께 여쭈었다. 주님의 답변인즉, 그때와 시기는 오직 하나님 아버지의 권한에 속하므로 '너희가 알 바 아니다'라는 것이었다. 헬라어 원문을 직역하면 '그것을 아는 것은 너희의 것이 아니다'이다. 주님께서 요한복음 21장에서 마지막으로 말씀하신 '네게 무슨 상관이냐?'와 의미상 같은 내용이다. '네게 무슨 상관이냐?'라는 주님의 말씀으로 끝난 복음서에 뒤이어 사도행전의 첫머리가 '너희가 알 바 아니다'라는 주님의 말씀으로 시작되는 것은 얼마나 의미심장한 메시지인가?

피조물인 인간이 창조주이신 하나님을 믿고 사랑한다는 것은, 인간이 하나님의 영역에 뛰어들어 하나님을 간섭하고 상관하는 것을 결코 의미하지 않는다. 오히려 그것이 천부당만부당한 일임을 알고 하나님의 영역을 절대적으로 존중하는 것이다. 내가 올해 농사를 위해 수고하며 땀 흘리지만 1년 동안 기상 상황이 어떻게 전개될는지, 농사의 결과가 어떠할 것인지는 전적으로 하나님의 영역에 속한 일이다. 믿음은 피조물의 머리로는 상상도 할 수 없는 창조주 하나님의 그 영역을 존중하는 것이다. 요한복음은 예수님과 성부 하나님의 관계에 대한 예수님의 말씀을 다음과 같이 밝혀 주고 있다.

율법은 모세로 말미암아 주어진 것이요 은혜와 진리는 예수 그리스도로 말미암아 온 것이라 본래 하나님을 본 사람이 없으되 아버지

품 속에 있는 독생하신 하나님이 나타내셨느니라(요 1:17-18)

하나님이 보내신 이는 하나님의 말씀을 하나니 이는 하나님이 성령을 한량 없이 주심이니라 아버지께서 아들을 사랑하사 만물을 다 그의 손에 주셨으니 아들을 믿는 자에게는 영생이 있고 아들에게 순종하지 아니하는 자는 영생을 보지 못하고 도리어 하나님의 진노가 그 위에 머물러 있느니라(요 3:34-36)

그러므로 예수께서 그들에게 이르시되 내가 진실로 진실로 너희에게 이르노니 아들이 아버지께서 하시는 일을 보지 않고는 아무것도 스스로 할 수 없나니 아버지께서 행하시는 그것을 아들도 그와 같이 행하느니라 아버지께서 아들을 사랑하사 자기가 행하시는 것을 다 아들에게 보이시고 또 그보다 더 큰 일을 보이사 너희로 놀랍게 여기게 하시니라(요 5:19-20)

내 양은 내 음성을 들으며 나는 그들을 알며 그들은 나를 따르느니라 내가 그들에게 영생을 주노니 영원히 멸망하지 아니할 것이요 또 그들을 내 손에서 빼앗을 자가 없느니라 그들을 주신 내 아버지는 만물보다 크시매 아무도 아버지 손에서 빼앗을 수 없느니라 나와 아버지는 하나이니라(요 10:27-30)

만일 내가 내 아버지의 일을 행하지 아니하거든 나를 믿지 말려니와 내가 행하거든 나를 믿지 아니할지라도 그 일은 믿으라 그러면 너희

가 아버지께서 내 안에 계시고 내가 아버지 안에 있음을 깨달아 알리라(요 10:37-38)

빌립이 이르되 주여 아버지를 우리에게 보여 주옵소서 그리하면 족하겠나이다 예수께서 이르시되 빌립아 내가 이렇게 오래 너희와 함께 있으되 네가 나를 알지 못하느냐 나를 본 자는 아버지를 보았거늘 어찌하여 아버지를 보이라 하느냐 내가 아버지 안에 거하고 아버지는 내 안에 계신 것을 네가 믿지 아니하느냐 내가 너희에게 이르는 말은 스스로 하는 것이 아니라 아버지께서 내 안에 계셔서 그의 일을 하시는 것이라 내가 아버지 안에 거하고 아버지께서 내 안에 계심을 믿으라 그렇지 못하겠거든 행하는 그 일로 말미암아 나를 믿으라(요 14:8-11)

조금 있으면 세상은 다시 나를 보지 못할 것이로되 너희는 나를 보리니 이는 내가 살아 있고 너희도 살아 있겠음이라 그날에는 내가 아버지 안에, 너희가 내 안에, 내가 너희 안에 있는 것을 너희가 알리라(요 14:19-20)

그러나 진리의 성령이 오시면 그가 너희를 모든 진리 가운데로 인도하시리니 그가 스스로 말하지 않고 오직 들은 것을 말하며 장래 일을 너희에게 알리시리라 그가 내 영광을 나타내리니 내 것을 가지고 너희에게 알리시겠음이라 무릇 아버지께 있는 것은 다 내 것이라 그러므로 내가 말하기를 그가 내 것을 가지고 너희에게 알리시리라

하였노라 (요 16:13-15)

예수님께서는 인간과 같은 피조물이 아니셨다. 그분은 성자 하나님, 즉 성부 하나님과 본체가 동일한 삼위일체 하나님이셨다. 아무도 본 적이 없는 성부 하나님께서 예수님을 통해 당신을 드러내 보이셨고, 예수님께서 성부 하나님 안에 그리고 성부 하나님께서 예수님 안에 계셨고, 성부 하나님의 것이 다 예수님의 것이었고, 성부 하나님께서 예수님을 통해 말씀하셨다. 예수님의 말씀처럼 예수님과 성부 하나님께서는 명실상부하게 하나셨고, 서로 구별되실 수 없었다. 그렇지만 예수님께서는 감히 성부 하나님의 영역을 침범하시려 하지 않았다. 오히려 당신의 재림과 관련하여 이렇게 단언하셨다.

그러나 그날과 그때는 아무도 모르나니 하늘의 천사들도, 아들도 모르고 오직 아버지만 아시느니라 (마 24:36)

예수님께서 성부 하나님 안에 그리고 성부 하나님께서 예수님 안에 계셨다면, 성부 하나님의 것이 모두 예수님의 것이었다면, 성부 하나님과 예수님께서 하나셨다면, 예수님께서 당신의 재림의 시기를 알려 하신다면 얼마든지 아실 수 있지 않았겠는가? 그러나 예수님께서는 그것은 '아들'인 당신도 아예 모른다고 단정하셨다. 그것은 성부 하나님의 영역에 속한 일이었기에, 성부 하나님의 영역을 절대적으로 존중하신 것이었다. 그래서 제자들이 이스라엘의 회복 시기에 대해 물었을 때에도 예수님께서는 "때와 시기는 아버지께서 자기의 권한에 두셨으니 너희가 알 바 아니요"라고 대답하셨다. 그런 예수님이셨기에 당신을 십자가의 제물 삼으신 성부 하나님께 그 어떤 이의도 제기치 않는 완전한 순종으로, 죄와 사망의 덫에서 인간을 구원하시려는 하나님의 뜻을 온전히 성취하는 그리스도의 사명을 완수하실 수 있었다. 만약 예수님께서 성부 하나님의 영역에 침범하여 당신 자신의 뜻을 관철하려 하셨다면, 십자가의 죽음을 통한 영원한 그리스도가 되실 수는 없었을 것이다.

그 예수님의 '네게 무슨 상관이냐?'는 말씀으로 복음서가 끝나고, '너희가 알 바 아니요'라는 말씀과 함께 사도행전 첫머리의 막이 오르고 있다. 믿음은 하나님의 영역을 침범하지 않고 절대적으로 존중하는 것이다. 그런 믿음을 지닌 사람만, 하나님의 뜻이 하늘에서 이루어진 것처럼 땅에서도 이루어지게 해드리는 사명자행전을 일구어 갈 수 있다.

사명자는 지금 주어진 삶의 자리를 인내로 지킨다

> 이 일들을 증언하고 이 일들을 기록한 제자가 이 사람이라 우리는 그의 증언이 참된 줄 아노라(요 21:24)

본문은 요한복음의 내용을 증언하고 기록한 제자를 '이 사람'이라고 표현하였다. '이 사람'은 우리가 잘 아는 것처럼 사도 요한이다. 그래서 그가 기록한 복음서를 요한복음이라 부른다. 그러나 본문은 "우리는 그의 증언이 참된 줄 아노라"고 끝나고 있다. 요한복음은 요한에 의해 기록되었는데, 그의 증언이 참된 줄 안다는 '우리'는 대체 누구인가? 요한과 그의 속에서 역사하셨던 주님이실 수도 있고, 당시 요한과 함께 동역했던 예수님의 제자들일 수 있고, 시간과 공간을 초월하여 요한복음을 읽는 오늘날의 우리일 수도 있다. 중요한 사실은 요한 사도가 요한복음을 기록한 뒤 그 말미에 자신의 증언을 '그의 증언'이라고 객관화시켰다는 점이다. 사명자는 언제나 자기 자신을, 자신의 행위를 객관화시키는 눈을 지녀야 한다. 내가 지금 구하는 것이 나의 영광인가, 하나님의 영광인가? 내가 이루고자 하는 것이 나의 뜻인가, 하나님의 뜻인가? 이렇듯 사명자가 자기 자신을 객관적으로 관찰하는 눈을 지니지 않으면 그의 눈은 자기 주관의 함정에 빠지기 마련이고, 그 결과는 하나님 앞에서 자기 파멸로 이어진다. 한때 존경받던 교계 지도자들이 나이 들어 어처구니없는 짓을 서슴지 않는 것은, 하나님의 시선으로 자신을 관찰하는 자기 객관화의 눈을 지니지 못했기 때문이다.

> 예수께서 행하신 일이 이 외에도 많으니 만일 낱낱이 기록된다면 이 세상이라도 이 기록된 책을 두기에 부족할 줄 아노라(요 21:25)

요한복음의 마지막 구절인 본문은 과장이 심해 보인다. 예수님의 공생애 기간은 3년에 불과했다. 3년이라면 1,000여 일에 지나지 않는다. 그 짧은 기간 동안에 예수님께서 아무리 많은 일을 하셨다 한들, 그 일들을 낱낱이 책으로 기록할 경우 과연 이 세상이 그 모든 책들을 두기에 부족할까? 예수님을 과거의 한 시점에 국한된 인물로만 본다면 이것은 분명한 과장이다. 그러나 죽음을 깨뜨리고 부활하신 예수님께서는 시간과 공간을 초월한 그리스도시다. 지난 2천 년 동안 동서남북 온 천지에서, 예수님께서 얼마나 많은 사람들의 삶에 개입하시고 당신의 피 묻은 손으로 그들의 인생을 일으켜 세우셨는가? 그 많은 사람들이 자기 삶 속에서 역사하신 예수님을 증언하는 책들을 쓴다면, 그 책들은 또 얼마나 많겠는가? 나의 경우만 하더라도, 내 삶 속에 개입하신 예수님을 증언하기 위해 그동안 출간한 책들이 서른 권이 넘는다. 건강과 시간만 허락한다면 앞으로도 상당한 분량의 책들을 더 쓸 수 있다. 예수님께서 나를 위해 행해 주신 일들이 그만큼 많기 때문이다. 비록 표현하지는 못해도, 예수님의 십자가 보혈로 구원받은 모든 그리스도인들의 심정이 다 이와 같을 것이다. 지난 2천 년 동안 이 땅을 거쳐 간, 바닷가의 모래만큼이나 많은 그리스도인들이 저마다 예수님의 은혜를 책으로 써낸다면 이 세상 어느 도서관이나 건물이 그 많은 책들을 수용할 수 있겠는가? 시공을 초월하여 부활하신 예수님을 직접 만났던 요한에게 본문의 표현은 조금도 과장이 아니었다.

그러나 요한 사도가 요한복음에 남긴 기록만으로도 찬탄을 금할 수 없다. 잘 아는 바와 같이 마태복음, 마가복음, 누가복음은 공관共觀복음서로 불린다. 내용과 형식상 공통된 관점에서 기술되었다는 의미에서이다. 반면에 제4복음서로 불리는 요한복음은 형식뿐 아니라 내용도 공관복음서와는 다르다. 공관복음서가 다루지 않은 내용이 요한복음에 담겨 있다. 우리가 세 장에 걸쳐 살펴본 요한복음 21장만 하더라도 그렇다. 갈릴리에서 현재형으로 임해 계시는 주님을 과거형으로 잊고 밤새도록 욕망의 헛그물질을 하던 제자들, 그 한심한 제자들을 위해 조반을 마련하신 주님, 제자들을 대표하는 베드로에게 세 번이나 연거푸 던지신 '네가 나를 사랑하느냐'는 주님의 질문, 베드로에 의해 헛소문이 퍼지게 된 경위와 같은 이야기들은 모두 공관복음서에서는 찾아볼 수 없는 내용들이다.

여기에서 질문이 제기된다. 왜 공관복음서 기자들은 그와 같은 내용들을 공관복음서에 기록하지 못했는가? 마태복음을 기록한 마태는 예수님의 직계 제자였으므로, 요한이 요한복음에 증언한 내용들을 모두 경험한 증인이었다. 하지만 그는 마태복음을 기록하면서 그 내용들을 기억하지 못했다. 공관복음서의 또 다른 기자인 마가와 누가는 예수님의 직계 제자가 아니었다. 그들은 직계 제자로부터 들은 내용을 기록하였다. 그러나 그들에게 예수님에 대해 증언해 준 직계 제자들도 요한복음의 내용은 전해 주지 못했다. 공관복음서는 대략 주후 60년 전후에 기록된 반면, 요한복음은 그보다 약 30년 늦게 기록된 것으로 알려져 있다. 그때 요한은 이미 구십 가까운 노인이었다. 공관복음서 기자들이 모르거나 기억하지도 못하는 내용들을, 그들보다 약 30년 후에 노인 요한은 어떻게 소상하게 기억하고 요한복음에 정확하게 기술할 수 있었을까?《새신자반》2장 '나는(인간은) 누구인가'에서 잠깐 살펴본 것처럼, 요한의 삶의 자리가 다른 제자들과는 판이하게 달랐기 때문이다.

> 예수께서 자기의 어머니와 사랑하시는 제자가 곁에 서 있는 것을 보시고 자기 어머니께 말씀하시되 여자여 보소서 아들이니이다 하시고 또 그 제자에게 이르시되 보라 네 어머니라 하신대 그때부터 그 제자가 자기 집에 모시니라 (요 19:26-27)

십자가에서 운명하시기 직전, 예수님께서 당신의 '사랑하시는 제자'에게 당신의 어머니를 가리키며 '네 어머니'라고 말씀하셨다. 예수님의 '사랑하시는 제자'는 요한이었다. 요한은 예수님의 말씀을 통해, 예수님께서 당신의 어머니를 자신에게 맡기심을 알아들었다. 요한은 그날로부터 예수님의 어머니 마리아를 자기 집에 모시고 봉양하였다. 마리아는 예수님의 부활 승천 이후에 약 40년을 더 산 것으로 알려지고 있다. 이십대 후반의 청년이었던 요한이 칠십 노인이 되기까지 노파 마리아를 봉양한 것이다. 요한은 요한복음을 기록하면서 스스로 '예수께서 사랑하시는 제자'라 표현할 정도로, 제자들 가운데 자신이 주님으로부터 가장 사랑받는 제자라는 긍지와 자부심을 지니고 있었다. 그러나 다른 제자들이 초대교회의 지도자로 승승장구할 때, 칠십 노인이 되기까지 40년 동안 그가 하는 일이라고는 고작 노파 마리아를 수발하는 것이었다. 남다른 자부심을 지녔던 요한이었고 보면 그 40년 동안 노파 마리아 봉양에 왜 회의가 들지 않았겠으며, 왜 번민인들 없었겠는가? 그러나 그는 그 삶의 자리를 피하거나 포기하지 않았다. 그 자리는 주님께서 자신을 믿고 맡겨 주신 사명의 자리였기 때문이다. 그리고 주님 때문에 주님 주신 그 자리를 인내로 지켰을 때, 그동안 요한이 잊고 있었던 주님의 말씀이 바로 그 자리에 다시 임했다.

> 보혜사 곧 아버지께서 내 이름으로 보내실 성령 그가 너희에게 모든 것을 가르치고 내가 너희에게 말한 모든 것을 생각나게 하리라
>
> (요 14:26)

공관복음서에서는 접할 수 없는 주님의 이 말씀 역시 요한만 기억하고 요한복음에 기록하였다. 주님의 이 말씀에 의하면, 요한이 잊고 있었던 주님의 이 말씀을 다시 생각해 낼 수 있었던 것은 성령님의 역사였다.

요한이 공관복음서 기자들보다 30년이나 늦은 구십 가까운 나이에 요한복음을 기록하면서도 다른 제자들이 잊어버린 주님의 말씀을 기억해 낼 수 있었던 것 모두가, 노파 마리아를 봉양하는 삶의 자리를 지킨 요한을 위한 성령님의 역사였던 것이다.

요한이 마리아 봉양에 지쳐 고달파할 때, 성령님께서는 옛날 갈릴리에서 현재형으로 임해 계시는 주님을 과거형으로 잊었던 자신을 기억나게 해주셨다. 요한은 마리아 봉양의 현장에도 현재형으로 임해 계시는 주님을 상기하면서 새로운 힘을 얻을 수 있었을 것이다. 연중무휴로 계속되는 노파 마리아 끼니 챙기기가 지겨울 때, 요한은 그 옛날 밤새도록 욕망의 헛그물질을 하던 자기를 위해 조반을 마련해 주신 주님을 기억하며 자신을 새롭게 추슬렀을 것이다. 초대교회 지도자로 승승장구하는 다른 제자들의 소문을 들으면서 자신의 역할에 대해 불쑥불쑥 회의가 들 때, '네가 나를 사랑하느냐'는 주님의 말씀이 생각났을 것이다. 세월이 흘러가면서 힘없는 노파가 된 마리아는 영락없는 '아르니온'이었다. 반면에 마리아가 성자 하나님이신 예수님을 낳은 성모라는 의미에서 마리아는 요한이 도저히 넘볼 수 없는 '프로바톤'이었다. 그렇지만 마리아가 신이 아니라 인간이라는 의미에서 마리아는 자신과 똑같은 '프로바티온'이었다. 요한에게 노파 마리아 한 사람을 사랑하는 것은, 주님께서 명령하신 주님의 '양들'을 모두 사랑하는 길이기도 했다. 따라서 요한은 '내 어린 양을 먹이라', '내 양을 치라', '내 양을 먹이라'는 주님의 세 번에 걸친 명령을 기억하면서, 노파 마리아를 끝까지 사랑하는 삶으로 응답했을 것이다. 주님으로부터 가장 사랑받던 제자인 요한이 칠십 노인이 되기까지 노파 마리아 봉양하는 일에 자신을 던졌을 때, 그 요한을 두고 황당한 소문이 얼마나 많이 들려 왔겠는가? 그때 그 옛날 제자들 사이에서 주님의 말씀이 거짓 소문으로 퍼졌던 것을 기억하면서, 요한만 그 사실을 요한복음에 기록할 수 있었다.

그뿐이 아니다. '나는 세상의 빛이다'(요 8:12)라는 주님의 말씀도 요한만 요한복음에 기록하였다. 요한이 노파 마리아를 위해 자신의 생명을 고갈시켜 가는 가운데, 당신 자신을 십자가의 제물 삼아 인간을 위한 영원한 생명의 빛이 되신 주님의 말씀을 기억한 것이다. 요한복음 13장의 세족식 이야기도 요한만 기억하였다. 노파 마리아의 발을 씻어 드리는 요한의 일상사가, 자신의 발을 손수 씻겨 주시던 주님의 따뜻한 손길을 잊지 않게 해주었던 것이다. 다음 말씀도 요한만 기억하고 기록하였다.

> 새 계명을 너희에게 주노니 서로 사랑하라 내가 너희를 사랑한 것 같이 너희도 서로 사랑하라(요 13:34)

예수님께서 주신 새 계명은 큰 사람이 작은 사람을 사랑하거나, 돈이 많은 사람이 가난한 사람을, 혹은 건강한 사람이 병든 사람을 사랑하는 것이 아니었다. 어떤 상황에 처해 있든 '서로 사랑하라'는 것이었다. 작은 사람도 큰 사람을 사랑하고, 가난한 사람도 부자를 사랑하며, 병든 사람도 건강한 사람을 사랑하는 것이다. 자신은 사랑을 받기만 해야 할 정도로 이 세상에서 가장 불쌍한 처지라고 여기는 사람이라면, 그는 주님의 제자일 수 없다. 요한이 칠십 노인이 되기까지 사랑했던 노파 마리아는 예수님의 생모인 성모 마리아였다. 비록 힘없고 보잘것없는 노파에 불과했지만, 마리아 역시 자신을 위해 헌신하는 요한을 얼마나 사랑했겠는가? 자신의 몸으로 예수를 낳고 자기 품으로 예수를 키운 어머니로서, 이 세상 그 누구도 알 수 없는 자신의 아들 예수에 대해 요한에게 얼마나 많은 이야기를 들려주었겠는가? 요한이 일방적으로 노파 마리아를 사랑한 것 같았는데, 실은 그가 성모 마리아로부터 더 큰 사랑을 입으면서 '서로 사랑하라'는 주님의 말씀을 기억한 것이었다. 요한은 학문을 연마한 사람이 아니었다. 그 역시 비천한 갈릴리의 어부 출신이었을 뿐이다. 그러나 주님께서 그에게 맡겨 주신 삶의 자리를 인내로 지켰을 때, 그 삶의 자리에서 그만이 들을 수 있는 주님의 말씀을 다시 들었고, 그 말씀은 영원한 요한복음으로 남았다. 주어진 삶의 자리를 인내로 지킴으로 영원한 요한복음의 기자가 되었을 뿐 아니라 요한1서, 2서, 3서 그리고 요한계시록까지 기록한 요한의 인생은, 결과적으로 주님 안에서 영원히 찢어지지 않았다. 이렇듯 사명자는 자기에게 현재 주어진 삶의 자리가 곧 사명의 자리임을 깨닫고 인내로 지키는 사람이다. 지금 자신에게 주어진 삶의 자리가 바로 땅끝의 시발점임을 알기 때문이다.

그대가 지금 무엇을 사랑하고 있는지를 분명히 하라. 모든 방향을 향해 주님 사랑의 통로가 되라. 주님을 향해 두 팔을 활짝 벌리고 온전히 항복하라. 진실과 소문을 바르게 분별하라. 어떤 경우에도 하나님의 영역을 침범하려 하지 말라. 그 위에 더하여 그대에게 지금 주어진 삶의 자리를 인내로 지키라. 그 삶의 자리는 주님께서 그대를 믿으시고 그대에게 맡기신 사명의 자리이다. 그 삶의 자리를 인내로 지킬 때 그대만 들을 수 있는 주님의 말씀이 그대에게 임할 것이요, 그 말씀을 힘입어 그대는 그 사명의 자리를 더더욱 굳건하게 지킬 수 있을 것이다.

우리는 복음서의 마지막 결론장인 요한복음 21장 속에서, 자기 삶의 현장을 복음과 사명자행전의 연결고리로 삼기 위해 실천해야 할 열일곱 개의 각론들을 세 장에 걸쳐 살펴보았다. 그 열일곱 개의 각론들을 그대의 책상 앞에 붙여 두라. 매일 아침 그 각론들을 되새기고 삶으로 실천하라. 그대 삶의 자리에 임하신 주님의 말씀이 단순한 공기의 진동으로 사라지지 않고 그대 삶 속에서 육화될 것이요, 바로 그 삶의 자리에서부터 사명자행전의 막이 오를 것이다.

7
사명자 노아

창세기 7장 5절
노아가 여호와께서 자기에게 명하신 대로 다 준행하였더라 이제부터는 세 장에 걸쳐 이 땅에서 사명자로 살았던 성경 인물의 삶을 들여다보기로 하겠다. 첫 번째 대상은 창세기의 사명자 노아이다.

노아는 실패자였다

이것은 아담의 계보를 적은 책이니라 하나님이 사람을 창조하실 때에 하나님의 모양대로 지으시되 남자와 여자를 창조하셨고 그들이 창조되던 날에 하나님이 그들에게 복을 주시고 그들의 이름을 사람이라 일컬으셨더라 아담은 백삼십 세에 자기의 모양 곧 자기의 형상과 같은 아들을 낳아 이름을 셋이라 하였고 아담은 셋을 낳은 후 팔백 년을 지내며 자녀들을 낳았으며 그는 구백삼십 세를 살고 죽었더라 셋은 백오 세에 에노스를 낳았고 에노스를 낳은 후 팔백칠 년을 지내며 자녀들을 낳았으며 그는 구백십이 세를 살고 죽었더라 에노스는 구십 세에 게난을 낳았고 게난을 낳은 후 팔백십오 년을 지내며 자녀들을 낳았으며 그는 구백오 세를 살고 죽었더라 게난은 칠십 세에 마할랄렐을 낳았고 마할랄렐을 낳은 후 팔백사십 년을 지내며 자녀들을 낳았으며 그는 구백십 세를 살고 죽었더라 마할랄렐은 육십오 세에 야렛을 낳았고 야렛을 낳은 후 팔백삼십 년을 지내며 자녀를 낳았으며 그는 팔백구십오 세를 살고 죽었더라 야렛은 백육십이 세에 에녹을 낳았고 에녹을 낳은 후 팔백 년을 지내며 자녀들을 낳았으며 그는 구백육십이 세를 살고 죽었더라 에녹은 육십오 세에 므두셀라를 낳았고 므두셀라를 낳은 후 삼백 년을 하나님과 동행하며 자녀들을 낳았으며 그는 삼백육십오 세를 살았더라 에녹이 하나님과 동행하더니 하나님이 그를 데려가시므로 세상에 있지 아니하였더라 므두셀라는 백팔십칠 세에 라멕을 낳았고 라멕을 낳은 후 칠백팔십이 년을 지내며 자녀를 낳았으며 그는 구백육십구 세를 살고 죽었더라 라멕은 백팔십이 세에 아들을 낳고 이름을 노아라 하여 이르되 여호와께서 땅을 저주하시므로 수고롭게 일하는 우리를 이 아들이 안위하리라 하였더라 라멕은 노아를 낳은 후 오백구십오 년을 지내며 자녀들을 낳았으며 그는 칠백칠십칠 세를 살고 죽었더라 노아는 오백 세 된 후에 셈과 함과 야벳을 낳았더라(창 5:1-32)

아담에서부터 시작하여 노아와 그 자식에 이르기까지의 족보다. 성경에 등장하는 최초의 족보인 이 족보에는 세 가지 강조점이 있다.

첫 번째 강조점은 모든 인간은 반드시 죽는다는 것이다. 이 족보는 모든 구절이 "죽었더라"는 동사로 끝난다. 700년이 아니라 800년, 심지어 므두셀라처럼 969세를 살아도 모든 인간은 반드시 죽는다. 모든 인간은 죄인이고, 죄의 삯은 사망인 탓이다. 왜 성경에 등장하는 최초의 족보가 죽음을 강조하는 죽음의 족보인가? 죽음을 자각한 사람만 생명의 근원이신 하나님을 바르게 경외할 수 있기 때문이다. 여기에서 어떻게 사람들이 수백 년을 살 수 있었느냐는 질문이 제기된다. 그것은 당시의 자연환경이 지금과는 전혀 달랐기 때문이다. 창세기 1장 7절에 의하면, 하나님께서 천지를 창조하실 때 하늘 위에도 물을 두셨다. 물이 대기권을 감싸고 있는 형국이었다. 따라서 직사광선이 직접 침투되지 않는 지구는 거대한 온실과도 같은 상태여서 사람들은 지금보다 훨씬 오래 살 수 있었다. 그러나 노아 홍수 때에 대기권 위의 물이 모두 쏟아져 내리는 자연의 대변화 이후, 직사광선에 노출된 인간의 수명은 줄어들기 시작했다. 노아 홍수 이전 시대의 인간이 지금보다 아무리 오래 살았다 한들, 모든 인간은 반드시 죽어야 한다는 면에서는 전혀 차이가 없었다.

이 족보의 두 번째 강조점, 하나님께서는 믿음으로 자녀를 세우는 사람을 기뻐하신다는 것이다. 모든 사람의 죽음을 강조하는 이 죽음의 족보에서 단 한 사람의 예외가 있다. 에녹만은 육체의 죽음을 통하지 않고 하나님의 부르심을 입었다. 그래서 에녹은 육신을 가진 채로 승천한 최초의 인간이 되었다. 대체 그가 지상에서 얼마나 하나님의 마음에 합한 삶을 살았으면 육신을 지니고 승천한 최초의 인간이 되었을까? 이 질문에 대한 성경의 답변은 의외로 본문 22절 한 절이다. 에녹이 '므두셀라를 낳은 후 삼백 년을 하나님과 동행하며 자녀들을 낳았다'는 것이다. 이것은 에녹이 300년 동안 하나님과 동행하며 매해 한 명씩의 자녀들을 낳았다는 말이 아니다. 므두셀라를 비롯한 자신의 자녀들을 하나님 앞에서 바르게 양육했다는 의미다. 이것이 에녹이 지상에서 행한 전부다. 세속적인 관점으로 보자면 내세우거나 자랑할 만한 일이 아니다. 하지만 하나님께서는 그 에녹을 기뻐하시고, 육체의 죽음을 통하지 않고 승천한 최초의 인간이 되게 하셨다. 에녹의 자녀들은 에녹의 소유가 아니라, 하나님께서 에녹을 믿으시고 그에게 맡기신 하나님의 자녀들이었다. 그 하나님의 자녀들을 하나님의 자녀답게 하나님 앞에서 바르게 양육한 에녹을 하나님께서 기뻐하셨음은 조금도 이상한 일이 아니었다. 생각해 보라. 하나님께서 자신을 믿고 맡겨 주신 자녀들을 하나님의 자녀로 바로 세우지 못하는 사람이 어떻게 다른 사람, 남의 자식을 하나님 앞에서 바로 세울 수 있겠는가? 자기 자식을 세속적인 자녀가 아니라 하나님의 자녀로 바르게 세우는 것은 사명자의 첫걸음이다.

이 족보의 가장 중요한 마지막 강조점은 노아는 실패자였다는 것이다. 당시의 사람들에게 가장 큰 재산은 자식들, 그중에서도 아들들이었다. 농업이든 목축이든 아들들은 중요한 생산력이요 산업 기반이었다. 그러나 노아는 500세가 된 이후에야 세 아들들을 얻었다. 500세가 되기까지 노아에게는 자식이 없었던 것이다. 아들이 재산이요 아들들의 수가 성공의 척도이던 시대에 노아는 500세가 되기까지 실패자였다. 아브라함도 마찬가지였다. 아브라함의 시대는 노아 홍수 이후여서 인간의 수명이 단축되었을 때였다. 그럼에도 아브라함은 75세에 하나님의 부르심을 받기까지 자식이 없었다. 창세기 11장 30절의 지적처럼 아브라함의 아내 사라는 아예 자식을 갖지 못하는 여인이었다. 이를테면 아브라함 역시 그 시대의 실패자였다. 이처럼 하나님께서는 늘 실패자를 부르신다. 인간의 실패는 인간에게, 돈을 주고도 살 수 없는 유익을 안겨 주기 때문이다. 실패는 자신의 한계를 통감케 하고, 교만에서 벗어나게 해주며, 결과적으로 겸손하게 하나님께 순종하게 한다.

골프장의 모래 웅덩이인 벙커는 백해무익한 것처럼 보인다. 그러나 골프장 전체를 놓고 보면, 골퍼는 벙커에 공을 빠뜨리는 수많은 실패를 통해 벙커를 피해 가는 전문적인 기량을 갖추게 된다. 백해무익해 보이는 벙커가 골퍼들의 기량 향상에 절대적인 기여를 하는 것이다. 그리스도인의 실패도 이와 같다. 실패의 벙커를 통해 신앙의 전문인으로 우뚝 세워지는 것이다. 그래서 현재형으로 임해 계신 주님을 과거형으로 망각한 채 갈릴리에서 밤새도록 욕망의 헛그물질을 하던 요한복음 21장의 제자들, 프로 어부였던 그들 역시 그날 고기잡이에 실패하고 말았다. 만약 그들이 그날 자신들의 힘으로 고기잡이에 성공했더라면, 그들은 계속 주님을 등지고 말았을 것이다. 그날 밤 그 쓰라린 실패야말로 그들을 당신 앞에서 곧추세워 주시려는 주님의 은총이었다. 주님을 좇는 그대의 세속적 실패는 결코 실패가 아니다. 그대의 세속적 실패는 주님과의 새로운 관계로 진입하는 은총의 첫걸음이다. 그대의 세속적 실패를 실패로만 단정한다면, 단언컨대 그대는 돌이킬 수 없는 실패자다.

노아는 하나님의 은혜를 입은 사람이었다

사람이 땅 위에 번성하기 시작할 때에 그들에게서 딸들이 나니 하나님의 아들들이 사람의 딸들의 아름다움을 보고 자기들이 좋아하는 모든 여자를 아내로 삼는지라 여호와께서 이르시되 나의 영이 영원히 사람과 함께하지 아니하리니 이는 그들이 육신이 됨이라 그러나 그들의 날은 백이십 년이 되리라 하시니라 당시에 땅에는 네피림이 있었고 그 후에도 하나님의 아들들이 사람의 딸들에게로 들어와 자식을 낳았으니 그들은 용사라 고대에 명성이 있는 사람들이었더라 여호와께서 사람의 죄악이 세상에 가득함과 그의 마음으로 생각하는 모든 계획이 항상 악할 뿐임을 보시고 땅 위에 사람 지으셨음을 한탄하사 마음에 근심하시고 이르시되 내가 창조한 사람을 내가 지면에서 쓸어 버리되 사람으로부터 가축과 기는 것과 공중의 새까지 그리하리니 이는 내가 그것들을 지었음을 한탄함이니라 하시니라 그러나 노아는 여호와께 은혜를 입었더라 이것이 노아의 족보니라 노아는 의인이요 당대에 완전한 자라 그는 하나님과 동행하였으며 세 아들을 낳았으니 셈과 함과 야벳이라 그때에 온 땅이 하나님 앞에 부패하여 포악함이 땅에 가득한지라 하나님이 보신즉 땅이 부패하였으니 이는 땅에서 모든 혈육 있는 자의 행위가 부패함이었더라
(창 6:1-12)

노아 시대의 인간 세상은 하나님 보시기에 죄악과 포악함이 극에 달해 있었다. 하나님을 믿는 남자들이 예뻐 보이는 모든 여자들을 아내로 삼았다. 마음에 들기만 하면 이미 아내가 있는 남자가 여자들을 계속 아내로 삼는 것이었다. 신성해야 할 결혼이 욕정의 수단으로 전락해 버린 것이다. 당시 네피림이라 불리는 영웅과 스타들이 있었다. 그들의 명성과 인기는 더없이 높았지만, 하나님의 영이 떠나 버린 그들은 단지 움직이는 고깃덩어리에 지나지 않았다. 언젠가 쇠고기 고깃덩어리를 몸에 두른 외국 패션모델을 보았다. 쇠고기 고깃덩어리를 모자로 쓰고, 그보다 더 큰

고깃덩어리를 옷으로 두른 패션이었다. 그 패션을 연출한 사람의 의도를 알 수는 없으나, 그 패션모델이야말로 스스로 고깃덩어리일 뿐임을 웅변하고 있었다. 당시의 네피림이 그와 같았다. 네피림만 그랬던 것이 아니다. 당시 모든 인간들이 얼마나 부패하고 타락했으면, 하나님께서 인간들 지으셨음을 한탄하시며 그들을 지면에서 모두 쓸어버리려 하셨겠는가?

그러나 하나님의 심판은 당장 임하지 않았다. 하나님께서는 홍수의 심판을 내리시기까지 120년의 유예기간을 두셨다. 여기에서 노아가 120년 동안 방주를 건조했다는 이야기가 유래되었다. 하나님께서 유예하신 120년을, 사람들이 노아가 방주를 건조하는 데 필요한 기간이었을 것이라고 받아들인 결과다. 그러나 앞에서 살펴본 것처럼 노아는 500세가 지난 후에야 셈, 함, 야벳, 세 아들을 얻었다. 그리고 홍수의 심판이 시작되었을 때 노아의 나이는 600세였다(창 7:6). 노아가 500세를 넘겨서 얻은 세 아들이 장성한 후에 그들의 도움을 받아, 그의 나이 600세에 홍수의 심판이 시작되기 전에 방주 건조를 마치기까지는 절대로 120년이 소요될 수 없었다. 그러나 최소한 몇십 년은 족히 필요했을 것이다. 하나님께서 단지 노아에게 방주 건조의 시간을 주시기 위해 심판을 유예하셨다면, 유예 기간을 120년씩이나 늘리실 까닭이 없었다. 120년의 기간은 하나님께서 패역한 인간들이 당신께 돌아오게 하기 위해 유예하신 회개의 기회였다.

노아가 방주에 들어가던 날까지 사람들이 먹고 마시고 장가들고 시집가더니 홍수가 나서 그들을 다 멸망시켰으며(눅 17:27)

그러나 예수님의 말씀처럼, 패역한 인간들은 회개의 기회마저 저버리고 말았다. 그들은 홍수의 심판으로 멸망하기 직전까지 자신들의 욕정을 따라 먹고 마시는 일에만 혈안이 되어 있었다.

그 패역한 세상에서 한 사람만은 달랐다. 노아였다. 노아는 '의인이요 당대에 완전한 자라. 그는 하나님과 동행하였다'. 이것은 사람의 평가가 아니다. 노아에 대한 하나님의 평가다. 대체 죄인인 인간이 어떻게 하나님 앞에서 의인이요 당대의 완전한 사람으로 하나님과 동행할 수 있단 말인가? 이 질문에 대한 해답은 본문 8절이 전해 주고 있다.

그러나 노아는 여호와께 은혜를 입었더라

노아가 의인이요 당대에 완전한 사람으로 하나님과 동행하기 이전에 하나님의 선행적인 은혜가 먼저 노아에게 임했다. 요한복음 21장의 표현을 빌리자면, 노아가 하나님을 알기도 전에 하나님의 은혜가 언제나 현재형으로 노아와 함께하셨던 것이다. 노아가 의인이요 완전한 사람이었기에 하나님과 동행할 수 있었던 것이 아니라, 노아에게 선행적으로 임하신 하나님의 은혜를 힘입어 그가 의로운 삶을 추구할 수 있었고, 하나님의 온전하심을 덧입어 완전한 삶을 지향할 수 있었고, 결과적으로 하나님의 인도하심 속에서 하나님과 동행할 수 있었다. 하나님의 은혜가 먼저 노아에게 임하시지 않았던들, 노아 역시 패역한 세상에서 육욕을 좇아 고깃덩어리로 살다가 물거품처럼 허망하게 사라지고 말았을 것이다.

하나님께서 패역한 인간들을 모두 쓸어버리리라 작정하셨음에도 그들이 다시 돌이킬 수 있게끔 120년의 유예 기간을 두신 것은, 그 패역한 인간들에 대한 하나님의 은혜였다. 하지만 그들은 하나님의 은혜를 은혜로 받아들이지 않았다. 노아가 잘한 것은 하나님의 은혜를 은혜로 알고 자신의 삶으로 응답한 것이다. 요한복음 21장의 제자들 역시 현재형으로 그들에게 임해 계신 주님의 은혜를 은혜로 받아들이지 않았을 때는, 주님 앞에서 욕망의 헛그물질로 그들의 소중한 인생 한 부분을 헛날려 버리고 말았다. 그러나 주님의 은혜를 은혜로 알고 '그물을 배 오른편에 던지라'는 주님의 명령에 그들의 삶으로 응답했을 때, 그물에 가득 찬 물고기가 백쉰세 마리나 되었지만 그물이 찢어지지 않았다.

하나님의 은혜는 멀리 있지 않다. 그대가 하나님을 알기도 전에 그대를 구원해 주신 하나님의 은혜는 이미 현재형으로 그대에게 임해 계신다. 그 은혜를 은혜로 알고 하나님의 말씀에 그대 삶으로 응답할 때, 그대는 그대에게 은혜를 베푸시는 하나님에 의해 하나님의 뜻을 이루는 사명자가 될 것이다. 그대가 완전하기에 하나님께서 사명자로 쓰시는 것이 아니라, 하나님께서 당신의 은혜로 그대를 쓰시기에 그대는 완전한 사명자가 될 수 있다. 하나님께서 사명자를 통해 이루시려는 것은 사명자의 뜻이 아니라 하나님 당신의 뜻이기 때문이다.

노아는 하나님께 시선을 고정시킨 사람이었다

> 하나님이 노아에게 이르시되 모든 혈육 있는 자의 포악함이 땅에 가득하므로 그 끝 날이 내 앞에 이르렀으니 내가 그들을 땅과 함께 멸하리라 너는 고페르 나무로 너를 위하여 방주를 만들되 그 안에 칸들을 막고 역청을 그 안팎에 칠하라 네가 만들 방주는 이러하니 그

길이는 삼백 규빗, 너비는 오십 규빗, 높이는 삼십 규빗이라 거기에 창을 내되 위에서부터 한 규빗에 내고 그 문은 옆으로 내고 상 중 하 삼층으로 할지니라(창 6:13-16)

하나님의 은혜를 입은 노아에게 하나님께서 홍수의 심판에서 살아남을 수 있게끔 방주를 건조하게 하셨다. 하나님께서 방주 건조를 위해 사용하게 하신 고페르 나무는, 고대 근동지방에서 방수 효과가 뛰어나 선박 건조나 시체의 관으로 사용하던 삼나무의 일종인 것으로 추정되고 있다. 방주의 길이와 폭 그리고 높이는 각각 300규빗, 50규빗, 30규빗이었다. 한 규빗은 남자 팔꿈치에서부터 가운데 손가락 끝까지의 길이에 해당하는 45.6센티미터이다. 따라서 오늘날의 단위로 옮기면 길이 136.8미터에 폭 22.8미터, 그리고 높이 13.6미터의 방주다. 하나님께서는 그 방주를 상, 중, 하, 3층 구조로 건조하게 하셨다. 배수량을 계산하면 총 32,800톤에 달하는 방주라고 한다. 부산이나 목포에서 제주를 왕복하는 페리 여객선이 3,000톤급이므로, 노아의 방주는 그보다 열 배나 큰 대형 선박인 셈이다. 하나님께서 지상의 모든 것을 쓸어버리시는 홍수의 심판 속에서 노아 가족은 말할 것도 없고, 공중의 모든 새들과 땅의 모든 짐승들 각 한 쌍씩을 살아남게 하기 위해서는 그 정도의 대형 방주여야만 했을 것이다. 사람들 중에는 노아의 방주가 아무리 컸다 해도 공룡 같은 거대 동물들을 어떻게 다 실을 수 있었겠느냐고 반문한다. 하지만 그것은 기우에 지나지 않는다. 어떤 짐승이나 새든 방주에는 작은 새끼만 태우면 그만이다.

노아가 건조한 '방주'가 히브리 원전에 '테바תֵבָה'로 기록되어 있다. 그 방주가 방금 확인한 것처럼 대형 선박이기에 우리는 '방주'라면 일단 거대한 구조물을 연상한다. 그러나 '테바'는 본래 그런 뜻이 아니다. 출애굽기 2장은 모세의 출생 이야기를 전해 주고 있다. 모세의 부모는 히브리 노예가 사내아이를 낳으면 반드시 나일 강에 던져 죽이라는 파라오의 명령을 어기고, 갓 태어난 사내아이를 석 달 동안 숨겨서 키웠다. 그러나 더 이상 아이를 숨겨 키울 수 없게 되자, 모세의 부모는 갈대상자에 아이를 담아 나일 강 갈대 사이에 내려놓았다. 그 갈대상자가 히브리 원전에 '테바'라고 표기되어 있다. 거대한 노아의 방주에 비하면 모세의 갈대상자는 성냥갑에도 미치지 못한다. 그런데도 노아의 방주와 모세의 갈대상자는 똑같이 '테바'로 불린다. 그 이유가 무엇일까?

'테바'의 특성은 크기가 아니라 무동력에 있다. 노아의 방주에도, 모세의 갈대상자에도, 자체 동력이 없었다. 진행 방향, 진행 속도, 정지 장소 등을 자체적으로 해결할 수 있는 장치가 아무것도 없었다. 어느 방향으로 나아가든, 속도가 빠르든 늦든, 어디에서 멈추든, 그 모든 결정 사항을 철저하게 하나님께 위임한 것이 '테바'였다. 그래서 노아의 방주와 모세의 갈대상자는 크기에서는 비교가 불가능할 정도로 차이가 났지만, 똑같이 하나님에 의한 구원의 '테바'가 될 수 있었다. 요한복음 21장의 표현을 빌리자면 '테바'는 하나님 앞에 두 팔을 활짝 벌리고 완전히 항복한 것이다. 그때에만 하나님께서 당신이 원하시는 대로 이끌어 가실 수 있다. 그대의 인생이 노아의 방주처럼 거대해 보일 수도 있고 반대로 모세의 갈대상자처럼 보잘것없어 보일 수도 있다. 어떤 경우이든 그대가 스스로 그대 인생의 동력이 되기를 포기할 때에만, 그대의 인생은 진정한 의미에서 하나님에 의한 구원의 '테바'가 될 수 있다.

노아의 방주와 관련하여 대부분의 사람들이 오해하는 것 두 가지가 있다. 노아는 가족들과 함께 40일 동안 방주에 있었다는 것이 첫 번째 오해요, 방주 속은 마치 천국과 같았을 것이라는 것이 두 번째 오해다.

노아 가족이 방주 속에 있었던 기간은 40일이 아니다. 40일은 대기권을 감싸고 있던 물이 땅 위로 쏟아져 내린 홍수의 기간이다. 홍수가 시작된 날은 노아가 600세 되던 해 둘째 달 열이렛날이었다(창 7:11). 그러나 노아 가족이 방주로 들어간 날은 그보다 이레 전이었다(창 7:4). 홍수로 온 땅을 뒤덮은 물은 150일 동안 땅에 넘쳤다(창 7:24). 그 물이 모두 마르고 노아 가족이 방주에서 나온 날은 노아 601년 둘째 달 스무이레 날이었다(창 8:13-14). 그러므로 노아 가족이 방주 속에 있었던 기간은 무려 1년 17일간이었다.

그 긴 기간 동안 방주 속에서 노아 가족의 삶은 과연 천국과 같았을까? 방주 속에는 노아 가족 여덟 식구만 사는 것이 아니었다. 모든 종류의 짐승들과 새들이 한 쌍씩 함께 살았다. 그 많은 짐승들과 새들의 울부짖는 소리로 방주는 하루도 조용한 날이 없었을 것이요, 또 짐승들과 새들의 배설물로 인해 밤낮 악취가 진동했을 것이다. 어디 그뿐인가? 하나님께서는 노아 가족이 방주에 들어가기 전에, 노아 가족과 짐승들 그리고 새들이 먹을 양식도 준비하게 하셨다. 그 양식을 짐승들과 새들이 날마다 셀프서비스로 찾아 먹었겠는가? 그럴 리가 없다. 매일 매끼니 때마다 노아 여덟 가족이 그 많은 짐승들과 새들에게 먹이를 일일이 나누어 주어야만 했을 것이다. 그것은 노동 중의 중노동이다. 방주의 밀폐된 공간, 온갖 짐승들과 새들의 울음소리, 배설물들의 역겨운 악취, 그 열악한 상황 속에서 무려 1년 17일 동안이나 매일 그 많은 짐승들과 새들에게 먹이를 나누어 주어야 하는 중노동 등, 방주 속의 삶은 결코 천국이 아니었다. 그것은 지옥과 같은 고통과 괴롬의 삶이었고, 정신이 이상해지기에 딱 알맞은 환경이었다. 하지만 노아 여덟 가족 가운데 방주 속에서 정신이상자가 된 사람은 아무도 없었다. 그들은 어떻게 그 최악의 환경을 1년 17일 동안 견디며 극복할 수 있었을까?

노아의 방주에는 옆으로 난 창문이 없었다. 옆으로는 문이 있었는데, 그 문은 노아 가족이 방주에 들어가자 하나님께서 친히 닫으셨다(창 7:16). 하나님께서 열어 주시기 전에는 그 문은 열 수 없었다. 창세기 6장 16절에 의하면, 방주 속의 유일한 창문은 천정에 나 있었다. '창을 내되 위에서부터 한 규빗에 내라'는 하나님의 말씀은 천정 중앙에서 한 규빗 치우쳐 창문을 내라는 뜻이 아니라, 천정 중앙으로부터 한 규빗(45.6센티미터)을 반지름으로 하는 창을 만들라는 의미일 것이다. 노아 가족들이 그 열악한 방주에서 볼 수 있는 것이라고는 위에 있는 창문을 통한 하늘, 아니 하늘에 계신 하나님뿐이었다. 만약 방주에 창문이 옆으로 나 있어서 그 창으로 세상을 보거나 연상할 수 있었다면, 노아 여덟 식구들은 세상에 대한 미련 속에서 방주 속의 열악한 상황과 중노동을 감당하지 못했을 것이다. 그러나 그들의 시선은 매일 천정 위 창문을 통해 하나님께 고정되어 있었다. 그들의 시선이 하나님을 향해 있는 한, 방주 속의 모든 고통과 괴롬, 회의와 번민을 극복할 수 있었다. 내가 왜 이 밀폐된 공간에서 밤낮 짐승들과 새들의 울음소리를 듣고, 역겨운 오물 냄새를 맡으며 살아야 하는가? 하나님의 뜻이기 때문이다. 내가 왜 날마다 이 많은 짐승들과 새들의 먹이를 일일이 나누어 주는 중노동을 계속해야 하는가? 하나님의 뜻을 이루기 위해서다. 내가 왜 내 가족들에게 이

몹쓸 짓을 시켜야 하는가? 하나님의 새 역사를 일구는 도구로 쓰임 받게 하기 위함이다. 하나님 안에서는 방주 속의 그 어떤 것도 문제가 되지 않았다. 모든 해답이 하나님께 있었기 때문이다. 요한복음 21장의 각론처럼, 모든 질문이 하나님 안에서 해소되었다. 그래서 노아 가족은 그 열악한 방주 속에서 사명자의 책임을 완수할 수 있었다.

그대 영혼의 천정에 하나님을 향한 창문을 뚫으라. 그리고 그대의 시선을 하나님께 고정시키라. 그대가 이 세상에서는 비록 쓰디쓴 실패의 잔을 마셨다 해도, 그대는 하나님에 의해 이 시대를 위한 노아로 쓰임 받을 것이다.

노아는 하나님의 영역을 존중하는 사람이었다

내가 홍수를 땅에 일으켜 무릇 생명의 기운이 있는 모든 육체를 천하에서 멸절하리니 땅에 있는 것들이 다 죽으리라 그러나 너와는 내가 내 언약을 세우리니 너는 네 아들들과 네 아내와 네 며느리들과 함께 그 방주로 들어가고 혈육 있는 모든 생물을 너는 각기 암수 한 쌍씩 방주로 이끌어 들여 너와 함께 생명을 보존하게 하되 새가 그 종류대로, 가축이 그 종류대로, 땅에 기는 모든 것이 그 종류대로 각기 둘씩 네게로 나아오리니 그 생명을 보전하게 하라 너는 먹을 모든 양식을 네게로 가져다가 저축하라 이것이 너와 그들의 먹을 것이 되리라 노아가 그와 같이 하여 하나님이 자기에게 명하신 대로 **다 준행하였더라** 여호와께서 노아에게 이르시되 너와 네 온 집은 방주로 들어가라 이 세대에서 네가 내 앞에 의로움을 내가 보았음이니라 너는 모든 정결한 짐승은 암수 일곱씩, 부정한 것은 암수 둘씩을 네게로 데려오며 공중의 새도 암수 일곱씩을 데려와 그 씨를 온 지면에 유전하게 하라 지금부터 칠 일이면 내가 사십 주야를 땅에 비를 내려 내가 지은 모든 생물을 지면에서 쓸어버리리라 노아가 여호와께서 자기에게 명하신 대로 **다 준행하였더라**(창 6:17-7:5)

본문은 노아가 하나님께서 그에게 명령하신 대로 '다 준행'하였음을 거듭 강조하고 있다. 노아는 대체 하나님의 무슨 명령을 다 준행하였는가? 축구장보다 더 큰 방주를 만들고, 그 방주에 들어갈 모든 생물들을 위한 양식을 준비하라시는 명령이었다. 그 명령을 준행하기 위해 얼마나 많은 세월이 소요되었겠는가? 앞에서 언급한 것처럼 120년은 아니더라도 최소한 몇십 년은 소요되었을 것이다. 그 명령을 준행하기 위해 얼마나 많은 인력과 재산이 투입되었겠는가? 노아 가족은 노아 부부에 세 아들 부부를 합쳐 여덟 명밖에 되지 않았다. 단 여덟 명, 그것도 남자 장정 네 명만으로는 그 거대한 방주를 절대로 건조할 수 없다. 하지만 하나님께서는 노아에게 단 한 사람의 인부도 붙여 주시지 않았다. 방주 건조에 필요한 인력은 모두 노아가 동원해야만 했다. 그렇다고 하나님께서 인부들의 품삯이나 방주 건조에 필요한 물자를 대어 주신 것도 아니었다. 그 모든 것 역시 노아의 부담이었다. 사람을 힘들게 만드는 것 중의 하나는 자신을 믿지 않거나 비웃는 사람과 함께 일하는 것이다. 당시 사람들은 멀쩡한 하늘을 두고 홍수의 심판에 대비한다며 거대한 방주를 건조하는 노아를 모두 비웃었다. 그런 사람들에게 품삯을 지불하고 그들의 손을 빌려 방주를 건조한다는 것은 얼마나 힘든 일이었겠는가?

그렇지만 노아는 하나님께서 명령하신 것들을 다 준행하였다. 어떻게 그것이 가능했을까? 노아가 아무 생각도 없는 바보천치여서 가능했을까? 노아는 바보거나 천치가 아니었다. 노아는 누구보다도 지혜로운 사람이었다.

> 너는 고페르 나무로 너를 위하여 방주를 만들되 그 안에 칸들을 막고 역청을 그 안팎에 칠하라(창 6:14)

하나님께서 노아에게 하나님 당신을 위해, 혹은 인류를 위해 방주를 건조하라신 것이 아니었다. 하나님께서는 노아에게 '너를 위하여' 방주를 만들라고 명령하셨다. 만약 노아가 하나님의 그 명령을 준행하지 않았다면, 노아 역시 그의 가족들과 함께 홍수의 심판으로 멸절되고 말았을 것이다. 노아는 하나님의 명령을 준행하는 것이 '자기 자신을 위한' 일임을 알았다. 그래서 노아는 자신의 전 인생과 전 재산을 걸고 하나님의 명령을 준행하였고, 결과적으로 그는 인류의 두 번째 시조가 되었다. 당시 인간들이 홍수의 심판으로 멸망당하기 직전까지 노아를 비웃으며 오직 육욕을 따라 먹고 마시기에만 혈안이 되어 있었던 것은, 그것이 '자신들을 위하는' 길이라 착각했기 때문이다. 하지만 그것은 어리석게도 심판을 재촉하는 자멸 행위에 지나지 않았다. 그대가 코끝에 호흡이 있는 동안 이 세상에서 사명자로 살아야 하는 것은 하나님을 위해서가 아니다. 그것은 바로 그대 자신을 위해서이다. 그대가 사명자로 살지 않는다 해도 하나님께는 아무런 손해가 돌아가지 않는다. 그러나 그대가 사명자로 살지 않는다면, 그것은 그대의 생명을 스스로 갉아먹는 자해 행위일 뿐이다. 그대가 지혜로운 사람이어야 하는 이유가 여기에 있다.

하나님의 명령을 '다' 준행하기 위해서는 무엇보다도 하나님의 말씀을 끝까지 '다' 들어야 한다. 그래야만 하나님의 영역을 침범하는 어리석음을 범하지 않고 하나님의 명령을 '다' 준행할 수 있다. 본문 6장 18-19절, 7장 1-3절 그리고 7장 13-16절을 새번역 성경으로 다시 확인해 보자.

그러나 너하고는, 내가 직접 언약을 세우겠다. 너는 아들들과 아내와 며느리들을 모두 데리고 방주로 들어가거라. 살과 피를 지닌 모든 짐승도 수컷과 암컷으로 한 쌍씩 방주로 데리고 들어가서, 너와 함께 살아남게 하여라(창 6:18-19).

주님께서 노아에게 말씀하셨다. "내가 보니, 이 세상에 의로운 사람이라고는 너밖에 없구나. 너는 식구들을 다 데리고 방주로 들어가거라. 모든 정결한 짐승은 수컷과 암컷으로 일곱 쌍씩, 그리고 부정한 짐승은 수컷과 암컷으로 두 쌍씩, 네가 데리고 가거라. 그러나 공중의 새는 수컷과 암컷 일곱 쌍씩 데리고 가서, 그 씨가 온 땅 위에 살아남게 하여라"(창 7:1-3).

바로 그날, 노아와, 노아의 세 아들 셈과 함과 야벳과, 노아의 아내와, 세 며느리가 함께 방주로 들어갔다. 그들과 함께 모든 들짐승이 그 종류대로, 모든 집짐승이 그 종류대로, 땅 위를 기어 다니는 모든 길짐승이 그 종류대로, 날개 달린 모든 날짐승이 그 종류대로, 방주로 들어갔다. 살과 피를 지닌 살아 숨 쉬는 모든 것들이 둘씩 노아에게 와서, 방주로 들어갔다. 하나님이 노아에게 명하신 대로, 살과 피를 지닌 살아 숨 쉬는 모든 것들의 수컷과 암컷이 짝을 지어 방주 안으로 들어갔다. 마지막으로 노아가 들어가니, 주님께서 몸소 문을 닫으셨다(창 7:13-16).

위의 세 문단을 비교해 보면, 방주로 인도해 드릴 모든 생물들과 관련하여 질문을 제기하지 않을 수 없다. 하나님께서 노아에게 주신 처음 명령은, 모든 생물들을 암수 한 쌍씩 보존하라시는 것이었다. 하지만 하나님의 두 번째 명령은 정결한 짐승은 암수 일곱 쌍씩, 부정한 짐승은 암수 두 쌍씩 그리고 모든 새들은 암수 일곱 쌍씩으로 그 내용이 달라졌다. 그리고 막상 방주 속에 들어간 생물들은 처음 명령처럼 암수 한 쌍씩이었다. 이처럼 하나님께서 명령하신 내용이 중간에 변경되었음에도 정작 그 명령을 수행해야 할 노아는, 창세기 6장과 7장을 아무리 샅샅이 뒤져 보아도 하나님께 그 어떤 질문도 제기하지 않았다. 그 이유가 무엇이었을까? 하나님의 명령을 다시 보자.

혈육 있는 모든 생물을 너는 각기 암수 한 쌍씩 방주로 이끌어 들여 너와 함께 생명을 보존하게 하되(창 6:19)

만약 노아가 하나님의 이 명령만을 듣고 지상과 공중의 모든 생물을 한 쌍씩 잡아들이기 위해 뛰쳐나갔더라면, 과연 몇 종류의 생물을 잡을 수 있었겠는가? 그리고서야 하나님께서 명령하신 거대한 방주를 건조할 수나 있었겠는가? 노아는 하나님의 말씀을 끝까지 '다' 듣는 사람이었다.

> 새가 그 종류대로, 가축이 그 종류대로, 땅에 기는 모든 것이 그 종
> 류대로 각기 둘씩 네게로 나아오리니 그 생명을 보존하게 하라
>
> (창 6:20)

노아는 모든 생물을 잡으러 다닐 필요가 전혀 없었다. 하나님께서는 노아에게 모든 생물이 "네게로 나아오리니"라고 말씀하셨다. 노아는 방주를 건조하고 방주에서 필요한 양식을 준비하는 일에만 열중해도, 방주에 들어갈 모든 생물은 방주로 나아오게 되어 있었다. 하나님께서 그 생물들을 나아오게 하실 것이기 때문이었다. 그리고 노아가 방주에 들어가던 날 하나님께서 예정하신 생물들이 실제로 노아에게 나아왔다. 따라서 요한복음 21장의 표현을 따르자면, 방주에 들어갈 생물이 암수 한 쌍이냐 혹은 두 쌍이냐 아니면 일곱 쌍이냐 하는 것은 전혀 노아가 상관할 일이 아니었다. 그것은 철저하게 하나님의 영역에 속한 일이었다. 노아가 할 일은 하나님께서 방주 앞으로 나아오게 하신 생물들을 방주 안으로 이끌어 들여, 하나님께서 작정하신 기간 동안 방주 속에서 그 생물들을 보존하는 것이었다. 이렇듯 노아는 하나님의 말씀을 끝까지 '다' 경청했기에, 하나님의 영역을 존중하면서 자신이 행하여야 할 바를 '다' 준행할 수 있었다. 자체 동력이 없는 노아 방주의 동력은 오직 하나님이셨으므로, 노아가 하나님의 말씀을 끝까지 '다' 경청하면서 하나님의 영역을 존중하는 것보다 더 중요한 일은 없었다.

예수님께서 제자들에게 당신의 십자가 죽음만 예고하신 것이 아니었다. 십자가에 못박혀 돌아가신 지 사흘째 되는 날에 다시 살아나실 것도 분명하게 말씀하셨다. 하지만 베드로는 예수님께서 다시 살아나실 것이

라는 말씀은 듣지 않았다. 그는 주님께서 대제사장들과 장로들에게 고난을 받고 죽임을 당하실 것이라는 말씀만 들었다. 하나님의 아들이신 예수님께서 인간의 손에 못박혀 돌아가신다는 것은 베드로의 상식으로는 용납할 수 없는 일이었다.

> 베드로가 예수를 붙들고 항변하여 이르되 주여 그리 마옵소서 이 일이 결코 주께 미치지 아니하리이다 예수께서 돌이키시며 베드로에게 이르시되 사탄아 내 뒤로 물러가라 너는 나를 넘어지게 하는 자로다 네가 하나님의 일을 생각하지 아니하고 도리어 사람의 일을 생각하는도다 하시고(마 16:22-23)

우리말 '항변하다'로 번역된 헬라어 동사 '에피티마오$\epsilon\pi\iota\tau\iota\mu\acute{\alpha}\omega$'는 '질책하다', '비난하다', '훈계하다'라는 의미다. 베드로는 예수님의 옷자락을 붙잡고, 그런 말을 하지 말라는 식으로 예수님을 꾸짖었다. 그 순간 베드로에게 예수님은 더 이상 성자 하나님이 아니셨다. 예수님을 그런 식으로 대하는 베드로 자신이 하나님이었다. 그는 자기도 모르게 하나님의 영역에 뛰어들어, 예수님을 십자가의 제물 삼아 죄인을 구원하시려는 하나님을 가로막고 나선 셈이었다. 그 결과는 "사탄아, 내 뒤로 물러가라"는 예수님의 무서운 질책이었다. 조금 전 "주는 그리스도시요 살아계신 하나님의 아들이시니이다"(마 16:16)라는 고백으로 예수님의 극찬을 받았던 베드로는 예수님의 말씀을 끝까지 '다' 듣지 않은 탓에, 졸지에 사탄으로 전락하고 말았다.

그대가 하나님의 말씀을 끝까지 '다' 듣지 않는 한, 그대가 열심을 내면 낼수록 그대는 그대 자신도 모르게 사탄으로 전락하기 쉽다. 사탄은 머리에 뿔난 도깨비가 아니라, 자신의 일을 위해 하나님의 영역을 침범하여 하나님의 일을 가로막는 자이기 때문이다.

노아는 인내의 사람이었다

> 홍수가 땅에 있을 때에 노아가 육백 세라 노아는 아들들과 아내와 며느리들과 함께 홍수를 피하여 방주에 들어갔고 정결한 짐승과 부정한 짐승과 새와 땅에 기는 모든 것은 하나님이 노아에게 명하신 대로 암수 둘씩 노아에게 나아와 방주로 들어갔으며 칠 일 후에 홍수가 땅에 덮이니 노아가 육백 세 되던 해 둘째 달 곧 그 달 열이렛날이라 그날에 큰 깊음의 샘들이 터지며 하늘의 창문들이 열려 사십 주야를 비가 땅에 쏟아졌더라(창 7:6-12)

노아와 그의 가족들, 그리고 하나님께서 노아에게 나아오게 하신 모든 생물들이 드디어 방주 속으로 들어갔다. 그렇다면 노아가 방주 속으로 들어감과 동시에 천둥벼락이 몰아치며 비가 쏟아져야 마땅하지 않겠는가? 그러나 비는 내릴 기미조차 없었다. 하나님의 말씀처럼(창 7:4) 노아가 방주에 들어간 지 7일 만인 노아 600세 되던 해 둘째 달 열이렛날이 되어서야 홍수가 터지기 시작했다. 왜 하나님께서는 노아 가족이 방주로 들어가자마자 홍수가 터지게 하시지 않고 7일을 기다리게 하셨는가?

그 7일은 패역한 인간들을 위해 하나님께서 베푸신 최후의 기회였다. 하나님께서 에스겔 선지자를 통해 말씀하셨다.

> 가령 내가 악인에게 말하기를 너는 죽으리라 하였다 하자 그가 돌이켜 자기의 죄에서 떠나서 정의와 공의로 행하여 저당물을 도로 주며 강탈한 물건을 돌려보내고 생명의 율례를 지켜 행하여 죄악을 범하지 아니하면 그가 반드시 살고 죽지 아니할지라 그가 본래 범한 모든 죄가 기억되지 아니하리니 그가 반드시 살리라 이는 정의와 공의를 행하였음이라 하라 (겔 33:14-16)

하나님의 이 말씀을 통해 우리는 악인을 대하시는 하나님의 본심을 읽을 수 있다. 하나님께서 악인에게 "너는 죽으리라"고 선포하셨다면, 악인을 죽이시는 것이 하나님의 본심이 아니다. 하나님의 본심은 악인이 하나님의 선포를 듣고 뉘우쳐 하나님께 돌아오게 하시는 데 있다. 마지막 순간까지 악인이 하나님께 돌아올 기회를 주시는 것이 하나님의 본심인 것이다. 가나안 땅에 입성한 이스라엘 백성은 당연히 이겨야 할 아이 성 전투에서 대패하고 말았다. 아간이 하나님께 바쳐야 할 물건 가운데 일부를 노략질하여 하나님의 진노를 산 까닭이었다. 하지만 하나님께서는 이스라엘 백성의 지도자인 여호수아에게 범죄자가 아간임을 통보해 주시지 않았다. 그 대신 여호수아로 하여금 제비뽑기를 통해 범죄자를 찾아내게 하셨다. 그 결과를 여호수아 7장 16-18절이 밝혀 주고 있다.

이에 여호수아가 아침 일찍이 일어나서 이스라엘을 그의 지파대로 가까이 나아오게 하였더니 유다 지파가 뽑혔고 유다 족속을 가까이 나아오게 하였더니 세라 족속이 뽑혔고 세라 족속의 각 남자를 가까이 나아오게 하였더니 삽디가 뽑혔고 삽디의 가족 각 남자를 가까이 나아오게 하였더니 유다 지파 세라의 증손이요 삽디의 손자요 갈미의 아들인 아간이 뽑혔더라

하나님의 명령에 따라 제비뽑기는 총 네 번 실시되었다. 먼저 열두 지파에 대한 제비뽑기를 한 결과 유다 지파가 뽑혔다. 유다 지파를 대상으로 실시한 두 번째 제비뽑기에서는 세라 족속이 뽑혔다. 세 번째 제비뽑기에서는 세라 족속 가운데 삽디 가문이 뽑혔다. 그리고 마지막으로 삽디 가문의 모든 성인 남자에 대한 제비뽑기를 통해 범죄자 아간이 드러났다. 제비뽑기가 계속되면서 이스라엘 모든 지파→유다 지파→세라 족속→삽디 가문→아간의 순서로, 하나님의 지목이 아간을 향해 점점 좁혀져 갔다. 왜 하나님께서는 처음부터 말씀으로 범죄자가 아간임을 간단하게 밝히시지 않고, 많은 시간과 번거로움을 필요로 하는 제비뽑기를 동원하셨는가? 그것은 패역한 범죄자 아간에게 베푸신 마지막 회개의 기회였다. 제비뽑기를 통해 하나님의 지목이 자신에게로 향하고 있음을 자각하고 아간이 스스로 회개하기를 원하셨던 것이다. 그러나 패역한 아간은 그 최후의 기회마저 차버리고 말았다. 당시 이스라엘 백성 중 남자 성인은 60만 명이 넘었다. 설령 제비뽑기를 몇 차례 반복한다 해도 그 많은 사람들 가운데 설마 자기가 걸리겠느냐는 아간의 안이하고도 자기중심적인 불신이, 하나님께서 주신 최후의 기회를 외면해 버린 것이었다. 결국 그의 최후는 아골 골짜기에서 돌에 맞아죽는 것으로 참혹

하게 끝났다.

노아의 방주는 단시일 내에 건조된 것이 아니었다. 앞에서 언급한 것처럼 그 거대한 방주를 건조하기 위해서는 최소한 수십 년이 소요되었을 것이다. 그 수십 년 동안 방주를 건조하는 망치 소리는 하루도 쉬지 않고 사방으로 울려 퍼졌을 것이다. 그 망치 소리는 하나님의 심판에 대비하여 하나님께 돌아오라고 부르시는 하나님의 음성이었다. 하지만 하나님의 음성에 귀 기울인 인간은 없었다. 그들은 오히려 마른하늘에 방주를 건조하는 노아 가족을 미친 사람 취급하며 조롱했을 뿐이다. 하나님께서는 노아 가족과 당신이 나아오게 하신 모든 생물들이 방주 속으로 들어간 이후에도 패역한 인간들에게 마지막으로 한 번 더 기회를 주셨다. 7일 동안 기다리신 것이다. 그러나 패역한 인간들은 그 마지막 기회마저 외면하고 말았다. 결국 그들은 아간처럼 참혹한 최후를 맞아야만 했다. '오늘이 혹 마지막 7일간의 기회인 것은 아닌가?'라는 종말의식 속에서 살지 않으면, 우리 자신도 노아 시대의 패역한 인간 그리고 하나님의 것을 노략질한 아간과 아무런 차이가 있을 수 없다.

무엇보다도 그 7일은 노아를 위한 마지막 인내의 훈련 기간이었다. 노아가 방주에 들어가자마자 홍수가 터졌다면 어떻게 되었을까? 두말할 것도 없이 노아는 자신의 가족을 구원해 주신 하나님을 찬양하며 감사드렸을 것이다. 그러나 인간의 감격은 언제나 한순간이다. 감격의 순간이 끝남과 동시에 노아는 어느 틈에 자기 교만에 빠지고 말았을 것이다. 자신이 전 생애와 온 재산을 투입하여 방주를 건조하여 자신의 가족이 살아남았으므로, 결국 온 세상이 파멸하는 홍수 속에서 생존한 것은 자신의 공로라는 자기 교만이다. 그 경우 노아가 비록 방주 속에서 육신은 살아남았다 해도, 그 방주가 하나님의 영원한 생명을 덧입는 구원의 방주가 되지는 못했을 것이다. 육신은 아무리 살아남아도 결국엔 썩어 문드러지고 말기 때문이다.

그러나 노아 가족이 모든 생물을 이끌고 방주로 들어갔건만 비가 내릴 그 어떤 조짐도 없었다. 하루가 지나고 이틀이 지나도 마찬가지였다. 만약 홍수가 끝내 터지지 않는다면 노아 가족은 어쩔 수 없이 방주에서 나가야 할 것이고, 그 경우 노아 가족은 일평생 세상 사람들에게 정신병자로 취급받으며 살아야 할 판이었다. 방주에 들어간 노아는 연일 계속되는 마른하늘 아래에서 7일 후에 홍수가 터지리라는 하나님의 말씀을 곱씹으며, 밤낮 겸손한 마음으로 하나님의 섭리를 인내하며 기다렸을 것이다. 그 인내의 기간은 노아의 심령 속에 싹틀 수 있는 교만의 뿌리를 아예 제거해 버리는 은혜의 기간이었다. 방주 속의 삶이 이렇듯 처음부터 인내의 훈련으로 시작되었기에 노아는 그 방주의 주인이 되려 하지 않았다. 노아는 1년 17일 동안 한결같이 방주의 주인이신 하나님만 겸손하게 의지하였고, 그 방주는 하나님에 의해 명실상부하게 구원의 방주가 되었다.

여러분이 하나님의 뜻을 행하고서, 그 약속해 주신 것을 받으려면, 인내가 필요합니다(히 10:36, 새번역).

우리가 하나님의 말씀을 행하여도 그 말씀의 약속이 우리의 삶 속에 성취되기 위해서는 왜 인내의 과정이 필요한가? 인내의 과정이 없다면, 하나님의 말씀을 행한 것 자체를 우리 자신의 공로로 착각하는 자기 교만에 빠질 것이기 때문이다. 인내의 과정을 통과함으로써 비로소 말씀을 행하게 된 것도 하나님의 은혜요, 하나님의 때에 말씀의 약속이 성취되는 것도 하나님의 은혜임을 겸손하게 받아들이게 되는 것이다.

나의 형제자매 여러분, 여러 가지 시험에 빠질 때에, 그것을 더할 나위 없는 기쁨으로 생각하십시오. 여러분은 믿음의 시련이 인내를 낳는다는 것을 알고 있습니다. 여러분은 인내력을 충분히 발휘하여, 조금도 부족함이 없이 완전하고 성숙한 사람이 되십시오(약 1:2-4, 새번역).

하나님께서 정녕 전지전능하실진대 우리 삶 속에서 아예 시련을 없애 주시지, 왜 굳이 시련을 겪게 하시면서까지 인내의 과정을 거치게 하시는가? 인내를 통해서만 하나님 앞에서 겸손을 체득하게 되고, 결과적으로 "부족함이 없이 완전하고 성숙한 사람"으로 살아갈 수 있기 때문이다. 요한이 칠십 노인에 이르기까지 노파 마리아를 봉양하는 삶의 자리를 인내로 지켰기에, 오직 요한만 들을 수 있는 주님의 음성을 들으면서 영원한 요한복음을 기록하는, '부족함이 없이 완전하고 성숙한' 사도가 된 것과 같은 이치다.

따지고 보면 노아의 전 생애가 온통 인내의 삶이었다. 500세가 되기까지 자식이 없는 실패자의 삶을 인내로 극복했고, 하나님의 말씀에 순종하여 최소한 수십 년간 인내로 방주를 지었고, 방주 속 1년 17일간의 삶 자체가 인내 없이는 불가능하였다. 하나님의 명령을 다 준행했던 노아의 그 인내의 삶 속에, 그를 인류의 두 번째 시조로 세우시겠다는 하나님의 약속이 성취되었다. 인내할 줄 아는 사람이 사명자로 살아갈 수 있다. 인내는 사명의 열매가 결실되는 텃밭이다.

노아는 인생의 그물이 찢어지지 않았다

> 노아가 육백 세 되던 해 둘째 달 곧 그 달 열이렛날이라 그날에 큰 깊음의 샘들이 터지며 하늘의 창문들이 열려 사십 주야를 비가 땅에 쏟아졌더라(창 7:11-12)

> 홍수가 땅에 사십 일 동안 계속된지라 물이 많아져 방주가 땅에서 떠올랐고 물이 더 많아져 땅에 넘치매 방주가 물 위에 떠다녔으며 물이 땅에 더욱 넘치매 천하의 높은 산이 다 잠겼더니 물이 불어서 십오 규빗이나 오르니 산들이 잠긴지라 땅 위에 움직이는 생물이 다 죽었으니 곧 새와 가축과 들짐승과 땅에 기는 모든 것과 모든 사람이라 육지에 있어 그 코에 생명의 기운의 숨이 있는 것은 다 죽었더라 지면의 모든 생물을 쓸어버리시니 곧 사람과 가축과 기는 것과 공중의 새까지라 이들은 땅에서 쓸어버림을 당하였으되 오직 노아와 그와 함께 방주에 있던 자들만 남았더라 물이 백오십 일을 땅에 넘쳤더라(창 7:17-24)

드디어 홍수의 심판이 시작되었다. "하늘의 창문들"이 열렸다는 것은 창세기 기자가 무식해서, 폭포처럼 쏟아지는 비를 보고 하늘에 구멍들이 뚫린 것으로 생각한 것이 아니다. 40일 동안 밤낮으로 쏟아진 비는 구름이 비가 된 자연현상이 아니라, 앞에서 설명한 것처럼 하나님의 섭리에 따라 대기권을 감싸고 있던 물들이 땅으로 쏟아져 내렸음을 밝히기 위한 표현이다.

처음 홍수가 시작되었을 때에는 그런가 보다 하다가, 하루 이틀 지나도 비가 그칠 기미는 보이지 않고 온 세상이 물속에 잠겨 갈 때 우왕좌왕하는 사람들의 모습을 연상해 보라. 마지막 순간까지 육욕을 좇아 먹고 마시는 일에만 몰두하던 인간들이 얼마나 당황했겠는가? 헤아릴 수 없이 많은 사람들이 노아의 방주로 달려가 문을 열어 달라고 아우성쳤을 것이다. 그러나 그 문을 열 수 있는 인간은 아무도 없었다. 하나님께서 닫으셨기에 하나님만 다시 여실 수 있었다. 방주를 건조하는 노아를 비웃고 하나님의 말씀을 우습게 여기던 인간들은 그제야 가슴을 치며 후회했을 것이다. 그중에서도 노아로부터 돈을 받고 방주 건조에 품을 팔았던 사람들의 후회가 가장 컸을 것이다. 그들은 방주 건조 작업을 위해 품삯을 받고 방주 속에 직접 들어갔던 사람들이었다. 하지만 그 방주가 홍수의 심판에 대비한 구원의 방주임은 눈곱만큼도 믿지 않았다. 그들이 심판의 날에 혀를 깨물며 통탄했다 한들 무슨 소용이 있었겠는가? 어느 교수님이 1987년 대홍수 때 삽시간에 집에 물이 덮쳐 급히 맨몸으로 피신하면서, '그날에도 이렇게 가겠구나. 이것저것 챙겨서 가는 것이 아니로구나' 하고 생각했다고 한다. 그렇다. 우리 각자의 그날은 삽시간에 우리를 덮친다. 그 순간에는 아무것도 챙길 수 없다. 그래서 평소에 그날을 대비하지 않은 사람은 불현듯 덮친 그날, 가슴을 치면서 후회할 수밖에 없다. 그중에서 누구보다도 크게 후회할 사람들은, 예배당에 들락거리긴 했지만 정작 하나님의 말씀을 믿지는 않았던 사람들일 것이다.

그치지 않는 홍수 속에서 온 세상이 물에 잠길수록 더 많은 사람들이 수장당한다. 그러나 노아의 방주는 반대로, 세상에 물이 차오를수록 점점 더 올라간다. 이것이 하나님의 심판이다. 하나님의 심판은 스스로 높은 자리에 앉았던 사람은 무너져 내리고, 낮아 보였던 사람은 높아지는 것이다. 세상이 물에 잠기기 시작하면서 재빠른 사람들은 산으로 피신했을 것이다. 그러나 세상의 산들도 안전지대는 아니었다. 모든 산들이 물속에 잠겼다. 노아의 방주는 그만큼 더 높아졌다. 마침내 물은 가장 높은 산보다 15규빗(6.84미터) 더 차올랐다. 노아의 방주도 당연히 그만큼 더 높이 올라갔다. 정치·경제·사회·문화 등 세상 모든 면에 걸쳐 인간이 차지할 수 있는 최정상보다 노아의 방주는 15규빗 더 높이 있었다. 세상의 최정상과 노아의 방주를 갈라놓은 15규빗—그것은 생명과 죽음, 구원과 멸망, 영원과 찰나의 차이였다. 인간의 능력으로는 결코 극복하거나 메울 수 없는 절대적이고도 영원한 차이였다.

세상의 모든 것을 삼켜 버린 물은 150일 동안이나 그대로 땅에 넘쳤다. 그러나 모든 인간과 생물이 송두리째 수장당하는 그 홍수의 심판 속에서도 노아 여덟 식구만은 무사했다. 하나님께서 운행하시는 구원의 방주 속에 있었기 때문이다. 요한복음 21장의 표현처럼 패역한 모든 인간의 인생 그물이 갈가리 찢어지는 소용돌이 속에서도 노아 가족의 인생 그물만은 전혀 찢어지지 않았다. 세상 사람들의 조롱 속에서도 오직 하나님의 말씀을 좇아 좁은 길을 걸은 결과였다. 우리의 승부는 결코 이 땅에서 나지 않는다. 우리의 승부는 그날, 하나님 앞에서 난다. 그때 자신의 그물이 찢어지지 않을 것을 믿는 사람만, 하나님의 말씀을 끝까지

경청하면서 '다' 준행하는 사명자로 살 수 있다.

노아는 예의의 사람이었다

> 물이 땅에서 물러가고 점점 물러가서 백오십 일 후에 줄어들고 일곱째 달 곧 그 달 열이렛날에 방주가 아라랏 산에 머물렀으며 물이 점점 줄어들어 열째 달 곧 그 달 초하룻날에 산들의 봉우리가 보였더라 (창 8:3-5)

> 육백일 년 첫째 달 곧 그 달 초하룻날에 땅 위에서 물이 걷힌지라 노아가 방주 뚜껑을 제치고 본즉 지면에서 물이 걷혔더니 둘째 달 스무이렛날에 땅이 말랐더라(창 8:13-14)

40일간의 홍수 이후 150일 동안 땅에 넘치던 물은 점점 물러가며 줄어들기 시작했다. 밑바닥이 아라랏 산에 닿은 방주는 멈추었고, 물이 계속 줄어 산들의 봉우리가 보이기 시작했다. 마침내 물이 땅에서 걷히고 젖었던 땅이 완전히 말랐다. 그날이 노아 601세 되던 해 둘째 달 스무이렛날, 노아 가족이 방주에 들어간 지 1년 17일째 되는 날이었다. 그동안 노아 가족은 방주 속의 삶에 충실했을 뿐이다. 온 땅을 뒤덮고 있던 물이 물러가고 걷히고 마르는 데 그들이 한 일이라고는 아무것도 없었다. 그 모든 일은 노아 가족과는 상관없이 하나님께서 하신 일이었다. 노아 가족이 느끼지 못해도, 보지 못해도, 하나님께서는 그들을 위해 쉬지 않고 일하고 계셨다. 그대 눈에 아무것도 보이지 않아도, 그대 주머니에 든 것이 아무것도 없어도, 하나님께서는 그대를 위해 단 한 순간도 쉬지 않고 일하고 계신다. 이 사실을 믿을 때 그대는 그 어떤 열악한 상황 속에서도 사명자로 살아갈 수 있다.

> 하나님이 노아에게 말씀하여 이르시되 너는 네 아내와 네 아들들과 네 며느리들과 함께 방주에서 나오고 너와 함께한 모든 혈육 있는 생물 곧 새와 가축과 땅에 기는 모든 것을 다 이끌어내라 이것들이 땅에서 생육하고 땅에서 번성하리라 하시매 노아가 그 아들들과 그의 아내와 그 며느리들과 함께 나왔고 땅 위의 동물 곧 모든 짐승과 모든 기는 것과 모든 새도 그 종류대로 방주에서 나왔더라(창 8:15-19)

드디어 방주에서 나오라는 하나님의 명령이 떨어졌다. 하나님께서 1년 17일 전에 닫아거셨던 방주의 문을 열어젖혀 주신 것이다. 노아는 가족들과 함께 방주에서 나왔다. 방주 속의 시끄러운 소음과 역겨운 냄새, 그리고 연일 이어진 중노동으로부터 해방된 것이다. 1년 17일 만에 자유인으로 땅을 밟은 노아의 감격이 얼마나 컸겠는가? 가족들끼리 서로 껴안으며 다시 세상으로 나온 것을 자축하든가, 하늘을 향해 가슴을 펴고 신선한 공기를 마음껏 들이마시든가, 깨끗한 물을 찾아 목욕부터 하든가, 대지를 한번 마음껏 달려 보는 것이 어울릴 것 같은 순간이다. 그러나 그 감격적인 첫 순간 노아가 염두에 둔 것은 전혀 다른 일이었다.

> 노아가 여호와께 제단을 쌓고 모든 정결한 짐승과 모든 정결한 새 중에서 제물을 취하여 번제로 제단에 드렸더니 여호와께서 그 향기

를 받으시고(창 8:20-21상)

노아가 방주에서 나오자마자 가장 먼저 한 일은 하나님께 제단을 쌓고 제사, 즉 예배를 드리는 것이었다. 노아 가족이 방주에서 나올 때 방주 속에 있던 모든 생물도 함께 나왔다. 새들은 소리 높여 노래 부르며 날개 퍼덕여 창공으로 날아오르고, 짐승들은 괴성을 지르며 대지를 질주하고, 곤충들은 이리저리 뛰며 마음껏 재주를 뽐낸다. 그 가운데 오직 노아 여덟 식구만 먼저 하나님께 예배부터 드렸다. 방주에서 나온 노아 가족이 어떤 행위든 자기 자신들을 위한 행위를 먼저 하였더라면, 그 순간 그들은 짐승이나 새들과 구별되지 않았을 것이다.

창세기 2장에 의하면 하나님께서는 사람과 짐승 그리고 공중의 새를 모두 흙으로 만드셨다. 하지만 그 가운데 흙으로 빚으신 사람에게만 당신의 생기를 불어넣으셔서 사람이 생령이 되게 하셨다. 그러므로 겉으로 아무리 그럴 듯하게 보여도 생령으로 살지 않는 인간은 짐승과 다를 바 없다. 《새신자반》에서 언급했듯이 짐승과 생령인 인간의 본질적인 차이는 예배에 있다. 1년 17일 만에 방주에서 나와 그 어느 때보다 본능적으로 자신을 위해 무엇인가 해야 할 순간에 노아가 제일 먼저 영이신 하나님께 예배부터 드렸다는 것은, 노아에게는 예배가 삶이 되어 있었음을 뜻했다. 이런 의미에서 노아는 진정한 생령이었다.

요한복음 21장에서 사명자는 예의의 사람이어야 하고, 하나님에 대한 예의는 예배로 드러난다고 했다. 노아는 하나님에 대한 예의가 몸에 배어 있는 사명자였다. 하나님께서 그 노아를 기뻐하심은 너무나도 당연한 일이었다.

노아는 새 역사의 주체가 되었다

하나님께서 명령하신 사명에 일평생 순종한 노아는 결과적으로 새 역사의 주체가 되었다. 그를 통해 인류의 역사가 다시 시작된 것이다. 주님의 복음에 순종한 제자들에 의해 사도행전, 사명자행전의 새 역사가 시작된 것과 같다.

노아의 사명자행전은 철저하게 그의 삶의 현장에서 이루어졌다. 방주 건조 이전의 삶의 현장, 방주 건조의 삶의 현장, 방주 속의 삶의 현장, 새 역사를 일구는 삶의 현장—노아는 그 어떤 삶의 현장도 소홀히 하지 않았다. 그 원동력은 하나님의 은혜였다. 하나님의 은혜로 실패자 노아가 당대의 의인이 될 수 있었고, 하나님의 은혜로 구원의 방주에 오를 수 있었고, 하나님의 은혜로 새 역사를 일굴 수 있었다. 그 하나님의 은혜가 지금 그대와 함께하고 계신다. 그대에게 남은 일은, 하나님의 은혜를 의지하여 그대 삶의 자리에서부터 사명자행전을 일구어 가는 것이다.

8 사명자 모세

신명기 34장 10절
그 후에 이스라엘에 모세와 같은 선지자가 일어나지 못하였나니 모세는 여호와께서 대면하여 아시던 자요

이 장에서는 출애굽의 사명자 모세의 삶을 들여다보기로 하자.

하나님의 은혜를 입은 모세

> 레위 가족 중 한 사람이 가서 레위 여자에게 장가들어 그 여자가 임신하여 아들을 낳으니(출 2:1-2상)

한 레위 남자와 레위 여자가 결혼하여 아들을 낳았다. 출애굽기 6장 20절에 의하면 남자의 이름은 아므람이고 여자의 이름은 요게벳이다. 남자와 여자가 결혼하여 아이를 낳는 것은 대단한 이야기가 아니다. 이 세상 거의 모든 남자와 여자가 겪고 경험하는 지극히 평범한 이야기다. 그러나 그 평범한 이야기 속에 치밀한 하나님의 섭리가 시작되고 있었다. 그대가 드라마틱한 삶을 추구한다고 하나님의 뜻이 이루어지는 것은 아니다. 그대의 지극히 평범한 일상의 삶 속에서 하나님의 치밀한 섭리는 이미 이루어지고 있다.

> 그가 잘생긴 것을 보고 석 달 동안 그를 숨겼으나 (출 2:2하)

그때는 파라오의 명령에 따라, 히브리 노예가 아이를 낳을 경우 아들이면 나일 강에 던져 죽여야만 했다. 하지만 아기의 어미인 요게벳은 아기가 "잘생긴 것을 보고" 아기를 석 달 동안 숨겨서 키웠다. 이것은 아기가 잘생기지 않았더라면 어미가 나일 강에 던졌을 것이란 말이 결코 아니다. 세상에 자기 자식 예쁘게 보지 않는 어미가 어디에 있겠는가? 세상 사람들이 흉물로 보는 아이라도 어미에게는 더없이 예쁘게 보이는 법이다. 이 구절의 방점은 아기가 잘생겼다는 데 있는 것이 아니라, 요게벳이 하나님께서 자신을 믿으시고 맡겨 주신 사랑하는 아기를 지키기 위해 파라오의 엄명을 어기고 목숨을 걸고 아기를 숨겨 키웠다는 데 있다. 부모가 자식의 생명을 바르게 지키는 것으로부터 하나님의 역사는 시작된다. 하나님과 동행하며 자녀를 양육한 에녹이 육체의 죽음을 보지 않고 승천한 것처럼, 하나님께서 믿고 맡기신 하나님의 자녀를 하나님의 자녀로 바르게 세우는 것보다 더 중요한 일은 없다. 그대는 이 험한 세상에서 무엇으로 그대의 자녀를 바르게 지키고 세우려는가? 영원한 생명이요 진리이신 하나님의 말씀 이외에 무엇이 있을 수 있겠는가?

> 더 숨길 수 없게 되매 그를 위하여 갈대 상자를 가져다가 역청과 나무 진을 칠하고 아기를 거기 담아 나일 강가 갈대 사이에 두고 그의

누이가 어떻게 되는지를 알려고 멀리 섰더니(출 2:3-4)

한글 성경에는 본문의 주어가 없지만, 히브리 원문에는 본문의 동사가 3인칭 여성 단수형으로 기록되어 있다. 아기의 어미인 요게벳은 석달이 지나 아기를 더 이상 숨겨 키울 수 없게 되자, 갈대로 상자를 만들어 역청과 나무 진으로 방수 처리를 한 뒤, 아기를 그 상자 속에 뉘었다. 그리고 그 갈대 상자를 나일 강가 갈대 사이에 두고, 자신의 딸인 미리암으로 하여금 먼 거리에서 지켜보게 했다. 앞 장에서 밝힌 것처럼 히브리 원전에 이 작은 갈대 상자가 노아의 방주와 동일한 '테바'로 기록되어 있다. '테바'의 특징은 크기가 아니라, 자체 동력이 없다는 데 있다고 했다. 요게벳은 믿고 있었다. 하나님을 동력으로 모시는 한, 아기를 넣은 갈대 상자가 아무리 작고 보잘것없어도 반드시 구원의 방주가 될 수 있다는 사실을 말이다.

바로의 딸이 목욕하러 나일 강으로 내려오고 시녀들은 나일 강가를 거닐 때에 그가 갈대 사이의 상자를 보고 시녀를 보내어 가져다가 열고 그 아기를 보니 아기가 우는지라 그가 그를 불쌍히 여겨 이르되 이는 히브리 사람의 아기로다 그의 누이가 바로의 딸에게 이르되 내가 가서 당신을 위하여 히브리 여인 중에서 유모를 불러다가 이 아기에게 젖을 먹이게 하리이까 바로의 딸이 그에게 이르되 가라 하매 그 소녀가 가서 그 아기의 어머니를 불러오니 바로의 딸이 그에게 이르되 이 아기를 데려다가 나를 위하여 젖을 먹이라 내가 그 삯을 주리라 여인이 아기를 데려다가 젖을 먹이더니 그 아기가 자라

매 바로의 딸에게로 데려가니 그가 그의 아들이 되니라 그가 그의 이름을 모세라 하여 이르되 이는 내가 그를 물에서 건져내었음이라 하였더라(출 2:5-10)

요게벳이 아기를 넣은 갈대 상자를 나일 강 갈대 사이에 내려놓은 직후였다. 갑자기 파라오의 딸인 공주가 목욕이 하고 싶어졌다. 화려한 궁궐의 목욕탕이 아니라 나일 강에서 목욕하고픈 마음이 일어난 것이다. 공주는 시녀들을 대동하고 나일 강으로 내려갔다. 공주가 목욕하는 동안 시녀들 가운데 몇 명이 강가를 거닐었다. 시녀들은 마침 아기가 담긴 갈대 상자가 놓인 쪽으로 향했다. 자연히 목욕하던 공주의 시선이 강가를 거니는 시녀들을 향했고, 시녀들의 아래쪽 갈대 사이에 놓여 있는 갈대 상자가 공주의 시선에 들어왔다. 호기심이 발동한 공주는 곁에 있는 시녀에게 갈대 상자를 가져오게 했다. 상자 속에는 자신의 아버지인 파라오가 나일 강에 던져 죽이라고 명령한 히브리 노예의 아기가 담겨 있었다.

그 순간 아기가 울음을 터뜨렸고, 그 가련한 아기에 대해 모성 본능이 동한 공주에게 아기의 누나인 미리암이 다가갔다. 시녀들 중에는 분명히 공주의 경호 담당도 있었을 터이지만, 그날따라 누구도 히브리 노예 소녀가 공주에게 접근하는 것을 제지하지 않았다. 미리암은 공주에게 자신이 아기를 위해 유모를 불러올 수 있다고 제안했고, 공주는 흔쾌히 동의했다. 미리암은 곧 유모를 데려왔다. 아기의 생모이자 자신의 어머니이기도 한 요게벳이었다. 요게벳은 공주의 명령에 따라 자기 집에서 아기에게 젖을 먹이며 키울 수 있게 되었다. 그 전날까지는 목숨을 걸고 숨어서 키웠는데, 그날부터는 공개적으로 아기를 키울 수 있게 된 것이다. 그것도 공주로부터 임금을 받으면서 자기 아들에게 젖을 물릴 수 있게 되었다. 아들이 젖을 뗄 나이가 되자, 요게벳은 자기 아들을 양자로 삼은 공주에게 되돌려 주었다. 공주는 자신이 그 아이를 강에서 건져 내었다는 의미에서 아이의 이름을 '모세ㄱ깡'라 지어 주었다.

이제 다시 곰곰이 생각해 보자. 만약 그때 공주에게 갑자기 목욕하고 싶은 마음이 생기지 않았더라면, 생겼더라도 화려한 왕궁 목욕탕에서 목욕했더라면, 공주가 목욕하는 동안 시녀들 몇 명이 강가를 거닐지 않았더라면, 거닐더라도 아기가 든 갈대 상자가 놓인 곳 반대 방향으로 거닐었다면, 시녀들이 강가를 거닐었더라도 공주가 그 시녀들 쪽으로 시선을 돌리지 않았더라면, 공주의 시선에 갈대 상자가 들어왔더라도 하찮은 갈대 상자에 호기심이 발동하지 않았더라면, 갈대 상자를 열었을 때 아기가 가련하게 울음을 터뜨리지 않았더라면, 아기가 울었더라도 공주가 모성 본능을 전혀 느끼지 못했더라면, 모성 본능을 느꼈더라도 아기의 누나인 미리암이 공주에게 접근하는 것을 시녀들이 제지했더라면, 미리암이 유모를 제안했더라도 공주가 자신의 아버지인 파라오의 명령을 생각하며 거절했더라면, 대체 아기는 어떻게 되었을까? 이 모든 과정 중 단 한 과정만 어긋났더라도 우리가 아는 모세는 존재할 수 없었을 것이다. 그 모든 과정이 한 치의 오차도 없게끔 치밀하게 섭리하신 분은 하나님이셨다. 그러므로 모세를 나일 강에서 건져 올리신 분은 공주가 아니라, 공주를 도구로 사용하신 하나님이셨다. 이처럼 모세의 이야기는 하나님의 은혜로 시작된다. 하나님의 은혜 속에서 모세는 모세로 건져 올려졌다.

실패가 실패일 수 없었던 모세의 실패

> 모세가 장성한 후에 한번은 자기 형제들에게 나가서 그들이 고되게 노동하는 것을 보더니 어떤 애굽 사람이 한 히브리 사람 곧 자기 형제를 치는 것을 본지라 좌우를 살펴 사람이 없음을 보고 그 애굽 사람을 쳐죽여 모래 속에 감추니라 (출 2:11-12)

"모세가 장성한 후"는 사도행전 7장 23절에 의하면 모세의 나이 사십 때였다. 하루는 모세가 "자기 형제들"이 고역에 시달리는 현장으로 갔다. 본문이 언급한 모세의 '자기 형제들'은 이집트인들이 아니라, 히브리 노예들이었다. 이상하지 않은가? 모세는 40년 동안이나 이집트의 왕궁에서 이집트의 왕자로 살아왔다. 그에게 '자기 형제들'이라면 응당 이집트인들이어야 마땅할 터인데, 어찌 이집트의 왕자가 히브리 노예들을 '자기 형제들'이라 여겼을까? 나일 강에서 공주의 양자로 건짐을 받은 모세는 젖을 떼기까지 유모의 품에서 양육되었다. 유모는 모세의 생모인 요게벳이었다. 고대 중근동 지방에서는 아이들이 세 살이 되어서야 젖을 뗐다. 간혹 그보다 더 늦게 젖을 떼는 경우도 있었다. 이 사실을 알고 나면, 사무엘의 어머니인 한나가 자신의 서원대로 사무엘이 젖을 떼는 즉시 사무엘을 하나님의 집에 바친 것이 가능한 일이었음을 알게 된다. 젖을 뗀 사무엘의 나이가 흔히 생각하는 것처럼 한 살 안팎이 아니라, 세 살 혹은 그 이상이었을 것이기 때문이다. 모세 역시 마찬가지였다. 그는 세 살까지 혹은 그 이상의 기간을 생모의 품에서 컸다. 히브리 여인들의 민족 교육과 신앙 교육은 타의 추종을 불허한다. 3년 혹은 그 이상의 기간이라면 비록 이집트 공주의 아들로 입양되긴 했지만, 자신은 이집트인이 아니라 하나님의 선민인 히브리인이라는 정체성이 모세의 뇌리에 각인되기에는 충분한 기간이었다.

그 모세가 40세가 되어 '자기 형제들'이 노예의 고역에 시달리는 현장에 나갔다가, 한 이집트인이 자기 형제를 "치는" 것을 목격하였다. 우리말 '치다'로 번역된 히브리어 '나카ֻנָכָה'는 단순히 뺨 한 대 치는 정도의 가격加擊을 뜻하는 단어가 아니다. '나카'는 '살해하다'라는 의미를 지니고 있다. 모세는 이집트인이 자기 형제인 히브리 노예를 죽도록 가격하거나, 아니면 아예 쳐 죽이는 현장을 목격한 것이다. 히브리 노예를 그렇듯 함부로 다룬 이집트인은 출애굽기 1장 11절이 언급한 이집트인 감독관이었음이 분명하다. 히브리 노예를 자기 형제로 여기던 모세는 도저히 묵과할 수 없었다. 좌우에 아무도 없는 것을 확인한 모세는 그 이집트인 감독관을 쳐 죽이고 시체를 모래 속에 감추어 버렸다. 모세는 겉모양으로만 이집트의 왕자였을 뿐, 속으로는 속속들이 히브리인이었다.

> 이튿날 다시 나가니 두 히브리 사람이 서로 싸우는지라 그 잘못한 사람에게 이르되 네가 어찌하여 동포를 치느냐 하매 그가 이르되 누가 너를 우리를 다스리는 자와 재판관으로 삼았느냐 네가 애굽 사람을 죽인 것처럼 나도 죽이려느냐 모세가 두려워하여 이르되 일이 탄로되었도다(출 2:13-14)

이튿날 다시 밖에 나간 모세는 이번에는 히브리 노예 두 사람이 싸우는 것을 보았다. 모세는 잘못이 있어 보이는 사람을 꾸짖었다. 모세는 비록 이집트 왕자의 복장을 하고 있을망정 히브리인의 심정으로 히브리 노예들의 싸움에 개입한 것이었다. 하지만 꾸지람을 받은 히브리 노예는 모세를 히브리인으로 받아주지 않았다. 그렇다고 이집트 왕자로 예우해 주지도 않았다. 그는 그 전날 모세가 이집트인 감독관을 쳐 죽인 것을 언급하면서 오히려 모세에게 대들었다. 일종의 협박이었다. 실제로 이집트인 감독관을 쳐 죽인 모세로서는 낭패스럽기 짝이 없는 일이었다. 모세는 그 낭패스러운 사건을 통해 중요한 교훈을 얻었다. 그 전날 이집트인 감독관을 쳐 죽이기 전, 모세는 먼저 좌우를 살폈다. 아무도 보는 사람이 없는 것을 확인한 다음에야 모세는 문제의 이집트인 감독관을 죽이고 모래 속에 시체를 감추었다. 그리고 자신의 살인극은 자신만 아는 완전범죄라고 생각했다. 하지만 그게 아니었다. 하루밖에 지나지 않았는데 자신에게 대든 히브리 노예는 이미 그 사실을 알고 있었다. 인간이 아무리 숨기고 덮으려 해도 하나님 앞에서는 무엇이든 반드시 드러나기 마련이라는 것은, 모세가 얻은 소중한 교훈이었다.

바로가 이 일을 듣고 모세를 죽이고자 하여 찾는지라 모세가 바로의 낯을 피하여 미디안 땅에 머물며 하루는 우물 곁에 앉았더라

(출 2:15)

모세가 이집트인 감독관을 살해했다는 소문은 파라오의 귀에도 들어갔고, 파라오는 대노하여 모세를 죽이려 했다. 모세가 아무리 공주의 양자라 해도 노예를 다루는 이집트인 감독관을 살해한 것은 용납할 수 없는 대죄였다. 모세는 어쩔 수 없이 황급히 왕궁을 떠나 미디안 땅으로

피신해야만 했다. 당시 세계 최대의 제국 이집트의 왕자에서 도망자로 전락한 것이다. 한순간의 급전직하였다.

모세는 히브리인으로서 이집트의 왕자였다. 자신의 동족이 이집트의 노예로 고역에 시달릴 때 모세는 왕궁에서 호의호식하며 살았다. 그렇다고 그가 동족은 안중에도 없이 홀로 이집트 왕자의 삶만 즐긴 것은 아니었다. 그는 40년 동안이나 이집트의 왕궁에서 왕자의 신분으로 살았지만 자신이 히브리인이라는 정체성을 잊지 않았고, 히브리 노예에게 몹쓸 짓을 하는 이집트인 감독관을 쳐 죽일 정도로 민족애와 의협심도 있었다. 그 결과로 그에게 돌아간 것은 고달픈 도망자의 삶일 뿐이었다. 그렇다면 왕자의 신분에서 하루아침에 도망자의 신세로 전락한 모세는 영락없는 실패자일 수밖에 없지 않은가? 아니다. 절대로 그렇지 않다. 모세가 비록 이집트 왕궁에서 누리던 모든 부와 권력과 명예는 송두리째 잃었을망정, 하나님께서는 여전히 모세와 함께하고 계셨다. 하나님께서 함께 계시는 한 모세의 실패는 결코 실패일 수 없었다. 이집트 왕궁에서의 실패는 출애굽의 사명자로 살아가기 위해 모세가 반드시 거쳐야 할 은총의 과정이었다. 단지 모세 자신이 아직은 그 놀라운 사실을 모르고 있을 뿐이었다.

하나님의 섭리 속에 있는 모세

모세가 바로의 낯을 피하여 미디안 땅에 머물며 하루는 우물 곁에 앉았더라 미디안 제사장에게 일곱 딸이 있었더니 그들이 와서 물을 길어 구유에 채우고 그들의 아버지의 양 떼에게 먹이려 하는데 목자들이 와서 그들을 쫓는지라 모세가 일어나 그들을 도와 그 양 떼에게 먹이니라 그들이 그들의 아버지 르우엘에게 이를 때에 아버지가 이르되 너희가 오늘은 어찌하여 이같이 속히 돌아오느냐 그들이 이르되 한 애굽 사람이 우리를 목자들의 손에서 건져내고 우리를 위하여 물을 길어 양 떼에게 먹였나이다 아버지가 딸들에게 이르되 그 사람이 어디에 있느냐 너희가 어찌하여 그 사람을 버려두고 왔느냐 그를 청하여 음식을 대접하라 하였더라 모세가 그와 동거하기를 기뻐하매 그가 그의 딸 십보라를 모세에게 주었더니 그가 아들을 낳으매 모세가 그의 이름을 게르솜이라 하여 이르되 내가 타국에서 나그네가 되었음이라 하였더라 (출 2:15하-22)

미디안 땅으로 도망 간 모세는 우물을 발견하고, 그 곁에 앉아 피로에 지친 심신을 달랬다. 부관도 없고, 시종도 없고, 풍성한 식탁도 더 이상 없었지만, 하나님께서 그와 함께하고 계셨다. 하나님께서 모세를 그대로 내팽개쳐 두실 리가 없었다.

마침 그때 미디안의 제사장 르우엘의 일곱 딸들이 아비의 양 떼를 끌고 와 물을 먹이려 했다. 그 순간 불량한 목자들이 나타나 그 여인들을 쫓으며 해코지를 하였다. 아무리 심신이 지쳤어도 의협심 강한 모세가 가만히 있을 리가 없었다. 불량한 목자들은 다수였지만, 단신이었던 모세는 개의치 않고 나섰다. 그가 도리어 불량한 목자들을 쫓아내고 르우엘의 딸들이 양 떼에게 물을 먹일 수 있도록 도와주었다. 르우엘의 딸들은 아무 일도 없었다는 듯 양 떼를 몰고 집으로 돌아갔다. 아버지 르우엘이 심상치 않은 일이 있었음을 직감적으로 알아차렸다. 딸들이 양 떼에게 물을 먹이고 돌아온 시간이 평소보다 훨씬 빨랐기 때문이다. 아버지가 물었고 딸들은, 모세가 불량한 목자들의 손에서 자신들을 건져 주고 양 떼에게 물 먹이는 것도 도와준 덕분이라고 대답했다. 아버지는 그런 고마운 분을 그냥 돌려보내면 어떡하느냐고, 당장 모시고 와서 감사의 음식을 대접하라고 딸들을 꾸짖었다. 딸들이 모세를 찾아 나섰고, 모세는 그때까지 우물 곁에 앉아 있었다. 르우엘의 집으로 가서 뜻밖의 대접을 받은 모세는 르우엘에게, 오갈 데 없는 자신을 식객으로 받아 줄 것을 요청했다. 르우엘은 모세를 식객 정도가 아니라, 자신의 딸 십보라와 결혼시켜 아예 사위로 삼았다. 정처 없는 도망자 신세였던 모세가 일거에 거처와 가정을 모두 얻은 셈이었다.

이 이야기도 다시 곱씹어 보자. 미디안 땅으로 도망 간 모세가 우물 곁에 앉아 쉬지 않았더라면, 그때 르우엘의 딸들이 그 우물로 양떼를 몰고 오지 않았더라면, 그때 불량한 목자들이 르우엘의 딸들에게 해코지를 하지 않았더라면, 그때 먼 길을 도망쳐 오느라 심신이 지친 모세가 불량 목자들의 해코지를 못 본 체했더라면, 평소보다 딸들이 양 떼에게 물을 빨리 먹이고 돌아온 것을 아버지 르우엘이 대수롭지 않게 생각했더라면, 딸들의 설명을 듣고도 르우엘이 모세를 청해 대접하려 하지 않았더라면, 아버지의 꾸중을 들은 딸들이 모세를 찾으러 나갔을 때 모세가 이미 다른 곳으로 떠나 버렸더라면, 식객으로 받아 달라는 모세의 청을 르우엘이 거절하고 한 끼 대접으로 끝나 버렸더라면, 더욱이 르우엘이 모세를 사위로 삼지 않았더라면, 이 모든 과정 가운데 단 한 과정만 어긋났더라도, 하루아침에 정처 없는 도망자 신세로 전락한 모세는 황량한 미디안 광야에서 불귀의 객이 되고 말았을 것이다. 그러나 하나님의 치밀한 섭리는 모세로 하여금 한 치의 오차도 없이 미디안 땅의 정착민이 되게 하셨다.

르우엘의 딸 십보라와 결혼하여 첫 아들을 얻은 모세는, 자신이 타국에서 나그네가 되었다는 의미로 아들의 이름을 '게르솜'이라 하였다. 인생이 나그네임을 깨닫는 것이 왜 중요한가? 출애굽기 18장 3-4절에 의하면 모세는 '게르솜' 다음으로 얻은 둘째 아들의 이름은 '엘리에셀'이라 지었다. '엘리에셀'은 '하나님이 도우심'이란 의미로서, 하나님께서 자신을 도우시사 파라오의 칼에서 구원해 주셨다는 모세 자신의 신앙고백이었다. 대이집트제국의 왕자였던 모세는 하루아침에 도망자로 전락하고서야 인생은 고작 나그네에 지나지 않음을 통감하였고, 정처 없는 나그네의 보호자는 영원하신 하나님뿐이심을 깨달았다. 자신이 보잘것없는 나그네일 뿐임을 자각함으로써 모세는, 자신을 위해 한 치의 오차도 없이 치밀하게 역사하시는 하나님의 섭리를 분명하게 확인하였다.

하나님을 두려워한 모세

모세가 그의 장인 미디안 제사장 이드로의 양 떼를 치더니 그 때를 광야 서쪽으로 인도하여 하나님의 산 호렙에 이르매 여호와의 사자가 떨기나무 가운데로부터 나오는 불꽃 안에서 그에게 나타나시니라 그가 보니 떨기나무에 불이 붙었으나 그 떨기나무가 사라지지 아니하는지라 이에 모세가 이르되 내가 돌이켜 가서 이 큰 광경을 보리라 떨기나무가 어찌하여 타지 아니하는고 하니 그때에 여호와께서 그가 보려고 돌이켜 오는 것을 보신지라 하나님이 떨기나

무 가운데서 그를 불러 이르시되 모세야 모세야 하시매 그가 이르
되 내가 여기 있나이다 하나님이 이르시되 이리로 가까이 오지 말라
네가 선 곳은 거룩한 땅이니 네 발에서 신을 벗으라 또 이르시되 나
는 네 조상의 하나님이니 아브라함의 하나님, 이삭의 하나님, 야곱의
하나님이니라 모세가 하나님 뵈옵기를 두려워하여 얼굴을 가리매
(출 3:1-6)

    모세는 그의 장인이자 미디안의 제사장인 이드로의 양 떼를 치고 있었다. 이드로는 르우엘의 또 다른 이름이다. 르우엘이 모세 장인의 본명이라면, 이드로는 제사장인 르우엘을 공식적으로 높여서 부르는 존호尊號였던 것으로 추정되고 있다. 출애굽기 7장 7절에 의하면 이때 모세의 나이는 80세였다. 40세에 이집트의 왕궁에서 미디안 땅으로 도피하여 이드로의 사위가 되었으니, 모세는 40년째 장인의 양을 치는 늙은 목자였다. 이를테면 팔십 노인이 되기까지 장인에게 얹혀사는 모세는 현실적으로 소망이 끊어진 늙은이에 지나지 않았다.
    그 노인 모세가 하나님의 부르심을 받았다. 모세 자신도 상상치 못한 새로운 소명의 삶이 시작되는 순간이었다. 모세는 기도원에서 기도하거나, 손뼉을 치며 하나님을 찬양하다가 하나님의 부르심을 받은 것이 아니었다. 팔십 노인 모세는 지난 40년 동안 그렇게 해왔던 것처럼, 그날도 시내 산에서 장인의 양 떼를 치고 있었다. 노인 모세 역시 평상의 삶 속에서 하나님의 부르심을 받은 것이었다. 평상의 삶은 이처럼 중요하다. 평상의 삶 속에서 악을 행할 수도 있고, 불륜을 저지를 수도 있고, 하나님의 음성을 들을 수도 있다. 그러므로 평상의 삶이 하나님을 향해 깨어

있는 것이 중요하다. 성경을 아무리 훑어보아도 하나님께서 주신 평상의 삶, 삶의 현장을 도외시하고 뜬구름 잡던 사람이 하나님의 부르심을 받은 경우는 없다.

모세를 부르신 하나님께서 모세에게 "네 발에서 신을 벗으라"고 말씀하셨다. '신을 벗으라'는 '탈화'의 의미에 대해서는 1장 '믿음의 재정립'에서 숙고해 보았다. 여기에서 주목하고자 하는 것은, 하나님의 부르심을 받은 모세의 첫 반응이 하나님을 '두려워했다'는 것이다. 히브리 동사 '야레ירא'는 '경외하다'라는 뜻이다. 거룩하신 하나님께서는 사랑의 하나님이시다. 흉측한 죄인을 살리기 위해 당신의 독생자를 십자가의 제물로 내어놓으실 정도로 사랑의 하나님이시다. 그러나 하나님께서 사랑의 하나님이시라는 것은, 인간이 하나님을 함부로 대하거나 하나님과 맞먹어도 된다는 말은 결코 아니다. 하나님께서는 창조주시요 구원자인 동시에 심판자이시다. 그러므로 하나님께서는 언제나 '경외'의 대상이다. '경외敬畏'는 공경하면서 두려워하는 것이다. 하나님에 대한 두려움이 없는 사람은 하나님을 제대로 믿을 수도, 하나님의 명령에 순종할 수도 없다. 그런 사람은, 마치 두려움 없는 철부지 아이가 할아버지 상투를 쥐고 흔들듯 하나님을 자기 마음대로, 기분 내키는 대로 대할 뿐이다. 모세가 처음으로 하나님을 인격적으로 대면하는 순간 두려움을 느낀 것은 모세만의 경험이었던 것은 아니다. 이사야 선지자 역시 마찬가지였다.

> 그때에 내가 말하되 화로다 나여 망하게 되었도다 나는 입술이 부정한 사람이요 나는 입술이 부정한 백성 중에 거주하면서 만군의 여호와이신 왕을 뵈었음이로다 하였더라(사 6:5)

이사야 선지자도 하나님을 대면하는 순간 두려움에 사로잡혔다. 사람이 거울을 통해 자기 용모의 잘못된 부분을 확인하듯, 거룩하신 하나님을 대면하면 인간은 평소에 인식할 수 없었던 자신의 죄성을 자각하게 된다. 거룩하신 하나님께서는 인간의 실상을 들추어 비춰 주시는 영적 거울이시기 때문이다. 하나님을 인격적으로 만난 사람들이 먼저 두려움에 사로잡히는 까닭이 여기에 있다. 그 두려운 하나님께서 사랑의 하나님이 되어 주시기에, 인간은 그 하나님을 깊이 신뢰하며 경외하지 않을 수 없는 것이다. 따라서 모세나 이사야가 하나님을 대면하는 순간 두려움에 사로잡힌 것은, 그들로 하여금 일평생 하나님과 바른 관계 속에서 살게 하는 거룩한 동기가 되었다. 위대한 사도 바울 역시 하나님을 두려워함으로 일평생 거룩한 사명자로 살아갈 수 있었다. 다음은 그 바울의 권면이다.

> 그런즉 사랑하는 자들아 이 약속을 가진 우리는 하나님을 두려워하는 가운데서 거룩함을 온전히 이루어 육과 영의 온갖 더러운 것에서 자신을 깨끗하게 하자(고후 7:1)

하나님을 두려워하는 사람이 하나님의 약속을 좇아 거룩함을 온전히 이룰 수 있고, 결과적으로 이 혼탁한 세상에서 자신을 영육 간에 정결하게 지킬 수 있다는 말이다. 하나님을 두려워하는 마음 없이는 거룩하고 정결한 삶은 요원하다. 오늘날 한국 교회가 세속화의 늪에 빠져 버린 것은, 한국의 그리스도인들이 앵무새처럼 하나님의 사랑만 되뇔 뿐 하나님을 두려워하는 마음을 상실했기 때문이다. 믿음은 하나님을 경외하는 것이요, 경외하는 것은 두려워하는 것이다. 그리스도인과 교회의 거룩함과 정결함도, 사명자의 삶도, 하나님을 두려워하는 것으로부터 시작한다.

'주어'이신 하나님의 '동사'가 된 모세

두려움에 사로잡힌 모세에게 하나님께서 그를 부르신 까닭을 밝히셨다.

> 여호와께서 이르시되 내가 애굽에 있는 내 백성의 고통을 분명히 보고 그들이 그들의 감독자로 말미암아 부르짖음을 듣고 그 근심을 알고 내가 내려가서 그들을 애굽인의 손에서 건져내고 그들을 그 땅에서 인도하여 아름답고 광대한 땅, 젖과 꿀이 흐르는 땅 곧 가나안 족속, 헷 족속, 아모리 족속, 브리스 족속, 히위 족속, 여부스 족속의 지방에 데려가려 하노라 이제 가라 이스라엘 자손의 부르짖음이 내게 달하고 애굽 사람이 그들을 괴롭히는 학대도 내가 보았으니 이제 내가 너를 바로에게 보내어 너에게 내 백성 이스라엘 자손을 애굽에서 인도하여 내게 하리라 (출 3:7-10)

이 말씀의 주어는 철저하게 '나', 즉 하나님 당신이셨다. '내가 이집트인에게 학대당하는 내 백성의 고통을 보았고, 내가 내 백성의 부르짖음을 들었고, 내가 그들의 근심을 알고, 내가 내려가서 그들을 건져내고, 내가 그들을 가나안 땅으로 인도할 것인즉, 내가 그 일을 위하여 모세 너를 애굽으로 보낸다'는 말씀이셨다. 모세가 다음과 같이 반문했다.

> 모세가 하나님께 아뢰되 내가 누구이기에 바로에게 가며 이스라엘 자손을 애굽에서 인도하여 내리이까 (출 3:11)

하나님 당신을 주어로 말씀하신 하나님 앞에서, 모세가 도리어 자신을 주어로 삼아 "내가 누구이기에" 그런 일을 할 수 있겠느냐고 반문하였다. 그런 일은 있을 수 없다는 의미였다. 모세가 스스로 주어가 되어 하나님께 반문할 때 모세의 실상은 어떠했는가? 그는 40년째 장인에게 얹혀사는 소망 없는 팔십 노인이었다. 한때 대이집트제국의 왕자였다지만, 그건 아득히 먼 옛날이야기일 뿐이었다. 그러나 그 덕분에, 이집트 파라오의 권력과 군사력은 천하무적이라는 사실을 누구보다도 분명하게 알고 있었다. 그 모세가 스스로 주어가 되었을 때, 보잘것없는 팔십 노인 목자에 불과한 자신이 이집트 파라오 손에서 이스라엘 백성을 구해 온다는 것은 천부당만부당한 이야기였던 것이다. 하나님께서 그에게 다시 말씀하셨다.

> 하나님이 이르시되 내가 반드시 너와 함께 있으리라 내가 그 백성을 애굽에서 인도하여 낸 후에 너희가 이 산에서 하나님을 섬기리니 이것이 내가 너를 보낸 증거니라 (출 3:12)

스스로 주어가 되어 하나님께 반문한 모세에게, 하나님께서 다시 주어로 말씀하셨다. '내가 반드시 모세 너와 함께할 것이고, 내가 내 백성을 이집트에서 인도해 낼 것'이라는 말씀이셨다. 하나님께서 모세를 부르시고 이집트에 가서 하나님의 백성을 구원하라고 명령하신 것은, 모세더러 출애굽의 주어가 되라는 의미가 아니었다. 하나님 당신께서 친히 주어가 되실 것이므로, '모세 너는 단지 주어를 따르는 동사가 되라'는 뜻이었다. 모세 스스로 주어가 되려 했을 때, 미디안 광야의 팔십 노인 목자 모세가 이집트 파라오의 손에서 히브리 노예를 구해 내는 것은 가당찮은 일이었다. 그러나 하나님께서 주어가 되시면, 팔십 노인 목자 모세도 얼마든지 그 주어의 동사가 될 수 있었다.

2005년 7월 10일 100주년기념교회 창립에 즈음하여 많은 분들이 축복의 글을 보내 주셨다. 그 가운데 두바이한인교회 신철범 목사님의 글도 있었는데, 신 목사님의 글은 다음과 같은 내용의 기도문으로 끝났다.

100주년기념교회가 주님께서 주어 되시고, 사람은 동사가 되는 교회이게 하소서.

하나님과 교회의 관계를 단 한 문장으로 이보다 더 잘 표현할 수는 없을 것이다. 교회는 주님을 주어로 모시고, 자신은 그 주어와 전적으로 종속관계의 동사가 되는 사람들의 모임이다. 그리스도인은 교회의 주어이신 주님의 동사로 살기 위해 자신의 손과 발을, 자신의 삶을 온전히 주님께 내어 드린 사람이다. 오늘날 크고 작은 교회를 막론하고 교회가 교회답지 않은 것은, 교회의 주어와 동사의 위치가 바뀌었기 때문이다. 동사는 주어에 종속된 동사의 역할에 충실할 때에만 그 의미와 가치가 부여되고 또 극대화된다. 그리스도인이 스스로 주어가 되면 자기 교만에 빠지든가, 반대로 자기 절망에 침몰하고 만다. 그 어느 쪽이든 사명자행전과는 거리가 먼 삶을 살 수밖에 없다. 그러나 주어이신 하나님의 동사로 살면 어떤 상황 속에서도 사명자행전은 엮어지기 마련이다. 사명자행전의 주어가 하나님이시기 때문이다.

하나님의 지팡이를 지닌 모세

> 모세가 그의 장인 이드로에게로 돌아가서 그에게 이르되 내가 애굽에 있는 내 형제들에게로 돌아가서 그들이 아직 살아 있는지 알아보려 하오니 나로 가게 하소서 이드로가 모세에게 평안히 가라 하니라 여호와께서 미디안에서 모세에게 이르시되 애굽으로 돌아가라 네 목숨을 노리던 자가 다 죽었느니라 모세가 그의 아내와 아들들을 나귀에 태우고 애굽으로 돌아가는데 모세가 하나님의 지팡이를 손에 잡았더라(출 4:18-20)

모세는 장인에게 작별을 고하고, 아내와 두 아들을 데리고 이집트로 향하는 길에 올랐다. 본문은 그 순간 "모세가 하나님의 지팡이를 손에 잡았더라"고 증언하고 있다. 그러나 '하나님의 지팡이'라고 해서 하늘에서 떨어진 지팡이었던 것은 아니다. 그 지팡이는 본래 모세의 것이었다. 40년 동안 장인에게 얹혀살면서 장인의 양 떼를 치던 모세에게 개인 재산은 없었다. 모든 것이 다 장인 재산이었다. 단 하나의 예외가 있다면 양 떼를 치기 위해 모세가 나뭇가지를 꺾어 만든 지팡이였다. 그 마른 지팡이 하나가 모세 자신의 유일한 전 재산이었다.

터키 이스탄불의 토프카프 궁전 박물관에는 모세의 지팡이, 다윗이 거인 골리앗의 목을 베었던 칼, 그리고 세례 요한의 뼈와 같은 성경과 관련된 유물들이 전시되어 있다. 이스탄불은 1453년 오스만튀르크에 의해 정복당하기 전까지 기독교가 국교였던 동로마제국의 수도 콘스탄티노플이었다. 당시 콘스탄티노플에 보관되어 있던 기독교 유물들이 콘스탄티노플 함락과 함께 고스란히 오스만튀르크의 수중으로 넘어갔다. 현재 토프카프 궁전에 전시되어 있는 기독교 유물들이 정말 모세와 다윗이 사용한 진품이요 진짜 세례 요한의 뼈라고 단정 지을 수는 없을 것이다. 그러나 그 전시물들은, 그 옛날 모세와 다윗이 사용했던 지팡이와 칼이 실제로 어떤 모양이었을 것인지를 충분히 짐작게 해준다.

토프카프 궁전에서 소위 모세의 지팡이라는 설명판이 붙어 있는 전시물을 관람한 사람들은 대부분 실망한다. 지금은 고인이 된 미국의 영화배우 찰턴 헤스턴은 영화 〈십계〉에서 모세 역을 열연했다. 영화 속에서 찰턴 헤스턴은 거구인 자신의 키만큼이나 길고도 굵은, 신비스러운 형상의 지팡이를 들고 있었다. 찰턴 헤스턴은 바로 그 지팡이로 나일 강을 핏물이 되게 했고, 홍해가 갈라지게 했으며, 반석에서 강이 터지게 했다. 그 지팡이는 그 정도의 신통력을 발휘하고도 남아 보일 정도로 신비스러운 모양이었다. 그러나 토프카프 궁전에 전시되어 있는 소위 모세의 지팡이는 1미터 미만의 가느다란 막대기에 불과하다. 평소 모세의 지팡이를 찰턴 헤스턴의 지팡이처럼 연상하던 사람들에게 토프카프 궁전의 전시물은 지팡이라 부르는 것조차 민망할 정도다. 실제로 중동을 여행해 보면, 영화 속 찰턴 헤스턴처럼 신비스러운 모양의 길고 굵은 지팡이를 들고 있는 목자는 그 어디에도 없다. 중동의 목자들이 양 떼를 치기 위해 들고 있는 것은 예외 없이 토프카프 궁전의 전시물과 같은 1미터 미만의 작은 막대기일 뿐이다.

나는 토프카프 궁전에서 대부분의 그리스도인들이 실망하는 그 볼품없는 막대기를 보고 얼마나 큰 감동을 받았는지 모른다. 만약 그 전시물이 영화 속 찰턴 헤스턴의 지팡이처럼 신비로운 모양의 길고 굵은 지팡이였다면, 모세가 지팡이를 들고 행하였던 모든 이적의 출처가 바로 그 신비로운 지팡이라고 생각하기 쉬울 것이다. 그러나 모세의 지팡이가 작은 막대기에 지나지 않다면, 그 볼품없는 막대기가 모세가 행한 모든 능력의 원천일 수는 없다. 모세가 그 작은 막대기로 홍해를 가르고 반석에서 강을 터뜨렸다면 그 막대기 자체가 신통력을 지닌 요술 방망이어서가 아니라, 그 막대기를 들고 있는 모세가 자신의 주어이신 하나님께 자신을 동사로 맡겨 드렸기 때문이다. 그러므로 모세가 작고 볼품없는 마른 막대기가 아니라 새끼손가락보다 더 작은 이쑤시개를 들고 있었다 해도, 하나님께서는 그 작은 이쑤시개를 통해서도 분명 역사하셨을 것이다.

작고 볼품없는 그 마른 막대기는 실은 모세의 실상이었다. 미디안 광야에서 40년 동안 양을 치던 팔십 노인 모세, 그 나이에 이르기까지 장인에게 얹혀사느라 자기 재산이라고는 아무것도 없던 모세, 그 어떤 소망도 없이 더 이상 미래를 꿈꿀 수조차 없던 팔십 노인 모세의 인생이야말로 아무 짝에도 쓸모없는 마른 막대기와도 같았다. 마른 막대기는 이미 생명을 상실한, 죽은 막대기다. 움이 틀 수도 없고 결실할 수는 더더욱 없다. 모세의 실상이 영락없이 그와 같았다. 하나님께서는 모세가 대이집트제국의 왕자였을 때, 그의 체력과 지적 능력이 가장 왕성할 때 그를 부르시지 않았다. 세상적으로는 그 어떤 가능성도 없어 보일 때, 그의 인생이 이미 죽어 버린 마른 막대기와 같을 때 그를 부르셨다. 그와 동시에 마른 막대기와 같았던 모세는 하나님의 사람이 되었고, 그의 유일한 전 재산인 마른 막대기는 하나님의 막대기가 되었다. 모세가 자신을 부르신 하나님을 자기 인생의 주어로 모시고, 자신은 그 하나님의 동사가 되었기 때문이다. 그 순간부터 팔십 노인 모세의 인생이 마른 막대기와 같다는 것, 그가 지닌 유일한 전 재산이 마른 막대기 하나뿐이라는 것은 아무 문제도 되지 않았다. 모세와 모세의 것을 당신의 동사로 사용하는 주어이신 하나님께서 전능하신 창조주이신 까닭이었다. 그래서 마른 막대기 같은 모세가 마른 막대기를 내밀자 나일 강이 핏물이 되고 홍해가 갈라졌다. 그 마른 막대기는 더 이상 모세의 막대기가 아니라 하나님의 막대기였다.

그대의 인생이 이미 죽어 버린, 아무 짝에도 쓸모없는 마른 막대기 같아도 무방하다. 그대가 지닌 것이 마른 막대기 하나, 혹은 마른 빵 다섯 조각과 생선 두 토막이어도 상관없다. 그대가 하나님을 그대 인생의 주어로 삼고 하나님의 동사로 살아가는 사명자가 되기만 하면 그대는 하나님의 사람이 될 것이요, 그대가 쥐고 있는 마른 막대기는 출애굽의 새 역사를 위해 세속의 홍해를 가르는 하나님의 지팡이가 될 것이며, 그대 주머니 속의 마른 빵 다섯 조각과 생선 두 토막은 욕망의 바다 속에서 죽어가는 수많은 군중을 살리는 하나님의 오병이어가 될 것이다.

삶의 가치는 소유가 아니라 의미에 있고, 참된 의미는 삶의 주어를 하나님으로 모실 때에만 주어진다.

말씀의 산에 오른 모세

하나님의 동사가 되어 이집트로 되돌아간 모세는, 절대 권력자 파라오와 맞서 400년 동안 노예살이로 고통당하던 하나님의 백성을 해방시켰다. 이집트 왕자의 신분에서 하루아침에 미디안 광야의 양치기로 전락했던 모세가, 그로부터 40년이 지난 팔십 세 노인의 나이에 민족의 영웅으로 부상한 것이다. 모세가 하고자 한다면 무엇이든 할 수 있는 분위기와 여건이었다. 그러나 모세는 동사의 자리를 이탈하지 않았다.

> 여호와께서 그들 앞에서 가시며 낮에는 구름 기둥으로 그들의 길을 인도하시고 밤에는 불 기둥을 그들에게 비추사 낮이나 밤이나 진행하게 하시니 낮에는 구름 기둥, 밤에는 불 기둥이 백성 앞에서 떠나지 아니하니라(출 13:21-22)

모세의 주어이신 하나님께서 낮에는 구름 기둥, 밤에는 불 기둥으로 당신의 동사인 모세와 이스라엘 백성을 친히 인도하고 지켜 주셨다. 그러나 하나님의 인도하심이 항상 일정한 것은 아니었다.

> 혹시 구름이 저녁부터 아침까지 있다가 아침에 그 구름이 떠오를 때에는 그들이 행진하였고 구름이 밤낮 있다가 떠오르면 곧 행진하였으며 이틀이든지 한 달이든지 일 년이든지 구름이 성막 위에 머물러 있을 동안에는 이스라엘 자손이 진영에 머물고 행진하지 아니하다가 떠오르면 행진하였으니 곧 그들이 여호와의 명령을 따라 진을 치며

여호와의 명령을 따라 행진하고 또 모세를 통하여 이르신 여호와의 명령을 따라 여호와의 직임을 지켰더라(민 9:21-23)

모세는 구름 기둥이 멈추면 이스라엘 백성의 행진을 멈추게 했다. 당시 이스라엘 백성은 멈추는 곳에서 장막을 쳐서 숙소로 삼았고, 출발할 때면 다시 장막을 거두어야 했다. 매번 장막을 치고 거두는 것은 성가신 일이었다. 구름 기둥이 저녁에 멈추었다가 다음 날 아침에 움직이면, 모세는 이스라엘 백성과 함께 전날 밤에 애써 쳤던 장막을 거두어 구름 기둥을 따라 행진하였다. 구름 기둥이 하루 후에 움직이면 하루 후에 장막을 거두어 행진하였고, 이틀이든지 한 달이든지 혹은 일 년이든지 구름 기둥이 움직이지 않으면 이스라엘 백성을 그대로 머물러 있게 했다. 겨우 어젯밤에 힘들여 친 장막을 무슨 까닭에 아침부터 거두어 떠나라시는 겁니까? 왜 한 달 동안 이곳에서 머물라시는 것입니까? 대체 일 년 동안 이곳에서 뭘 하라시는 말입니까? 모세는 단 한 번도 이런 식으로 하나님께 이의를 제기하지 않았다. 주어는 하나님이시요, 자신은 주어에 종속된 동사임을 늘 잊지 않았다. 모세는 자신을 인생의 동력으로 삼지 않고, 나아가야 할 방향이나 행진 속도를 철저하게 하나님께 맡긴 '테바'였다. 갈대로 엮어진 '테바'에서 구원받은 모세 자신이 '테바'가 되어 있었다.

그러나 이것은 모세가 아무 생각도 없는, 컴퓨터의 커서처럼 기계적인 인간이 되었다는 의미가 결코 아니다. 출애굽한 모세가 이스라엘 백성과 함께 시내 광야에 진을 쳤을 때였다.

여호와께서 모세에게 이르시되 너는 산에 올라 내게로 와서 거기 있으라 네가 그들을 가르치도록 내가 율법과 계명을 친히 기록한 돌판을 네게 주리라 모세가 그의 부하 여호수아와 함께 일어나 모세가 하나님의 산으로 올라가며 장로들에게 이르되 너희는 여기서 우리가 너희에게로 돌아오기까지 기다리라 아론과 훌이 너희와 함께하리니 무릇 일이 있는 자는 그들에게로 나아갈지니라 하고 모세가 산에 오르매 구름이 산을 가리며 여호와의 영광이 시내 산 위에 머무르고 구름이 엿새 동안 산을 가리더니 일곱째 날에 여호와께서 구름 가운데서 모세를 부르시니라 산 위의 여호와의 영광이 이스라엘 자손의 눈에 맹렬한 불같이 보였고 모세는 구름 속으로 들어가서 산 위에 올랐으며 모세가 사십 일 사십 야를 산에 있으니라(출 24:12-18)

하나님께서 모세를 시내 산으로 부르셨다. 당신의 말씀을 주시기 위함이었다. 하나님께서는 모든 이스라엘 백성을 한자리에 모아 놓고 당신의 말씀을 공개적으로 주시지 않았다. 특별히 모세만 부르셨다. 모세는 자신의 수종자隨從者인 여호수아를 대동하고 산으로 올라갔다. 사람들은 산으로 올라가는 모세의 뒷모습만 바라볼 뿐, 누구도 모세와 동행할 수 없었다. 모세의 수종자인 여호수아조차도 모세를 따라 산 정상에 오를 수는 없었다. 시내 산 정상에 오를 수 있는 사람은 오직 모세뿐이었다. 모세가 산 정상에 이르자 구름이 산을 가렸다. 사람들이 더 이상 모세의 모습을 볼 수도 없었다. 모세가 그 누구보다도 더 높은 말씀의 산으로 오르고, 더 깊은 말씀의 샘으로 들어간 것이다. 하지만 하나님의 명령에 순종하여 산 정상에 오른 모세는 하나님으로부터 그 어떤 말씀도 들을 수 없었다. 하루가 지나고 이틀이 지나도 상황은 조금도 변하지 않았다. 그러나 모세는 사나흘 기다리다 포기하고 산 아래로 내려가지 않았다. 모세는 계속 하나님의 말씀을 기다렸다. 그리고 7일째가 되어서야 비로소 모세는 자신을 부르시는 하나님의 음성을 들었다. 노아가 방주에 들어간 뒤 이렛날이 되어서야 홍수가 터진 것과 같았다. 그러나 그것이 전부였다. 7일 만에 모세를 부르셨던 하나님께서는 재차 침묵하셨고, 모세 역시 또다시 기다려야만 했다. 그 날수를 모두 합쳐 총 40일 동안의 기다림이었다.

화강암으로 이루어져 있는 해발 2,285미터의 시내 산에는 물 한 방울, 풀 한 포기 없다. 이를테면 죽음의 산이다. 그 산 정상에서 모세는 먹지도 마시지도 못한 채 40일 밤낮을 기다렸다. 금은보화가 떨어지기를 기다렸던가? 아니다. 하나님의 말씀을 기다렸다. 40일을 굶으면서 죽으면 죽으리라, 작심하고 하나님의 말씀을 기다린 것이다. 그 모세에게 마침내 하나님의 말씀이 임하셨다. 성막과 성소를 어떻게 만들고, 성소 속에는 무엇을 어떻게 만들어 놓으며, 제단의 모양은 어떠하며, 그곳에서 번제를 어떻게 드릴 것인지 등을 일러 주시는 말씀이었다. 성막은, 하나님께서 당신의 백성과 언제 어디서나 함께하고 계심을 보여 주시는 성소였다. 하나님께서는 그 중요한 성소와 관련된 당신의 말씀을 모세를 통해 당신의 백성에게 전해지게 하셨다. 그뿐 아니었다.

여호와께서 시내 산 위에서 모세에게 이르시기를 마치신 때에 증거판 둘을 모세에게 주시니 이는 돌판이요 하나님이 친히 쓰신 것이더라

(출 31:18)

시내 산 정상에서 말씀을 마치신 하나님께서 모세에게 두 개의 돌판을 주셨다. 하나님을 믿는 사람들이 어떻게 살아야 할 것인지를 집약한 윤리 장전—십계명이 기록된 돌판이었다. 그 십계명의 내용은 하나님께서 "친히 쓰신 것"이었다. 성경 기자들은 하나님의 말씀을 말씀으로 들었다. 그들이 들은 말씀을 문자로 기록한 것이 우리가 지닌 성경이다. 모세 역시 하나님의 말씀을 말씀으로 들었다. 하지만 십계명의 두 돌판만은 모세가 하나님으로부터 문자로 받았다. 인류 역사 이래 하나님의 말씀을 하나님께서 친히 쓰신 문자로 받은 사람은 모세가 유일했다. 모세는 그 정도로 높고도 높은 말씀의 경지에 오른 사람이었다.

하나님의 동사로 살겠다면서도 하나님의 말씀 속에 있지는 않는다면, 그 사람은 결국 스스로 동사인 동시에 주어로 살아가는 사람이다. 하나님의 말씀을 도외시하고서는 하나님의 동사로 살 도리가 있을 수 없다. 하나님을 주어로 모시는 것은 하나님의 말씀의 경지로 뛰어드는 것이다. 하나님께서 곧 로고스, 말씀이시기 때문이다. 그러므로 말씀의 경지에 뛰어든 사람만, 그 말씀의 바른 동사로 살 수 있음은 두말할 나위도 없다. 하나님의 동사였던 모세가 모세오경의 대업을 이룬 것은 결코 우연이 아니었다. 그것은 주어이신 하나님의 높고도 높은 말씀의 경지에 올랐던 모세에게는 필연이었다.

주님과 함께 가나안의 영광을 입은 모세

모세가 모압 평지에서 느보 산에 올라가 여리고 맞은편 비스가 산 꼭대기에 이르매 여호와께서 길르앗 온 땅을 단까지 보이시고 또 온

납달리와 에브라임과 므낫세의 땅과 서해까지의 유다 온 땅과 네겝과 종려나무의 성읍 여리고 골짜기 평지를 소알까지 보이시고 여호와께서 그에게 이르시되 이는 내가 아브라함과 이삭과 야곱에게 맹세하여 그의 후손에게 주리라 한 땅이라 내가 네 눈으로 보게 하였거니와 너는 그리로 건너가지 못하리라 하시매 이에 여호와의 종 모세가 여호와의 말씀대로 모압 땅에서 죽어 벳브올 맞은편 모압 땅에 있는 골짜기에 장사되었고 오늘까지 그의 묻힌 곳을 아는 자가 없느니라 모세가 죽을 때 나이 백이십 세였으나 그의 눈이 흐리지 아니하였고 기력이 쇠하지 아니하였더라(신 34:1-7)

40년에 걸친 광야생활을 마치고 마침내 모세는 이스라엘 백성과 함께 요단 강 동쪽 모압 평지에 이르렀다. 이제 요단 강만 건너면 가나안 땅이었다. 가나안 땅은 하나님께서 조상 아브라함에게 그의 후손에게 주리라 맹세하신 약속의 땅이었고, 출애굽한 이스라엘 백성의 최종 목적지였다. 이를테면 지난 40년 동안 이스라엘 백성이 입성할 날을 손꼽아 기다리던 대망의 땅이었다. 하지만 하나님께서는 느보 산 비스가 봉우리로 모세를 부르셔서 요단 강 건너편의 가나안 땅을 바라보게만 하셨을 뿐, 모세가 그 땅에 들어가는 것은 허락하지 않으셨다. 안타깝게도 모세는 약속의 땅을 눈앞에 두고 모압 땅에서 죽어 그곳에 장사되었다. 그때 모세의 나이 120세였다. 모세가 이스라엘 백성을 이집트의 노예살이에서 해방시켜 나올 때부터 그의 목적지는 가나안 땅이었다. 그 목적지는 중도에서 단 한 번도 변경된 적이 없었다. 모세가 가나안 땅을 눈앞에 두고 갑자기 중병에 걸려 모압 땅에서 죽은 것도 아니다. 그는 120세의 나이로 죽을 때까지 '그의 눈이 흐리지 아니하였고 기력이 쇠하지 아니하였다'. 그런데도 하나님께서는 왜 이스라엘 백성의 최고 지도자였던 모세를 가나안 입성에서 제외시키셨는가?

출애굽한 이스라엘 백성이 신 광야 가데스에 이르렀을 때의 일이다. 하나님의 권능으로 이집트의 노예살이에서 해방된 이스라엘 백성은 홍해가 갈라지고, 반석에서 강이 터지고, 하늘에서 생명의 양식인 만나가 매일 비같이 쏟아지는 것을 확인하고 경험하였다. 하지만 자신들이 원하는 것이 당장 눈앞에 보이지 않으면, 그들은 이내 하나님과 모세를 원망하며 이집트로 되돌아가려 했다. 그들은 죽음과도 같은 노예살이의 고통을 까맣게 망각한 채, 마치 이집트가 이상향이었던 것처럼 착각하는 한심한 인간들이었다. 신 광야의 가데스에서도 그랬다. 그곳에 도착하고 보니 마실 물이 없었다. 그렇다면 이스라엘 백성은 지금까지 자신들을 책임져 주신 하나님께서 그곳에서도 마실 물을 주실 것을 믿어야 했다. 하지만 그들은 자신들을 그곳으로 인도한 모세를 비난하며 또다시 이집트를 그리워하였다. 하나님께서 모세에게 말씀하셨다.

> 지팡이를 가지고 네 형 아론과 함께 회중을 모으고 그들의 목전에서 너희는 반석에게 명령하여 물을 내라 하라 네가 그 반석이 물을 내게 하여 회중과 그들의 짐승에게 마시게 할지니라(민 20:8)

물이 없는 르비딤에서는 하나님께서 모세로 하여금 지팡이로 반석을 치게 하심으로 반석에서 물이 터지게 하셨다(출 17:6). 하지만 이번에는 그렇게 하시지 않았다. 하나님께서는 모세에게 반석을 향해 "물을 내라"

고 명령하게 하셨다. 모세의 명령과 동시에 반석에서 물이 터지게 하실 계획이었다.

> 모세가 그 명령대로 여호와 앞에서 지팡이를 잡으니라 모세와 아론이 회중을 그 반석 앞에 모으고 모세가 그들에게 이르되 반역한 너희여 들으라 우리가 너희를 위하여 이 반석에서 물을 내랴 하고 모세가 그의 손을 들어 그의 지팡이로 반석을 두 번 치니 물이 많이 솟아나오므로 회중과 그들의 짐승이 마시니라(민 20:9-11)

모세는 하나님의 명령대로 반석을 향해 말로 명령하지 않았다. 그 대신 하나님을 불신하는 이스라엘 백성에 대해 분노한 모세는 "우리가 너희를 위하여 이 반석에서 물을 내랴"고 외치며 지팡이로 반석을 두 번 내리쳤다. 그와 동시에 반석에서 물이 터졌다.

이때는 시기적으로 출애굽한 지 40년째 되는 해였다. 다시 말하면 광야생활이 끝나는 마지막 해였다. 지난 40년 동안 하나님께서는 광야의 이스라엘 백성을 위해 먹을 것과, 마실 것과, 입을 것과, 신을 것을 완벽하게 책임져 주셨다. 하나님께서 그렇게 해주시지 않았더라면 죽음의 땅인 그 불모의 광야에서 이스라엘 백성은 벌써 전멸하고 말았을 것이다. 그렇다면 어떤 상황 속에서든 이스라엘 백성은 하나님을 신뢰해야만 했다. 그러나 40년에 걸친 광야생활이 끝나는 마지막 해에 이르러서도 마실 물이 당장 눈앞에 보이지 않는다고 하나님을 원망하는 이스라엘 백성의 참람한 언행으로 인해 모세는 분노에 사로잡히고 말았다. 모세는 하나님을 믿는 우리(모세 자신과 자신의 형 아론)가 물을 내지 못하겠느냐는 식으로 분노를 터뜨리며 지팡이로 반석을 두 번 내리쳤다. 나는 모세의 이와 같은 행동을 충분히 이해할 수 있다. 내가 만약 모세였다면 그 상황에서, 그 한심한 이스라엘 백성에게 더욱 격하게 분노를 터뜨렸을 것이다. 그러나 하나님께서는 다르셨다.

> 여호와께서 모세와 아론에게 이르시되 너희가 나를 믿지 아니하고 이스라엘 자손의 목전에 내 거룩함을 나타내지 아니한 고로 너희는 이 회중을 내가 그들에게 준 땅으로 인도하여 들이지 못하리라 하시니라(민 20:12)

하나님께서는 그 일로 모세와 아론이 가나안 땅에 들어가는 것을 금하셨다. 모세가 '우리가 물을 내랴?' 하고 지팡이로 반석을 두 번 내리침으로써, 이스라엘 백성에게 반석에서 물이 나오게 한 장본인이 모세와 아론인 것처럼 비쳐졌다. 그것은 결과적으로 동사인 모세가 주어이신 거룩하신 하나님을 부정하는 불신 행위가 되고 말았다. 그 한 번의 실수로 모세와 아론은 가나안 입성에서 제외되고 말았다. 모세의 형 아론은 123세의 나이에 에돔 땅 변경의 호르 산에서 수명이 다해 죽었고(민 33:37-39), 같은 해에 모세는 이미 언급한 것처럼 시력과 기력이 쇠하지 않았음에도 가나안 땅을 눈앞에 두고 눈을 감아야만 했다. 하나님께서는 모세에게 그렇듯 엄격하셨다. 모세는 최고 지도자였고, 최고 지도자가 실족하면 많은 사람들이 더불어 넘어질 수 있기 때문이었다.

그러나 아무리 그렇더라도, 모세에 대한 하나님의 이 처사만은 선뜻 납득하기 어렵다. 모세는 시내 산에서 하나님의 부르심을 받은 이후

40년 동안 단 한 번도 한눈을 팔지 않았다. 그는 주어이신 하나님의 동사로 살기 위해 자신의 온몸과 마음을 하나님께 송두리째 바쳤다. 신 광야 가데스에서 모세가 하나님의 명령을 어기고 지팡이로 반석을 두 번 내리친 것은, 그가 교만에 빠져 주어이신 하나님의 자리를 고의로 가로채려 한 것이 결코 아니었다. 40년 동안 죽음의 광야에서 오직 하나님의 은혜로 살아남았으면서도, 여전히 하나님을 불신하는 한심한 이스라엘 백성에 대한 분노로 야기된 우발적인 실수였다. 인간의 중심을 보시는 하나님께서 그 사실을 모르실 리 없었다. 그렇지만 하나님께서는 모세의 그 한 번의 실수조차 용납하지 않으셨다. 출애굽 이후 40년 동안 오직 가나안 입성을 목표로 살아왔던 모세는 자신도 가나안에 들어가게 해달라고 하나님께 간청드렸지만, 하나님께서는 그마저 매몰차게 거절하셨다(신 3:25-26). 그러고서야 과연 하나님께서 사랑의 하나님이실 수 있는가? 신명기 34장 10절은, 모세 이후에는 모세와 같은 선지자가 나오지 않았다고 증언한다. 모세는 그 정도로 타의 추종을 불허하는 하나님의 동사였다. 그 모세마저 단 한 번의 실수로 가나안 입성에서 제외되었다면, 우리같이 실수투성이의 범인凡人들은 무서워서 언감생심 어찌 하나님을 좇는 사명자로 살아갈 수 있겠는가?

　주어이신 하나님의 영광을 가린 모세를 징계하신 것은 하나님의 공의였다. 하나님께서는 최고 지도자인 모세를 징계하심으로써 주어이신 하나님의 명령에는 전심으로 순종해야 한다는 당신의 공의를 보여 주셨다. 그러나 하나님의 공의의 또 다른 이름은 하나님의 사랑이다. 도대체 가나안을 눈앞에 두고 숨을 거두어야만 했던 모세의 최후에서 무서운 하나님의 공의 이외에, 무슨 하나님의 사랑을 찾을 수 있다는 말인가?

그로부터 1400년이 지나 예수님께서 이 땅에 오셨을 때의 일이다. 지상에서 공생애를 마감하실 즈음, 예수님께서 베드로와 야고보 그리고 요한을 데리고 산에 오르셨다. 그 산은 갈릴리 바다에서 서쪽으로 18킬로미터 떨어진 지점에 위치해 있는 해발 588미터의 타보르 산이었던 것으로 알려지고 있다. 사람들은 타보르 산을 변화산이라고도 부른다. 그 산에서 예수님의 얼굴이 해같이 빛나고 옷이 빛처럼 희어지는 변형이 일어났기 때문이다. 더 놀라운 일은 그다음에 일어났다.

> 그때에 모세와 엘리야가 예수와 더불어 말하는 것이 그들에게 보이거늘 베드로가 예수께 여쭈어 이르되 주여 우리가 여기 있는 것이 좋사오니 만일 주께서 원하시면 내가 여기서 초막 셋을 짓되 하나는 주님을 위하여, 하나는 모세를 위하여, 하나는 엘리야를 위하여 하리이다(마 17:3-4)

그 산 위에서 예수님께서는 하늘에서 내려온 모세 그리고 엘리야와 말씀을 나누셨다. 그때는 사진이 없던 시절이었다. 모세나 엘리야의 초상화가 있었을 리도 없었고, 행여 있었다 하더라도 갈릴리의 무식한 어부들이 보았을 리도 만무했다. 그러나 베드로와 야고보 그리고 요한은 모세와 엘리야를 보는 순간 그들이 모세와 엘리야임을 즉각 알아보았다. 그날 변화산 산정에서 일어난 사건은 그렇듯 시간과 공간을 초월한 신비로운 영적 경험이었다. 그 광경이 얼마나 황홀했던지, 베드로는 그 산에 초막을 짓고 거기에서 신선놀음하기를 원했을 정도였다.

중요한 사실은, 예수님께서 모세 그리고 엘리야와 더불어 말씀을 나누신 타보르 산이 바로 가나안 땅에 속해 있다는 것이다. 살아생전 단 한 번의 실수로 모세는 가나안 땅을 눈앞에 두고서도 들어갈 수는 없었다. 그러나 그의 사후 1400년이 지나 그의 영이 가나안에 강림했다. 그것도 성자 하나님이신 예수님을 모시고서였다. 엘리야는 에녹처럼 육신을 가진 채로 승천했던 반면, 모세는 그의 육신은 모압 땅에 장사되고 그의 영만 하나님의 품에 안겼다. 모세는 이 땅에서 죽었던 인간 가운데 그의 영이 가나안 땅에 강림하여 성자 하나님을 모셨던 유일한 인간이었다. 살아생전 가나안에 입성할 수 없었던 모세는 죽은 뒤에 그토록 영화롭게 가나안에 임하였다. 그것은 모세를 위한 최고이자 영원한 상급이었다. 《인간의 일생》에서 '죽음은 퇴장인 동시에 등장'이라고 정의한 바 있다. 주어이신 하나님의 영광을 가렸던 모세는 하나님의 공의에 따라 가나안을 목전에 두고 퇴장하였다. 하지만 그는 하나님의 사랑 안에서 시간과 공간을 초월하여 성자 하나님과 함께 황홀하게 가나안에 등장하였다. 모세 안에서 하나님의 공의와 하나님의 사랑이 이 세상의 그 어떤 예술 작품보다 더 아름답게 교직交織된 것이다. 그리고 사명자 모세는 영원히 찢어지지 않는 영원한 신앙의 위인이 되었다. 나일 강에 버려진 모세를 건져 올려 주셨던 하나님께서, 당신의 동사인 모세를 영원 속에서 영원히 높여 주신 것이다.

    그 하나님께서 그대와 나의 하나님이시고, 지금도 그대와 나를 건지시며, 또 높이시고 계신다.

9 사명자 예수님

요한복음 2장 19절
예수께서 대답하여 이르시되 너희가 이 성전을 헐라 내가 사흘 동안에 일으키리라 이제 모든 사명자의 영원한 본이신 예수님의 삶을 마태복음을 중심으로 묵상해 보기로 하자.

예수님의 자기 버림

> 이때에 예수께서 갈릴리로부터 요단 강에 이르러 요한에게 세례를 받으려 하시니 요한이 말려 이르되 내가 당신에게서 세례를 받아야 할 터인데 당신이 내게로 오시나이까 예수께서 대답하여 이르시되 이제 허락하라 우리가 이와 같이 하여 모든 의를 이루는 것이 합당하니라 하시니 이에 요한이 허락하는지라(마 3:13-15)

요단 강에서 세례를 베푸는 요한에게 예수님께서 다가가셨다. 세례를 받기 위함이셨다. 이 요한은 사람들이 예수님의 제자였던 요한과 구별하기 위해 세례 요한, 혹은 세례자 요한으로 부르는 요한이다. 예수님을 본 세례자 요한은 깜짝 놀랐다. 그리고 급히, 내가 당신에게 세례를 받아야 마땅할 텐데 어찌 당신이 내게 세례를 받으려 하시느냐고 반문했다. 세례자 요한은 예수님을 보고 왜 그렇듯 놀랐으며, 또 왜 그렇게 반문했는가? 요한의 반문에 대해 예수님께서 "이제 허락하라. 우리가 이와 같이 하여 모든 의를 이루는 것이 합당하니라"고 대답하셨다. 예수님의 그 말씀에 세례자 요한은 예수님께 세례를 베풀었다. 예수님께서 말씀하신 '이와 같이 하여'란 구체적으로 무엇을 어떻게 한다는 것인가? 또 예수님께서 이루기 원하셨던 '모든 의'는 구체적으로 무엇이었던가? 이 질문들에 대한 해답은 다음 증언에서 찾을 수 있다.

> 예수께서 세례를 받으시고 곧 물에서 올라오실새 하늘이 열리고 하나님의 성령이 비둘기같이 내려 자기 위에 임하심을 보시더니 하늘로부터 소리가 있어 말씀하시되 이는 내 사랑하는 아들이요 내 기뻐하는 자라 하시니라 (마 3:16-17)

세례를 받으신 예수님께서 요단 강에서 물으로 올라오시자 하늘로부터 성령 하나님께서 예수님 위로 임하셨다. 그와 동시에 예수님을 가리켜 "이는 내 사랑하는 아들"이라는 성부 하나님의 음성이 울려 퍼졌다. 예수님께서 이 땅에 오신 성자 하나님이셨던 것이다.

예수님을 만난 세례자 요한이 깜짝 놀라면서 왜, 당신에게 세례를 받아야 할 내게 당신이 세례를 받으려 하시느냐고 반문했는가? 요한복음 1장 29-34절에 의하면, 세례자 요한은 예수님을 뵙는 순간 성령님의 감동 속에서 예수님이 성자 하나님이심을 알아보았다. 더러운 죄인에 지나지 않는 요한 자신이 성자 하나님께 세례를 베푼다는 것은 상상도 할 수 없는 일이었다. 세례는 죄인인 인간을 위한 예식일 뿐, 거룩하신 하나님께는 불필요한 예식이었다. 세례자 요한은 깜짝 놀라면서, 성자 하나님께서 왜 이러시느냐고 반문하지 않을 수 없었다. 예수님께서 이루기 원하셨던 '모든 의'는, 죄로 말미암아 죽어 마땅한 인간들을 예수님의 십자가 죽음을 통해 구원하시려는 하나님의 의로우신 뜻이었다. 예수님께서 그 '모든 의'를 이루시기 위해 '이와 같이 하여'야 한다는 것은, 성자 하나님께서 죄인이 받는 세례를 받기 위해 죄인 앞에 친히 무릎을 꿇으시는 것이었다. 이 땅에 오신 예수님께서는 죄인을 구원하시려는 그리스도의 공생애를, 죄인인 인간 앞에 무릎을 꿇으시는 것으로부터 시작하셨다. 그래서 예수님의 무릎 꿇으심은 단순한 무릎 꿇음이 아니었다.

> 너희 안에 이 마음을 품으라 곧 그리스도 예수의 마음이니 그는 근본 하나님의 본체시나 하나님과 동등됨을 취할 것으로 여기지 아니하시고 오히려 자기를 비워 종의 형체를 가지사 사람들과 같이 되셨고 사람의 모양으로 나타나사 자기를 낮추시고 죽기까지 복종하셨으니 곧 십자가에 죽으심이라 (빌 2:5-8)

예수님께서는 죄인이 받는 세례를 받으시기 위해 죄인 앞에 무릎 꿇으신 분이셨기에, 죄인을 살리시기 위해 십자가의 제물로 당신 자신을 송두리째 내어 놓으실 수도 있었다. 성자 하나님이신 예수님께서는 죄인이 아니시면서도 죄인들과 더불어 죄인처럼 사셨고, 죄가 없으시면서도 죄인이 되어 십자가에 못박혀 돌아가심으로써, 모든 죄인을 당신의 죽음을 통해 구원하시려는 하나님의 의를 이루셨다. 예수님의 자기 버림이 없으셨던들 결코 가능할 수 없었던 일이었다. 예수님께서는 성부 하나님께서 부여하신 사명을 완수하기 위해 성자 하나님의 모든 것, 심지어는 자존심마저 버리는 것으로부터 시작하셨다.

하나님의 사명자로 살아가는 것은 자기 버림으로부터 시작된다. 자기를 버리지 않고는 자기 자신을 위한 사명자가 되기 마련이다. 오늘날 한국 기독교가 타락할 대로 타락한 것은 자기 버림을 실천하는 사명자보다는, 자신이 욕망하는 것들을 더 많이 얻으려는 직업 종교인들이 득세하고 있기 때문이다.

악의 본질을 파헤쳐 주신 예수님

> 그때에 예수께서 성령에게 이끌리어 마귀에게 시험을 받으러 광야로 가사(마 4:1)

세례 요한에게 세례를 받으신 예수님께서는 성령 하나님의 인도하심 속에서 광야로 가셨다. 사탄의 시험을 받으시기 위함이었다. 사탄은 살아 있는 악의 원천이고, 시험은 답을 파악하기 위한 과정이다. 그러므로 예수님께서 광야에서 사탄의 시험을 받으시고 물리치신 것은, 만인을 위해 악의 본질을 파헤쳐 주시기 위함이었다.

사십 일을 밤낮으로 금식하신 후에 주리신지라 시험하는 자가 예수께 나아와서 이르되 네가 만일 하나님의 아들이어든 명하여 이 돌들로 떡덩이가 되게 하라 예수께서 대답하여 이르시되 기록되었으되 사람이 떡으로만 살 것이 아니요 하나님의 입으로부터 나오는 모든 말씀으로 살 것이라 하였느니라 하시니 (마 4:2-4)

광야에서 예수님께서는 40일 동안 밤낮으로 금식하셨다. 굶주림의 고통은 경험해 보지 않은 사람은 상상치도 못한다. 오랫동안 굶주린 사람은 동물의 배설물에 섞여 나온 곡식 알갱이마저도 먹는다는데, 그것은 굶주림이 그 정도로 견디기 어려운 고통이기 때문이다. 무려 40일 동안 빵 한 조각 물 한 모금 먹지도 마시지도 못한 예수님의 고통은 얼마나 컸겠는가? 그때 사탄이 예수님께 "네가 만일 하나님의 아들이어든 명하여 이 돌들로 떡덩이가 되게 하라"고 유혹했고, 예수님께서는 신명기 8장 3절을 인용하여 "기록되었으되 사람이 떡으로만 살 것이 아니요 하나님의 입으로부터 나오는 모든 말씀으로 살 것이라 하였느니라"고 대답하셨다. 한국인인 우리에게 '떡'은 주식이 아니라 간식이다. 하지만 '떡'으로 번역된 헬라어 '아르토스ἄρτος'는 유대인들의 주식인 '빵', 즉 우리의 '밥'을 의미한다.

예수님께서는, 사람은 하나님의 말씀으로만 살아야 한다고 말씀하시지 않았다. 단지 육체의 밥만을 위해 사는 삶을 배격하시면서, 하나님의 말씀을 좇아 살아야 함을 강조하셨다. 하나님을 믿는 사람도 밥은 먹어야 한다. 그러나 무슨 밥을 먹느냐가 중요하다. 어떤 경우에도 하나님의 말씀을 거스르는 밥을 먹어서는 안 된다. 돌은 돌이어야 하고 밥은 밥이어야 한다. 돌로 밥을 만들려는 것은, 당신의 말씀으로 돌을 창조하신 하나님의 말씀을 거역하는 불신 행위다. 하나님께서는 그렇게 하신 적이 없다. 출애굽한 이스라엘 백성이 40년 동안 살았던 시내 광야는 온통 바위와 돌투성이다. 그러나 하나님께서는 하늘에서 만나와 메추라기를 내려 주셨지, 광야의 돌로 빵을 만들어 주신 적이 없었다. 바위가 녹아서 물이 되게 하신 것이 아니라, 바위에서 땅 속의 지하수가 터져 나오게 하셨다. 엘리야가 그릿 시냇가에 피신해 있을 때, 하나님께서는 능력의 선지자인 엘리야에게 시냇가의 돌멩이를 빵으로 만들어 먹으라고 하시지 않았다. 까마귀로 하여금 엘리야에게 빵과 고기를 물어다 주게 하셨다. 예수님께서 벳새다 벌판에 지천으로 깔려 있는 돌멩이로 빵을 만들어 5천 명의 군중을 먹이신 것이 아니다. 한 소년이 갖고 있던 빵 다섯 조각과 물고기 두 토막으로 오병이어의 이적을 베푸셨다.

사탄은 예수님께 굶주린 배를 채우기 위해 하나님의 말씀을 거스른 빵을 먹으라 했고, 예수님께서는 일언지하에 거절하셨다. 하나님의 말씀을 거스르는 것이 바로 악이기 때문이다. 그리스도인은 어떤 경우에도 하나님의 말씀을 거역한 부정직한 밥을 먹어서도, 먹여서도 안 된다. 사명자가 소위 구제와 나눔의 미명하에 하나님의 말씀보다 육체의 밥을 더 중시하면, 반드시 돌멩이로 밥을 만들려는 함정에 빠지고 만다. 그것은 살인강도보다 더 무서운 악이다. 당사자가 악을 저지르면서도, 스스로 선행하고 있다는 착각에 빠져 악을 악으로 자각지도 못하기 때문이다.

이에 마귀가 예수를 거룩한 성으로 데려다가 성전 꼭대기에 세우고 이르되 네가 만일 하나님의 아들이어든 뛰어내리라 기록되었으되 그가 너를 위하여 그의 사자들을 명하시리니 그들이 손으로 너를 받들어 발이 돌에 부딪치지 않게 하리로다 하였느니라 예수께서 이르시되 또 기록되었으되 주 너의 하나님을 시험하지 말라 하였느니라 하시니(마 4:5-7)

사탄은 역시 사탄이었다. 예수님께서 사탄의 첫 번째 유혹을 하나님의 말씀으로 물리치시자, 사탄은 즉각 전략을 바꾸었다. 예수님을 성전 꼭대기에 세우고 하나님의 아들이라면 뛰어내려 보라고 부추기면서, "기록되었으되 그가 너를 위하여 그의 사자들을 명하시리니 그들이 손으로 너를 받들어 발이 돌에 부딪치지 않게 하리로다 하였느니라"고 시편 91편 11-12절을 인용하여 말했다. 예수님께서 언급하셨던 '기록되었으되'라는 표현을 사탄도 동일하게 사용하면서, 하나님의 말씀으로 예수님을 유혹한 것이다. 하나님의 말씀에, 이런 경우 하나님께서 책임져 주신다고 기록되어 있으니 믿고 뛰어내리라는 의미였다. 인간이 자신을 과시하기 위해 아무 장비도 없이 높은 곳에서 무작정 뛰어내려도 하나님께서 책임져 주신다는 말씀이 과연, 사탄이 말한 대로 성경에 기록되어 있는가? 결코 아니다. 사탄이 예수님을 유혹하기 위해 인용했던 시편 91편 11-12절을 직접 확인해 보자.

그가 너를 위하여 그의 천사들을 명령하사 네 모든 길에서 너를 지키게 하심이라 그들이 그들의 손으로 너를 붙들어 발이 돌에 부딪히지 아니하게 하리로다

언뜻 사탄의 말이 맞는 것 같다. 그러나 본문의 의미는 전혀 다르다.

시편 91편은 이렇게 시작된다.

> 지존자의 은밀한 곳에 거주하며 전능자의 그늘 아래에 사는 자여, 나는 여호와를 향하여 말하기를 그는 나의 피난처요 나의 요새요 내가 의뢰하는 하나님이라 하리니 이는 그가 너를 새 사냥꾼의 올무에서와 심한 전염병에서 건지실 것임이로다(시 91:1-3)

시편 91편은, 하나님을 피난처와 요새로 의뢰하는 사람의 인생을 하나님께서 책임져 주심을 찬양하는 시다. 그러므로 하나님께서 "네 모든 길"을 지켜 주신다는 11절 말씀은, 하나님을 좇는 당신의 백성의 삶을 지켜 주신다는 약속이지, 자기 과시를 위해 높은 데서 뛰어내리는 허세를 부려도 보호해 주시겠다는 의미가 절대로 아니다. 그런데도 사탄은 마치 하나님께서 그렇게 말씀하신 것처럼 하나님의 말씀을 교묘하게 왜곡하였다. 이에 대해 예수님께서는 "또 기록되었으되 주 너의 하나님을 시험하지 말라 하였느니라" 하시며, 신명기 6장 16절 말씀으로 사탄의 사악한 도전을 단호하게 물리치셨다. 하나님의 말씀을 자신의 목적을 위해 의도적으로 왜곡하는 것은, 곧 그 말씀의 주어이신 하나님을 시험하는 것이요, 그것은 참람한 악이다. 인간에게 거룩하신 하나님은 시험의 대상이 아니라, 언제나 절대 순종의 대상이다.

사명자가 자신의 목적을 이루기 위해 하나님의 말씀을 수단으로 삼으면, 그 순간부터 그는 하나님을 시험하는 악에서 벗어날 수 없다. 자신의 목적을 위해 자기도 모르게 하나님의 말씀을 아전인수 격으로 왜곡하는 삶을 살아갈 것이기 때문이다.

마귀가 또 그를 데리고 지극히 높은 산으로 가서 천하만국과 그 영광을 보여 이르되 만일 내게 엎드려 경배하면 이 모든 것을 네게 주리라 이에 예수께서 말씀하시되 사탄아 물러가라 기록되었으되 주 너의 하나님께 경배하고 다만 그를 섬기라 하였느니라 이에 마귀는 예수를 떠나고 천사들이 나아와서 수종드니라 (마 4:8-11)

사탄은 마지막으로 자신에게 경배하면 천하만국과 영광을 모두 주겠다고 예수님을 유혹했다. 좀더 잘 먹고, 좀더 잘 입고, 좀더 많이 소유하고, 좀더 편히 살기 위해, 경배의 대상을 하나님에서 세상의 부귀영화로 바꾸라는 유혹이었다. 그것은 부귀영화를 욕망하는 자기 자신을 숭배하라는 의미였다. 인류 역사상 자기라는 우상숭배자들을 양산하다가 몰락한 종교가 얼마나 많은지 모른다. 예수님께서는 "기록되었으되 주 너의 하나님께 경배하고 다만 그를 섬기라 하였느니라" 하시며, 신명기 6장 13절 말씀으로 사탄의 마지막 유혹마저 일언지하에 일축하셨다. 경배의 대상은 오직 천하만물을 창조하신 하나님 한 분뿐이심을 분명하게 천명하신 것이다. 하나님만을 경배하지 않는다면 그 자체가 악이다. 하나님을 떠나서는 영원히 참되고 선한 것이 있을 수 없다.

도시 속에서는 사기, 강간, 강도, 살인 등과 같은 비도덕적이고 비윤리적인 행위가 악으로 간주된다. 그것은 모두 겉으로 드러나 보이는 것이다. 하지만 도시와는 달리 보이는 것이라고는 아무것도 없는 광야는 본질적인 곳이다. 그 광야에서 예수님께서는 사탄과의 대결을 통해, 겉으로 드러나 보이지 않는 악의 본질을 파헤쳐 보여 주셨다. 악의 본질은 도시에서 드러나는 외형적인 악보다 훨씬 근본적이다. 그 악의 본질에 대한 깊은 성찰이 수반되지 않으면, 사명자는 자기도 모르게 하나님 앞에서 본질적인 악을 자행하게 된다. 사명자의 사명감이 투철할수록 하나님께서 부여하신 사명보다는, 오히려 자기 사명에 우선순위를 두기가 더 쉬운 까닭이다.

오병이어를 통한 예수님의 교훈

> 예수께서 들으시고 배를 타고 떠나사 따로 빈 들에 가시니 무리가 듣고 여러 고을로부터 걸어서 따라간지라 예수께서 나오사 큰 무리를 보시고 불쌍히 여기사 그중에 있는 병자를 고쳐 주시니라 저녁이 되매 제자들이 나아와 이르되 이곳은 빈 들이요 때도 이미 저물었으니 무리를 보내어 마을에 들어가 먹을 것을 사먹게 하소서 예수께서 이르시되 갈 것 없다 너희가 먹을 것을 주라 제자들이 이르되 여기 우리에게 있는 것은 떡 다섯 개와 물고기 두 마리뿐이니다 이르시되 그것을 내게 가져오라 하시고 무리를 명하여 잔디 위에 앉히시고 떡 다섯 개와 물고기 두 마리를 가지사 하늘을 우러러 축사하시고 떡을 떼어 제자들에게 주시매 제자들이 무리에게 주니 다 배불리 먹고 남은 조각을 열두 바구니에 차게 거두었으며 먹은 사람은 여자와 어린이 외에 오천 명이나 되었더라 (마 14:13-21)

세례자 요한이 헤로디아의 간계로 헤롯 안티바스에 의해 참수형을 당했다는 소식을 접한 예수님께서는 배를 타고 '빈 들'로 가셨다. 한적한 '빈 들'에 잠시 혼자 계시고 싶으셨기 때문일 것이다. 누가복음 9장 10절은 그 '빈 들'이 벳새다의 들판이었음을 밝혀 주고 있다. 그러나 예수님께서는 벳새다의 '빈 들'에 홀로 계실 수가 없었다. 예수님의 출현 소식을 접한 수많은 사람들이 그곳에 모여들었기 때문이다. '빈 들'이 삽시간에 '꽉 찬 들'이 되었다. 참수형을 당한 세례자 요한을 생각하며 애써 한적한 '빈 들'을 찾으셨던 예수님으로서는 성가시고 짜증나는 상황일 수 있었다. 그러나 예수님께서는 당신께 나아온 무리를 '불쌍히' 여기시고 무리 중의 병자들을 고쳐 주셨다. 예수님께서 그 무리에 대해 책임감을 느끼신 것이었다. 만약 예수님께서 책임감을 느끼지 못하셨다면 그 무리를 '불쌍히' 여기기보다는 귀찮게 여기고 피해 버리셨을 것이다. 예수님의 책임감은 거기에서 그치지 않았다. 예수님께서 병자들을 고치시는 동안 해가 저물었고, 제자들은 무리가 각자 저녁 끼니를 해결할 수 있도록 되돌려 보내자고 예수님께 제안했다. 그때에도 예수님만 그 무리에 대해 책임감을 지니고 계셨다. 예수님께서는 제자들에게 "너희가 먹을 것을 주라"고 명하셨다. 책임감을 지닌 사람만 자신의 것을 나눌 수 있다. 부모가 자식을 위해 자신의 것을 아끼지 않는 것은 자식에 대해 책임감을 지녔기 때문이다. 사명은 책임감으로부터 시작한다. 사명자는 사람에 대해 책임감을 느끼는 사람이다.

예수님으로부터 '너희가 먹을 것을 주라'는 명령을 받은 제자들에게는 먹을 것이 아무것도 없었다. 요한복음 6장 9절에 의하면 그들은 무리 속에서 먹을 것을 찾았고, 보리빵 다섯 조각과 물고기 두 토막을 지니고 있는 소년을 발견했다. 소년이 지닌 것은 자신을 위한 한 끼 분의 양식이었다. 3장에서 언급한 것처럼, '물고기'를 뜻하는 헬라어 원문의 '옵사리온ὀψάριον'은 지소사 형태다. 물고기 토막이란 의미다. 어린 소년의 한 끼

분 양식이고 보면 빵 다섯 조각과 물고기 두 토막이면 충분했을 것이다. 그 소년을 발견한 제자들은 예수님께 "우리에게 있는 것은 떡 다섯 개와 물고기 두 마리뿐"이라고 보고드렸다. 벳새다 들판에 모인 무리는 여자와 아이를 제외하고도 남자 장정만 5천 명이나 되었다. 그 큰 무리 앞에 다섯 조각의 빵과 두 토막의 생선은 조족지혈鳥足之血에도 못 미쳤다. 그래서 그들은 '뿐'이라고 말씀드렸다. 하지만 예수님께서는 "그것을 내게 가져오라"고 명하셨다. 예수님께서는 제자들과 구별된 생각을 지니고 계셨기 때문이다. 예수님께서는 어린 소년의 한 끼 양식에 불과한 다섯 조각의 빵과 두 토막의 생선을 '뿐'이라 단정하시지 않고, 그 적은 양으로도 얼마든지 무리를 먹일 수 있다는 구별된 생각을 지니고 계셨다. 예수님의 그 구별된 생각으로부터 오병이어의 이적이 시작되었다. 그리스도인은 그리스도 안에서 거룩함을 입은 사람이다. 성경이 말하는 거룩은 구별이다. 그러므로 그리스도인은 세상 사람과는 구별된 생각으로 살아야 한다. 세상 사람과 생각이 구별되지 않으면 사명자의 삶은 애당초 불가능하다. 세상과는 구별된 생각으로부터, 세상 사람과 구별된 사명자의 삶이 시작된다.

그곳에 모인 무리는 여자와 아이를 제외하고도 남자 장정만 5천 명이었다고 했다. 남자들이 각각 아내 혹은 아이 한 명씩만 대동했다 하더라도 총 인원은 최소한 1만 명이나 되었다. 그 거대한 군중이 서로 먹을 것을 받겠다며 아귀다툼을 벌인다면 벳새다 들판은 순식간에 아수라장이 될 것이 뻔했다. 보리빵 다섯 조각과 물고기 두 토막을 건네받으신 예수님께서는 무리를 풀밭 위에 앉게 하셨다. 아무렇게나 앉게 하신 것이 아니라 50명씩 그룹으로 앉게 하셨다(눅 9:14). 빵과 물고기를 나누어 주시기 전에 먼저 질서를 확립하신 것이다. 그곳에 모인 사람들이 남자와 여자 그리고 어린이를 합쳐 최소한 1만 명이었다면, 50명씩 앉은 그룹이 무려 200그룹이나 된다. 무리가 그룹 별로 자리를 잡고 앉자 예수님께서 보리빵 다섯 조각과 물고기 두 토막으로 오병이어의 이적을 베푸셔서, 제자들로 하여금 그룹 사이를 다니면서 빵과 물고기를 나누어 주게 하셨다. 일체의 혼잡이나 혼란도 없이, 그 거대한 군중에게 질서 정연하게 빵과 물고기를 나누어 주신 것이다. 그곳에 모인 사람들은 남녀노소를 막론하고 모두 배불리 먹었다. 그러고도 남은 빵 조각이 열두 바구니나 되었다. 이 광경을 연상해 보라. 아무것도 없는 들판에서 어린 소년의 한 끼분 양식으로 최소한 1만 명의 거대한 군중이 배불리 먹었다면, 그보다 더 신비롭고 황홀한 축제가 어디에 있겠는가? 그곳에 모인 사람들이 얼마나 흥분했으면, 그 즉석에서 예수님을 왕으로 옹립하려 했겠는가? (요 6:15) 그 들뜬 분위기 속에서 '남은 조각을 열두 바구니에 차게 거두었음'을 본문이 증언하고 있다. 도대체 누가, 무슨 이유로 남은 빵 조각을 거두게 했는가? 그곳에 모인 사람들이 집으로 가지고 가서 이튿날 먹기 위함이었던가?

그들이 배부른 후에 예수께서 제자들에게 이르시되 남은 조각을 거두고 버리는 것이 없게 하라 하시므로 이에 거두니 보리떡 다섯 개로 먹고 남은 조각이 열두 바구니에 찼더라(요 6:12-13)

남은 빵 조각을 거두게 하신 이는 예수님이셨다. "버리는 것이 없게" 하시기 위함이었다. 다시 말해 정리 정돈을 위함이었다. 만약 그대로 내

버려 둔다면 들뜬 군중은 그냥 집으로 돌아가 버릴 것이 뻔했고, 벳새다 들판은 음식 쓰레기로 몸살을 앓을 것이 뻔했다. 그러나 버리는 것이 없게끔 남은 조각을 거두라는 주님의 명령에 의해, 질서 속에서 시작되었던 오병이어의 이적은 정리 정돈으로 끝날 수 있었다. 하나님께서 우주를 창조하시기 전 이 세상은 카오스chaos, 혼돈과 무질서 상태였다. 그러나 하나님께서 우주를 창조하심으로 이 세상에는 코스모스cosmos, 질서와 정리 정돈이 확립되었다. 믿음은 카오스의 상태에 있던 사람의 삶이 예수 그리스도 안에서 코스모스로 확립되는 것이다. 그러므로 그리스도인이 행하는 일에는 무슨 일이든 항상 질서와 정리 정돈이 수반되어야만 한다.

예수님께서 베푸셨던 많은 이적들 가운데 사복음서 모두에 기재된 이적은 오병이어의 이적이 유일하다. 그것은 예수님께서 그 이적을 통해 단순히 많은 사람들을 먹이셨기 때문이 아니라, 사명자로 살아야 할 그리스도인들을 위한 귀중한 교훈이 그 속에 담겨 있기 때문이다. 사명자의 삶은 인간에 대한 책임감으로부터 시작되고, 책임감은 예수 그리스도 안에서 구별된 생각으로 실행되어야 하며, 그 진행과 결과는 질서와 정리 정돈 속에서 이루어져야 한다는 교훈이다. 그 교훈을 실천하는 사명자가 있는 곳에서는, 주님께서 오늘 이 순간에도 오병이어의 이적을 행하고 계신다.

두 번에 걸친 예수님의 성전 정화

예수께서 성전에 들어가사 성전 안에서 매매하는 모든 사람들을 내쫓으시며 돈 바꾸는 사람들의 상과 비둘기 파는 사람들의 의자를 둘러엎으시고 그들에게 이르시되 기록된바 내 집은 기도하는 집이라 일컬음을 받으리라 하였거늘 너희는 강도의 소굴을 만드는도다 하시니라(마 21:12-13)

당시 예루살렘성전은 더 이상 하나님의 집이 아니었다. 예수님 보시기에 성전은 타락한 제사장들과 그 하수인들에 의해 장악된 강도의 소굴에 지나지 않았다. 격분하신 예수님께서는 장사꾼들을 내쫓으시고, 그들의 좌판과 의자를 둘러엎으셨다. 이른바 예수님의 성전 정화 사건이었다. 이 사건은 예수님께서 십자가에 못박혀 돌아가시기 나흘 전에 있었던 일이다. 이를테면 예수님의 공생애 마지막 순간의 일이었다. 그러나 이와 동일한 내용의 증언을 요한복음 2장에서도 접할 수 있다.

유대인의 유월절이 가까운지라 예수께서 예루살렘으로 올라가셨더니 성전 안에서 소와 양과 비둘기 파는 사람들과 돈 바꾸는 사람들이 앉아 있는 것을 보시고 노끈으로 채찍을 만드사 양이나 소를 다 성전에서 내쫓으시고 돈 바꾸는 사람들의 돈을 쏟으시며 상을 엎으시고 비둘기 파는 사람들에게 이르시되 이것을 여기서 가져가라 내 아버지의 집으로 장사하는 집을 만들지 말라 하시니 제자들이 성경 말씀에 주의 전을 사모하는 열심이 나를 삼키리라 한 것을 기억하더라 (요 2:13-17)

마태복음 21장과 동일한 내용의 성전 정화 사건이다. 그렇다고 해서 요한복음 2장과 마태복음 21장이 모두 동일한 하나의 성전 정화 사건을 다룬 것은 아니다. 요한복음 2장과 마태복음 21장의 내용은 서로 다른 두 번의 성전 정화 사건에 대한 증언이다. 이미 언급한 것처럼 마태복음 21장의 성전 정화가 예수님의 공생애 마지막 순간의 사건이었다면, 요한복음 2장의 성전 정화는 예수님의 공생애 초기에 일어난 사건이었다. 공생애를 시작하신 예수님께서 예루살렘성전을 찾으셨을 때, 거룩해야 할 성전은 제사장들과 결탁한 장사꾼들이 난장판을 벌이고 있었다. 격노하신 예수님께서 그들을 모두 쫓아내시고 성전을 성전답게 정화하셨다. 그로부터 3년이 지나 예수님께서 공생애를 마감하시면서 다시 예루살렘성전을 찾으셨다. 3년 전에 당신이 정화하셨던 성전이, 예전처럼 강도의 소굴로 되돌아가 있었다. 예수님께서 노를 발하시며 또다시 예루살렘성전을 정화하시지 않을 수 없었다. 이처럼 예수님의 공생애는 성전 정화로 시작되었다가, 성전 정화로 마감되었다. 이것은 우리에게 두 가지 교훈을 일깨워 준다. 성전은 오염되기 쉽다는 것이 첫 번째 교훈이요, 두 번째는 그러므로 성전은 날마다 정화되어야 한다는 것이다.

다음은 고린도전서 3장 16-17절 말씀이다.

너희는 너희가 하나님의 성전인 것과 하나님의 성령이 너희 안에 계시는 것을 알지 못하느냐 누구든지 하나님의 성전을 더럽히면 하나님이 그 사람을 멸하시리라 하나님의 성전은 거룩하니 너희도 그러하니라

예수님께서 당신의 보혈로 십자가의 구원을 이루신 오늘날, 성전은 더 이상 건물이 아니다. 예수 그리스도 안에서 구원받은 우리 자신이 성

전이다. 하지만 우리는 여전히 육체를 지닌 연약한 인간이기에, 성전인 우리는 우리 자신도 모르게 이 세상에 오염되기 쉽다. 그러므로 우리는 성전인 우리 자신을 날마다 성령님의 빛 속에서 말씀으로, 기도로 정화해야 한다. 사람은 사랑하되 악과 불의와는 피 흘리기까지 맞서 싸워야 한다(히 12:4). 우리가 악과 불의와 맞서 싸우지 않으면, 우리 자신이 이 세상에서 하나님의 성전으로 의롭게 살아갈 자유와 권리를 스스로 박탈당하고 만다. 사명자의 삶은 자기 정화에서부터 시작해서 자기 정화로 끝나야 한다. 자기 정화 없는 사명자의 삶은, 주님 보시기에는 결국 강도의 소굴에 지나지 않을 것이다.

예수님의 살과 피의 메시지

저물 때에 예수께서 열두 제자와 함께 앉으셨더니 그들이 먹을 때에 이르시되 내가 진실로 너희에게 이르노니 너희 중의 한 사람이 나를 팔리라 하시니 그들이 몹시 근심하여 각각 여짜오되 주여 나는 아니지요 대답하여 이르시되 나와 함께 그릇에 손을 넣는 그가 나를 팔리라 인자는 자기에 대하여 기록된 대로 가거니와 인자를 파는 그 사람에게는 화가 있으리로다 그 사람은 차라리 태어나지 아니하였더라면 제게 좋을 뻔하였느니라 예수를 파는 유다가 대답하여 이르되 랍비여 나는 아니지요 대답하시되 네가 말하였도다 하시니라 그들이 먹을 때에 예수께서 떡을 가지사 축복하시고 떼어 제자들에게 주시며 이르시되 받아서 먹으라 이것은 내 몸이니라 하시고 또 잔을 가지사 감사 기도 하시고 그들에게 주시며 이르시되 너희가

다 이것을 마시라 이것은 죄 사함을 얻게 하려고 많은 사람을 위하여 흘리는 바 나의 피 곧 언약의 피니라(마 26:20-28)

예수님께서 체포당하시기 전 제자들과 마지막 만찬을 가지셨다. 그때 예수님께서는 이미 가룟 유다의 배신을 다 알고 계셨다. 그러나 예수님께서는 만찬 석상에서 가룟 유다를 지목하시지 않고 제자들에게, "너희 중의 한 사람이 나를 팔리라"고 밝히셨다. 그것은 가룟 유다에게 주신 마지막 기회였다. 주님의 그 말씀에 가룟 유다 스스로 자신의 잘못을 뉘우치고 회개하기를 원하셨던 것이다. 그러나 가룟 유다는 그 마지막 기회마저 스스로 차버리고 말았다. 그는 다른 제자들을 흉내 내며, 마치 아무 일도 꾸미지 않았다는 듯 천연덕스럽게 "나는 아니지요?"라고 반문하였다. 그의 양심은 이미 죽은 화석이었다.

예수님께서는 제자들에게 빵을 나누어 주시면서 이것은 "내 몸"이라 하시고, 또 포도주를 돌리시며 이것은 "나의 피 곧 언약의 피"라 하셨다. 죄인의 죗값을 대신 치르시기 위해 십자가에서 찢어지고 흘리실 당신의 '몸'과 '피'를 두고 하신 말씀이었다. 예수님의 그 '몸'과 '피' 덕분에 죽어 마땅한 더러운 죄인인 우리가 영원한 생명의 구원을 얻게 되었다.

예수께서 이르시되 내가 진실로 진실로 너희에게 이르노니 인자의 살을 먹지 아니하고 인자의 피를 마시지 아니하면 너희 속에 생명이 없느니라 내 살을 먹고 내 피를 마시는 자는 영생을 가졌고 마지막 날에 내가 그를 다시 살리리니 내 살은 참된 양식이요 내 피는 참된 음료로다 내 살을 먹고 내 피를 마시는 자는 내 안에 거하고 나도 그의 안에 거하나니 살아 계신 아버지께서 나를 보내시매 내가 아버지로 말미암아 사는 것같이 나를 먹는 그 사람도 나로 말미암아 살리라 (요 6:53-57)

당신의 '몸' 즉 '살'과 '피'를 주신 예수님 아니고는, 그 누구도 우리의 살과 피를 영원히 살릴 수 없다. 예수님께서 당신의 생명을 주셨다는 것은, 당신의 '살'과 '피'를 주셨다는 말이다. 왜 예수님께서 우리를 위한 그리스도, 구원자이신가? 우리에게 당신의 '살'과 '피'를 주셨기 때문이다. 예수님께서 구원자 되심의 증거, 그분의 삶의 의미와 가치가 모두 그분이 우리에게 주신 그분의 '살'과 '피'에 있다.

가룟 유다가 한때 이 땅에서 살았다는 것은 그에게도 살과 피가 있었음을 의미한다. 그의 살과 피는 무엇을 위한 살과 피였던가? 물거품 같은 욕망을 위해 허망하게 소멸되는 살과 피였을 뿐이다. 고작 은 30냥과 송두리째 맞바꾼, 아무 짝에도 쓸모없는 살과 피였다. 이미 예수님을 배신하고서도 "나는 아니지요?" 하고 천연덕스럽게 시치미 떼는 파렴치한 살과 피였다. 한마디로 무가치하고 무의미한 살과 피였다. 그와 같은 살과 피로 엮어진 가룟 유다의 인생은, 스스로 목매어 생을 마감하는 것으로 비참하게 끝났다. 우리에게 당신의 '살'과 '피'를 주신 예수님께서 죽음을 깨뜨리고 영원한 부활의 구주가 되신 것과는 너무나도 대조적이었다.

그대가 하나님 앞에서 어떤 사람인지는 그대의 살과 피를 무엇을 위해 사용하고 있는가에 의해 판가름 난다. 병든 살과 피라도 괜찮다. 노년의 살과 피라도 무방하다. 그대가 사명자로 살아가는 것은, 그대의 살과 피의 의미와 가치를 극대화하는 것이다.

무응답의 응답을 받으신 예수님

이에 예수께서 제자들과 함께 겟세마네라 하는 곳에 이르러 제자들에게 이르시되 내가 저기 가서 기도할 동안에 너희는 여기 앉아 있으라 하시고 베드로와 세베대의 두 아들을 데리고 가실새 고민하고 슬퍼하사 이에 말씀하시되 내 마음이 매우 고민하여 죽게 되었으니 너희는 여기 머물러 나와 함께 깨어 있으라 하시고 조금 나아가사 얼굴을 땅에 대시고 엎드려 기도하여 이르시되 내 아버지여 만일 할 만하시거든 이 잔을 내게서 지나가게 하옵소서 그러나 나의 원대로 마시옵고 아버지의 원대로 하옵소서 하시고 제자들에게 오사 그 자는 것을 보시고 베드로에게 말씀하시되 너희가 나와 함께 한 시간도 이렇게 깨어 있을 수 없더냐 시험에 들지 않게 깨어 기도하라 마음에는 원이로되 육신이 약하도다 하시고 다시 두 번째 나아가 기도하여 이르시되 내 아버지여 만일 내가 마시지 않고는 이 잔이 내게서 지나갈 수 없거든 아버지의 원대로 되기를 원하나이다 하시고 다시 오사 보신즉 그들이 자니 이는 그들의 눈이 피곤함일러라 또 그들을 두시고 나아가 세 번째 같은 말씀으로 기도하신 후 이에 제자들에게 오사 이르시되 이제는 자고 쉬라 보라 때가 가까이 왔으니 인자가 죄인의 손에 팔리느니라 일어나라 함께 가자 보라 나를 파는 자가 가까이 왔느니라 (마 26:36-46)

제자들과 마지막 만찬을 마치고 마지막으로 기도하기 위해 겟세마네 동산을 찾으신 예수님께서는, 임박한 당신의 죽음을 앞두고 '고민하고 슬퍼하셨다'. 얼마나 괴로우셨던지 베드로와 요한 그리고 야고보에게 당신을 위해 특별히 기도해 줄 것을 부탁하기까지 하셨다. 예수님께서는 '얼굴을 땅에 대시고 엎드려 기도하셨다'. 죽음을 앞둔 예수님의 심정은 그 정도로 절박하셨다. 예수님께서는 땅바닥에 엎드려 얼굴까지 파묻으신 채, 가능하다면 처참한 십자가의 죽음을 피하게 해달라고 하나님 아버지께 기도하셨다. 그러나 아버지의 뜻대로 하시라는 결론도 잊지 않으셨다. 기도 부탁을 받은 세 제자들은 잠에 곯아떨어졌지만, 예수님께서는 동일한 내용의 기도를 세 번 반복하셨다. 본문에 언급된 예수님의 기도 내용은 기도의 핵심일 뿐, 그것이 기도의 전문全文인 것은 아니다. 예수님께서 단지 그 짧은 기도 내용만 세 번 반복하셨을 뿐이라면, 기도하시던 예수님에게서 핏방울 같은 땀이 흘러 땅에 떨어졌을 리가 만무하다 (눅 22:44). 우리가 경험을 통해 알고 있는 것처럼, 여간 기도해서는 땀이 맺히지도 않는다. 예수님께서 기도하시면서 핏방울 같은 땀을 흘리시고 그 땀이 땅에 떨어졌다는 것은, 할 수만 있으면 십자가의 죽음을 피하게 해달라는 요지의 기도를 오랜 시간 동안 절규하셨음을 의미한다.

　　예수님께서 누구신가? 하나님의 독생자셨다. 당신의 독생자가 핏방울 같은 땀을 흘리기까지 절규하건만, 하늘에는 흑암의 장막만 드리워 있을 뿐 하나님 아버지께서는 그 어떤 응답도 하시지 않았다. 예수님께서는 왜 응답지 않으시냐고 불만을 터뜨리시지도, 하나님의 가시적인 응답을 얻기 위해 기도원을 찾아가시지도 않았다. 기도를 마친 예수님께서는 잠에 곯아떨어져 있던 제자들에게 "일어나라, 함께 가자"라고 말씀하시며, 십자가의 죽음을 향해 당신의 발걸음을 옮기셨다. 예수님의 기도에 하나님 아버지께서 무응답하신 것이 그때뿐이었던 것은 아니다.

마침내 골고다에서 예수님의 사지가 십자가에 못박히셨다. 사지가 못박힌 채 십자가에 매달리신 고통이 얼마나 컸던지, 예수님께서는 마지막 숨을 몰아쉬며 "나의 하나님, 나의 하나님, 어찌하여 나를 버리셨나이까?"(마 27:46)라고 울부짖으셨다. 예수님의 이 울부짖음을 뒤집으면, 지금이라도 버리지 마시라는 의미였다. 그러나 그때에도 하나님 아버지께서는 독생자의 울부짖음에 무응답으로 일관하셨다. 하나님의 계속된 무응답 속에서, 예수님께서는 이 세상에서 가장 비참하게 운명하셨다. 그리고 하나님의 무응답 속에서, 예수님께서는 차디찬 시신이 되어 얼음처럼 차가운 돌무덤 속에 장사되셔야만 했다.

하나님께서 약속하시지 않았는가?

> 너는 내게 부르짖으라 내가 네게 응답하겠고 네가 알지 못하는 크고 은밀한 일을 네게 보이리라(렘 33:3)

> 그가 내게 간구하리니 내가 그에게 응답하리라 그들이 환난 당할 때에 내가 그와 함께하여 그를 건지고 영화롭게 하리라(시 91:15)

이렇게 약속하신 하나님께서 다른 사람도 아닌, 당신의 독생자의 처절한 울부짖음에 왜 응답해 주지 않으셨는가? 죽음의 환난을 당한 당신의 독생자를, 왜 참혹한 십자가의 죽음에서 건져 주지 않고 무응답으로 일관하셨는가? 하나님께서 당신의 독생자를 버리셨기 때문인가? 하나님께 응답하실 만한 능력이 없었기 때문인가? 결코 아니다. 하나님의 무응답은 십자가의 구원과 부활을 위한 무응답이었다. 하나님의 무응답이 당신의 섭리를 위한 가장 구체적인 응답이었던 것이다. 예수님께서는 그 사실을 분명히 아셨기에, 겟세마네 동산에서 핏방울 같은 땀을 흘리시기까지 절규하셨음에도 하나님의 무응답 속에서 십자가를 향해 나아가셨고, 하나님의 무응답 속에서 어찌하여 나를 버리셨냐고 울부짖으면서도 "내 영혼을 아버지 손에 부탁하나이다"(눅 23:46) 하시며, 끝내 십자가의 죽음을 순종함으로 받아들이셨다. 그리고 예수님께서는 영원한 부활의 구원자가 되셨다. 십자가 죽음에 직면하신 예수님께 하나님의 무응답보다 더 구체적인 응답은 없었다.

그대가 사명자의 길을 간다고 해서 그대가 원하는 대로 하나님께서 응답하시는 것은 아니다. 그대가 아무리 간구해도, 하나님께서 무응답하시고 침묵하실 때가 더 많을지도 모른다. 그러나 하나님의 무응답이 가장 구체적인 응답임을 잊지 말라. 하나님께서는 우리와는 본질적으로 다른 창조주시다. 하늘이 땅보다 높음같이 하나님의 생각과 길은, 언제나 우리의 생각과 길보다 높으시다(사 55:9). 하나님께서 무응답하실 때야말로, 천지를 창조하신 하나님께서 당신의 섭리를 위해 가장 구체적으로 응답하고 계실 때다. 그대가 이 사실을 잊지 않을 때 울면서도 십자가의 길을 걸을 수 있고, 부활하신 주님 안에서 웃으며 곡식 단을 거둘 수 있을 것이다(시 126:5-6).

수치를 분별하신 예수님

이에 총독의 군병들이 예수를 데리고 관정 안으로 들어가서 온 군대를 그에게로 모으고 그의 옷을 벗기고 홍포를 입히며 가시관을 엮어 그 머리에 씌우고 갈대를 그 오른손에 들리고 그 앞에서 무릎을 꿇고 희롱하여 이르되 유대인의 왕이여 평안할지어다 하며 그에게 침 뱉고 갈대를 빼앗아 그의 머리를 치더라 희롱을 다 한 후 홍포를 벗기고 도로 그의 옷을 입혀 십자가에 못박으려고 끌고 나가니라 나가다가 시몬이란 구레네 사람을 만나매 그에게 예수의 십자가를 억지로 지워 가게 하였더라 골고다 즉 해골의 곳이라는 곳에 이르러 쓸개 탄 포도주를 예수께 주어 마시게 하려 하였더니 예수께서 맛보시고 마시고자 하지 아니하시더라 그들이 예수를 십자가에 못박은 후에 그 옷을 제비 뽑아 나누고 거기 앉아 지키더라 그 머리 위에 이는 유대인의 왕 예수라 쓴 죄패를 붙였더라 이때에 예수와 함께 강도 둘이 십자가에 못박히니 하나는 우편에, 하나는 좌편에 있더라 지나가는 자들은 자기 머리를 흔들며 예수를 모욕하여 이르되 성전을 헐고 사흘에 짓는 자여 네가 만일 하나님의 아들이어든 자기를 구원하고 십자가에서 내려오라 하며 그와 같이 대제사장들도 서기관들과 장로들과 함께 희롱하여 이르되 그가 남은 구원하였으되 자기는 구원할 수 없도다 그가 이스라엘의 왕이로다 지금 십자가에서 내려올지어다 그리하면 우리가 믿겠노라 그가 하나님을 신뢰하니 하나님이 원하시면 이제 그를 구원하실지라 그의 말이 나는 하나님의 아들이라 하였도다 하며 함께 십자가에 못박힌 강도들도 이와 같이 욕하더라(마 27:27-44)

마침내 빌라도 총독이 예수님께 십자가 사형을 선고했고, 총독의 군병들은 예수님을 진영 본부로 끌고 가 온갖 희롱을 하고 얼굴에 침을 뱉으며 모독하였다. 그리고 예수님으로 하여금 당신이 못박히실 십자가 형틀을 직접 메고 사형장인, '해골'이라는 의미의 골고다 언덕으로 가시게 했다. 당시 사형수가 십자가형에 처해질 때는 사형수를 벌거벗겨 못을 박은 것으로 전해진다. 벌거숭이로 십자가에 못박혀 매달린 예수님을 구경꾼들은 좋아라며 놀려 댔다. 총독 빌라도가 예수님께 사형을 선고하지 않을 수 없게끔 민중을 선동하여 압력을 가했던 대제사장들 일당도 십자가의 예수님을 조롱하였다. 예수님께서는 좌우로 두 강도와 함께 못박히셨다. 예수님께서 영락없이 강도 같은 흉악범이 되신 것이었다. 십자가에 못박히신 직후에는 좌우의 두 강도 모두 예수님께 욕설을 퍼붓기도 했다. 이처럼 예수님께서 골고다에서 당하신 십자가 수난의 현장은 한마디로 수치의 현장이었다. 성자 하나님이신 예수님께는 십자가에 못박히는 육체의 고통보다, 인간들 앞에서 공개적으로 당해야 하는 정신적 수치의 고통이 더 컸을 것이다.

　　인도의 비샬 망갈와디가 쓴 《변혁의 중심에 서라》에 의하면, 자고로 서양은 사회를 움직이는 토대를 인간의 양심으로 삼았고 동양은 체면으로 삼았다. 체면이 가장 꺼리는 것은 수치를 당하는 것이다. 인도에서는 '사티'가 1829년에 법으로는 금지되었지만, 21세기에 진입한 오늘날에도 여전히 자행되는 곳이 있다고 한다. '사티'는 남편이 죽으면 살아 있는 아내를 남편과 함께 화장하는 끔찍한 관습이다. 남편을 잃은 아내가 남편의 시체와 함께 불에 타죽지 않으려 도망치면, 도망간 아내를 붙잡아다 불태우는 사람들은 바로 그 여인의 자식들이다. 어머니가 신성한 관습을 무시하고 도망쳐 가문을 수치스럽게 하였으므로, 자식들이 거리낌 없이 어머니를 단죄하는 것이다. 중동에서 자행되는 명예살인 역시 수치를 당했다고 여길 때 가족이 가족에게 자행하는 살인 행위다. 우리 선조들이 먹을 것이 없어 물만 마시고서도 사람들 앞에서 이를 쑤셨다는 것, 아직까지도 관혼상제와 관련하여 유난하게 허례허식이 많은 것, 소득에 비해 큰 자동차나 큰 아파트를 선호하는 것 등은 우리나라 사람들 역시 체면을 앞세우고, 체면을 지키지 못하는 것을 수치스럽게 생각하는 탓이다.

구약성경에는 수치라는 단어가 헤아릴 수 없을 정도로 많이 등장한다. 유대인들 또한 동양의 체면 문화권에 속해 있었기에 수치당하는 것을 가장 꺼린 것이다. 특히 선민의식에 젖어 이방인을 짐승 취급하던 유대인들이, 어떤 이유에서든 공개 장소에서 벌거숭이가 된다는 것은 상상도 할 수 없는 일이었다. 암몬 왕 나하스가 죽고 그의 아들 하눈이 왕위를 이어받았다. 다윗 왕은 죽은 나하스 왕을 위해 조문단을 암몬에 보냈다. 하눈의 신하들은 하눈에게, 다윗이 보낸 조문 사절단은 암몬을 정복하기 위한 정탐꾼들이라고 모함했다. 이에 갓 왕좌에 오른 하눈은 자신의 권력을 과시하기 위해 다윗이 보낸 조문단원들의 수염 절반을 깎고, 긴 의복의 아랫도리를 잘라 그들의 엉덩이가 드러나게 하여 이스라엘로 되돌려 보냈다(삼하 10:4). 그들에게 수치를 안겨 주기 위함이었다. 그 사실을 보고받은 다윗 왕은 대노하였다. 그는 군대를 동원하여 암몬을 쑥대밭으로 만들어 버렸다. 자신이 보낸 조문단원들이 당한 수치를 곧 자신의 수치로 여겼던 것이다. 유대인에게 엉덩이가 드러나는 것만도 전쟁을 일으킬 정도의 수치였다면, 하물며 성자 하나님이신 예수님께서 벌거숭이로 십자가에 못박히시는 것은 그 얼마나 큰 수치였겠는가?

믿음의 주요 또 온전하게 하시는 이인 예수를 바라보자 그는 그 앞에 있는 기쁨을 위하여 십자가를 참으사 부끄러움을 개의치 아니하시더니 하나님 보좌 우편에 앉으셨느니라(히 12:2)

예수님께서는 십자가 수난의 수치를 '개의치 아니하셨다'. 사람들이 수치라고 말하는 외적 수치, 육체적 수치를 예수님께서는 수치로 여기지 않으셨다. 만약 예수님께서 십자가의 수난을 반드시 피해야 할 수치로 간주하셨다면, 어떻게 해서든 그 수치를 모면하셨을 것이다. 예수님께는 그럴 만한 능력이 충분하셨기 때문이다. 예수님께서는 당신의 출세나 영달을 위하다가 십자가의 수난을 당하신 것이 아니었다. 십자가 수난이 그런 이기적인 이유에서 기인했다면, 그 수난은 예수님께 분명 크나큰 수치였을 것이다. 예수님께서 십자가 수난을 당하신 것은 인간의 죗값을 대신 치르심으로, 하나님으로부터 부여받은 인간 구원의 사명을 완수하시기 위함이었다. 그래서 로마 군병들이 희롱하고, 벌거숭이 사지를 십자가에 못박고, 대제사장들과 그 하수인들 심지어 강도들마저 조롱하고 욕해도, 예수님께는 그런 것들이 수치일 수가 없었다. 그 모든 것들은 하나님으로부터 부여받은 사명을 완수하기 위해 필수적으로 거쳐야 할 과정이었을 뿐이다.

이처럼 예수님께서 인간들이 수치라 말하는 수치를 수치로 여기지 않으심으로써, 우리로 하여금 수치스럽게 여겨야 할 것과 수치로 여기지 말아야 할 것을 바르게 분별케 해주셨다. 진리를 좇기 위해 진리를 거부하는 사람에게 당하는 수치는 수치가 아니다. 생명을 살리기 위해 생명을 짓밟는 사람에게 당하는 수치는 수치가 아니다. 하나님으로부터 부여받은 사명을 완수하기 위한 벌거숭이의 수치는 수치가 아니다. 세상 사람들은 수치라 강변해도, 하나님께서는 영광의 훈장으로 되돌려 주실 것이다. 대제사장들과 그 하수인들처럼 하나님을 믿는다면서도 자기 욕망을 위해 삶의 현장에서 예수 그리스도를 십자가에 못박는다면, 그것이 수치다. 돈주머니를 보다 두텁게 하기 위해 신앙 양심을 저버리는 것이 수치다. 자기 유익을 더 크게 하려 타인의 몫을 헤아리지 않는 것이 수치다. 그렇게 사는 사람들이 세상에서는 더 많은 것을 소유할지라도, 하나님 앞에서는 반드시 수치를 당한다. 세상에서 당하는 수치는 혹 다시 씻을 기회가 있을 수도 있지만, 하나님 앞에서 당하는 수치는 그것으로 끝이다.

인간이 수치로 여기는 것과, 하나님께서 수치로 간주하시는 것은 근본적으로 다르다. 그 분별은 수난 당하신 예수 그리스도의 십자가 앞에서만 가능하다. 무엇이 수치이고 무엇이 수치가 아닌지 분별할 때에만, 그대는 세상의 수치 속에서도 십자가의 사명을 완수하는 영광을 입을 수 있다.

영원히 다시 사신 예수님

안식일이 다 지나고 안식 후 첫날이 되려는 새벽에 막달아 마리아와 다른 마리아가 무덤을 보려고 갔더니 큰 지진이 나며 주의 천사가 하늘로부터 내려와 돌을 굴려 내고 그 위에 앉았는데 그 형상이 번개 같고 그 옷은 눈같이 희거늘 지키던 자들이 그를 무서워하여 떨며 죽은 사람과 같이 되었더라 천사가 여자들에게 말하여 이르되 너희는 무서워하지 말라 십자가에 못박히신 예수를 너희가 찾는 줄을 내가 아노라 그가 여기 계시지 않고 그가 말씀하시던 대로 살아나셨느니라 와서 그가 누우셨던 곳을 보라 또 빨리 가서 그의 제자들에게 이르되 그가 죽은 자 가운데서 살아나셨고 너희보다 먼저 갈릴리로 가시나니 거기서 너희가 뵈오리라 하라 보라 내가 너희에게 일렀느니라 하거늘 그 여자들이 무서움과 큰 기쁨으로 빨리 무덤을 떠나 제자들에게 알리려고 달음질할새 예수께서 그들을 만나 이르시되 평안하냐 하시거늘 여자들이 나아가 그 발을 붙잡고 경배하니 이에 예수께서 이르시되 무서워하지 말라 가서 내 형제들에게 갈릴리로 가라 하라 거기서 나를 보리라 하시니라(마 28:1-10)

금요일 오전 9시에 십자가에 못박히신 예수님께서는, 그날 오후 3시에 운명하셨다. 불과 6시간 만에 운명하신 것이다. 그 보고를 접한 총독 빌라도는 예수님께서 정말 그렇게 빨리 돌아가셨는지 의아해하며, 십자가 처형 현장을 지휘한 백부장을 불러 직접 확인하기까지 했다. 그도 그럴 것이 십자가에 못박힌 남자가 숨이 넘어가기까지는 하루가 족히 걸렸고, 이틀 혹은 사흘 걸리는 경우도 있었기 때문이다. 예수님께서 십자가에 못박히신 지 불과 6시간 만에 운명하셨다는 것은 그 정도로 육신이 허약하셨다는 의미다.

예수님께서 돌아가신 지 사흘 째 되는 날 새벽, 여인들이 유대인의 관습에 따라 예수님의 시신에 향품을 발라 드리기 위해 시신이 안치된 바위 동굴무덤을 찾았다. 그러나 으레 동굴무덤 속에 있어야 할 예수님의 시신이 보이지 않았다. 예수님께서 죽음을 깨뜨리고 다시 사신 것이었다. 예수님께서는 십자가에서 불과 6시간 만에 운명하실 정도로 허약하시지 않았던가? 그토록 허약한 분이 어떻게 죽음의 권세를 깨뜨리고 다시 사셨단 말인가? 그것은 그분의 힘이나 능력이 아니었다. 다음은 베드로가 유대인들에게 행한 설교 내용이다.

너희가 거룩하고 의로운 이를 거부하고 도리어 살인한 사람을 놓아주기를 구하여 생명의 주를 죽였도다 그러나 하나님이 죽은 자 가운데서 그를 살리셨으니 우리가 이 일에 증인이라 (행 3:14-15)

6시간 만에 운명하실 정도로 허약한 육신의 예수님을 죽음의 한 가운데서, 시신 상태에서 다시 일어나게 하신 분은 하나님이셨다. 십자가 수난의 수치를 조금도 개의치 않으시고 십자가 구원의 사명을 완수하신 예수님을, 하나님께서 당신의 권세와 권능으로 다시 일으키신 것이다. 순간적이거나 일시적인 일으키심이 아니었다. 영원한 일으키심이었다. 그래서 십자가에서 6시간 만에 돌아가신 예수님께서는 영원한 부활의 구주가 되셨다.

당신의 무덤을 찾은 여인들에게 부활하신 예수님께서 남기신 말씀은, 당신의 제자들에게 갈릴리에서 당신을 만나자고 전하라시는 것이었다. 부활하신 예수님께서 제일 먼저, 당신의 제자들을 왜 갈릴리로 돌아가게 하셨는지는 4장에서 6장까지 세 장에 걸쳐 상세하게 살펴보았다. 그들의 갈릴리, 어디서든 그들이 두 발 딛고 살아갈 삶의 현장을 복음과 사명자행전의 연결고리로 만들어 주시기 위함이었다. 제자들은 예수님께서 십자가 수난을 당하시는 현장에서 두려움에 사로잡혀 뿔뿔이 흩어졌던 허약한 인간들이었다. 그러나 부활하신 예수님께서 늘 현재형으로 그들과 함께하셨기에, 그들은 예수 그리스도 안에서 언제나 자기 삶의 현장에서 사명자행전을 엮는 강인한 사도들로 거듭날 수 있었다.

그 예수님께서 지금 우리와 현재형으로 함께하고 계신다. 그 사실을 믿는 사람이 자신의 갈릴리—자기 삶의 현장을 복음과 사명자행전의 연결고리로 일굴 수 있다. 그 길은 죽음과 같은 고난과 고통 그리고 수치의 길일 수도 있다. 그러나 예수님께서 십자가의 고난을 앞두고 말씀하셨다.

> 보라 우리가 예루살렘으로 올라가노니 인자가 대제사장들과 서기관들에게 넘겨지매 그들이 죽이기로 결의하고 이방인들에게 넘겨주어 그를 조롱하며 채찍질하며 십자가에 못박게 할 것이나 제삼 일에 살아나리라 (마 20:18-19)

그대가 사명자의 길을 걷는 한 죽음 같은 고난과 수치가 그대를 엄습해도, "제삼 일"에 죽음을 깨뜨리고 부활하신 주님께서 그대를 반드시 '제삼 일'에 일으키실 것이다. 사람마다 '삼 일'의 기간은 동일하지 않다. 어떤 사람에게는 '삼 일'이 사흘일 수도 있고, 어떤 사람에게는 삼 년 혹은 삼십 년일 수도 있고, 또 어떤 사람에게는 죽음 이후일 수도 있다. 그러나 한 가지 분명한 사실은 부활하신 주님께서는 그분이 작정하신 '제삼 일'에 그대를 반드시 다시 일으키시고, 그 일으키심은 영원히 영화로운 일으키심이라는 것이다. 이 사실을 믿는다면 지체 말고 그대의 갈릴리로 가라. 주님께서 거기에서 벌써부터 그대를 기다리고 계신다.

10

그날이 오면

마태복음 24장 44절
이러므로 너희도 준비하고 있으라 생각하지 않은 때에 인자가 오리라 만약 오늘이 그날이라면, 그대의 코끝에서 숨이 멎는 마지막 날이라면, 그대는 그대의 인생을 어떻게 스스로 평가하겠는가?

하나님의 심판이 임하는 날

그날은, 보고 싶은 사람을 다시는 보지 못하는 날이다. 그날은, 하고픈 일을 더 이상 하지 못하는 날이다. 그날은, 그대에게 천만금이 있어도 그대와 아무 소용이 없는 날이다. 그날은, 후회와 감사가 엇갈리는 날이다. 그날은, 어느 순간 갑자기 느닷없이 찾아오는 날이다. 무엇보다도 그날은, 하나님의 심판대 앞에 서는 날이다. 이미 3장에서 살펴본 것처럼 하나님의 심판은 믿는 이에게는 하나님의 셈하심 즉 하나님의 상 주심을, 믿지 않는 이에게는 하나님의 형벌 혹은 멸망을 뜻한다.

한 성도님이 홍콩으로 출장 다녀오는 비행기 속에서 옆 좌석의 승객과 환담을 나누었다. 종교 이야기가 나오자 유대인인 그 여성은, 자신은 유대교 회당에 나가지는 않지만 자기 자식들은 유대교인의 정체성을 지니고 살기를 원한다고 했다. 그녀의 말에 성도님은 그녀에게 복음을 소개하고, 가방에서 영어 성경을 꺼내어 히브리서 9장 27-28절 말씀을 읽어 주었다.

> 한번 죽는 것은 사람에게 정해진 것이요 그 후에는 심판이 있으리니 이와 같이 그리스도도 많은 사람의 죄를 담당하시려고 단번에 드리신 바 되셨고 구원에 이르게 하기 위하여 죄와 상관없이 자기를 바라는 자들에게 두 번째 나타나시리라

성도님이 전하는 복음을 귀담아 듣던 그 여성은, 성경에서 심판이라는 단어가 나오자 갑자기 거부감을 표했다. 아무리 선하고 바른 삶을 살아도 하나님께서 심판하신다면, 세상에 그처럼 불공평하고 불의한 하나님이 어디에 있느냐는 것이었다. 흔히 그렇듯이 그 여인도 하나님의 심판을 형벌로만 이해하고 있었다. 성도님은 그 여인에게 평소에 배운 대로, 하나님의 심판은 하나님의 셈하심임을 설명했다.

> 하나님께서는 불의한 자는 멸하시고, 진리 안에서 선하고 바른 삶을 산 사람은 반드시 높이십니다. 그것이 하나님의 심판입니다. 하나님께서 그렇게 심판하셔야만 하나님께서 의로운 하나님이실 수 있고, 또 우리처럼 연약한 인간들이 어떤 상황 속에서도 용기를 갖고 바르게 살 수 있지 않겠습니까?

성도님의 설명을 들은 그 여인은 고개를 돌려 한동안 창밖을 응시했다. 그리고 한참 후 성도님을 다시 쳐다보는 그녀의 눈에는 눈물이 맺혀 있었다. 그녀가 말했다.

저는 그동안 근본적인 것을 생각지 않고 살아왔습니다. 그런데 오늘 당신이 그 근본적인 것을 생각하게 해주셔서 감사합니다.

그녀는 그 성도님과의 만남을 통해 그날이 오면, 자신이 하나님의 심판대에 서야 한다는 사실을 깨달은 것이었다. 그날이 오면, 그대 역시 하나님의 심판대에 서야 한다. 하나님의 심판의 근거는, 두말할 것도 없이 바로 그대 자신의 삶이다.

잠비아의 조남설 선교사님은 소명을 받기 전 KBS에서 근무했었다. 몇 해 전 한국을 방문한 조 선교사님은 한때 자신의 근무처였던 KBS 신우회 초청으로 회원들에게 설교하였다. 그리고 나의 책에서 얻은 영감으로 설교하였다며 나에게 설교 전문을 보내 주었다. 그 설교문의 마지막 부분을 당사자의 허락을 받아 게재한다.

〈죽음〉. 오늘밤 나에게 죽음이 임한다면, 나는 그 죽음을 정말 평화롭게 맞이할 수 있는가? 결론적으로 내세에 대한 확고한 믿음과 소망이 없다면 죽음은 두렵고, 피하고 싶고, 세상 사람들이 흔히 말하는 재수 없는 이야기일 수밖에 없습니다. 그러나 죽음을 한 번이라도 깊이 생각하면 우리의 삶은 진지해질 수밖에 없고, 우리의 영혼은 더욱 맑아지기 마련입니다. 이재철 목사님에 의하면, 지방에 있는 가톨릭 사제들을 위한 묘지 입구에는 이런 글이 쓰여 있다고 합니다. "오늘은 내 차례, 내일은 네 차례HODIE MIHI, CRAS TIBI." 동료 사제의 시신을 메고 이 글을 눈으로 마음으로 읽으며 그 공동묘지를 드나드는 사제들의 삶은 얼마나 진지하고도 해맑겠습니까? 또 터키의 공동묘지에는 이런 비문도 있다고 합니다. "나 어제 너와 같았으나, 너 내일 나와 같으리." 지나온 삶을, 앞으로 남은 삶을, 얼마나 숙연하게 하는 글인지요.

우리가 서 있는 자리보다 더 중요한 자리는, 우리가 머물렀던 자리입니다. 지금 우리는 남편과 아내, 사랑하는 가족들과 죽음 이후의 삶을, 공동묘지 너머의 삶을 얼마나 나누고 있습니까? 공동묘지를 넘어서지 못하는 믿음으로는, 눈에 보이는 그 너머의 삶을 나눌 수 없습니다. 내일은 내 차례요, 그다음 날은 네 차례요, 또 그다음 날은 우리들 차례인데 무슨 욕심 낼 것이 그렇게도 많습니까? 왜 그렇게도 움켜쥘 것이 많습니까? 움켜잡으면 잡을수록 배고픔과 허무감만 더 커지는데도 말입니다.

사람을 욕심에서 벗어나 속되지 않게 해주는 분명한 것으로는 내세의 소망만 한 것이 없습니다. 이 소망이 희미하다면, 영적 오지 중의 오지인 대한민국 서울 한복판에서 진실한 그리스도인으로 살아갈 수 없습니다. 평생 짝퉁 그리스도인으로, 영적 불구자이면서도 아닌 것처럼 스스로 속이며 살아갈 수밖에 없습니다.

지금 우리는 무엇을 생명처럼 지키며 살아가고 있습니까? 우리는 이 순간까지 무엇에 주리고 목말라해 왔습니까? 복음에 주리고 하나님의 의에 목말라해 본 적이 있습니까? 재산은 지켰지만, 깨어진 가정은 얼마나 많습니까? 건강을 지켰지만, 영적으로 중환자들은 얼마나 많습니까? 노후대책은 철저하게 세웠는데, 영혼의 최종 대책은 전무하지 않습니까? 주일은 꼬박꼬박 지키면서 열심히 헌금도 하였지만, 삶 속에서는 진리의 생명력이 없이, 거짓된 기쁨으로, 거짓된 평안으로, 거짓된 감격으로, 무기력한 삶을 살고 있지 않습니까? 잠깐 있다가 없어질 세속의 천박한 것들에는 목숨을 걸면서도, 죽음 이후에 대해서는 속수무책으로 사는 우리들 아닙니까?

예수 그리스도 때문에, 십자가의 복음 때문에, 내가 정말 포기한 것은 무엇입니까? 예수 그리스도 때문에, 십자가의 복음 때문에, 내가 정말 내려놓은 것은 무엇입니까? 예수 그리스도 때문에, 십자가의 복음 때문에, 내가 정말 희생한 적이 있었습니까? 포기와 희생은 영원의 안경을 쓴 사람에게만 가능합니다. 공동묘지 너머의 삶을 바르게 인식한 사람만 포기할 것을 포기하고, 희생할 때 희생할 수 있습니다.

이생과 세상을 넘어, 죽음과 무덤을 넘어, 그 너머에 있는 본향을 우리는 얼마나 고대하고, 또 소망하고 있습니까? 지닌 것이 너무 많아, 아직은 아닙니까? 누리는 것이 너무 많아, 아직은 아닙니까? 벌려놓은 일들이 너무 많아, 아직은 아닙니까? 주님 앞에 서는 그날은 예고도 없이 별안간 찾아오는데, 그날을 늦추거나 멈추게 할 재간을 지니고 있습니까? 그런 사람은 아무도 없습니다.

본향에 대한 소망과 기다림을 지닌 사람만 영생을 소유한 사람입니다. 영생을 소유한 사람만 언제든 평화롭게 죽음을 맞을 수 있습니다. 그 사람만 보이는 세계를 뛰어넘어 보이지 않는 영원한 세계를 위해 살 수 있습니다. 그 사람만 언제 어디서나, 포기할 것을 포기하고 희생할 때 기꺼이 희생하는 작은 예수로 살아갈 수 있습니다.

갈라디아서 6장 7절은 "사람이 무엇으로 심든지 그대로 거두리라"고 말씀하고 있습니다. '심는 대로 거둔다'는 말씀보다 더 큰 위로의 메시지는 없습니다. 그러나 '심는 대로 거둔다'는 이 말씀보다 더 무서운 심판의 메시지도 없습니다. 우리는 지금까지 대체 무엇을 심어 왔습니까? 우리는 지금 무엇을 거두기를 기대하고 있습니까?

하나님께서 주신 사명은 각자 다 같지 않습니다. 주님께서 부르시는 그날까지, 심장의 고동이 멎는 그 순간까지, 코끝에서 호흡이 멎는 그 순간까지, 주어진 소명의 자리에서, 각자 믿음의 경주장에서, 매일 자신을 쳐 복종시키며 기필코 승리하시어, 남은 날이, 남은 삶이, 주님 안에서 더욱 아름답게 가꾸어지기를 기원드립니다.

이 시간에는 우리 부부가 아프리카에서 평소에 즐겨 부르는 복음성가 가사 한 소절을 읽는 것으로 기도를 대신하겠습니다.

"주님, 다시 오실 때까지 나는 이 길을 가리라.
좁은 문, 좁은 길, 나의 십자가 지고
나의 가는 이 길 끝에서 나는 주님을 보리라.
영광의 내 주님 나를 맞아 주시리." 아멘.

어느 날 느닷없이 닥칠 그날에 대해 많은 것을 생각하게 해주는 내용이다. 오늘이 그대의 그날이라면, 그대는 그대의 그날인 오늘을 위해 그 동안 무엇을 준비해 왔는가?

어느 날 느닷없이 그날이 찾아오는 순간, 모든 것이 끝나 버리고 말 인생을 성경은 대체 어떻게 정의하고 있는가?

성경이 말하는 인생의 실체

> 아담에게 이르시되 네가 네 아내의 말을 듣고 내가 네게 먹지 말라 한 나무의 열매를 먹었은즉 땅은 너로 말미암아 저주를 받고 너는 네 평생에 수고하여야 그 소산을 먹으리라 땅이 네게 가시덤불과 엉겅퀴를 낼 것이라 네가 먹을 것은 밭의 채소인즉 네가 흙으로 돌아갈 때까지 얼굴에 땀을 흘려야 먹을 것을 먹으리니 네가 그것에서 취함을 입었음이라 너는 흙이니 흙으로 돌아갈 것이니라 하시니라
> (창 3:17-19)

하나님께서 범죄한 아담에게 흙으로 돌아가리라고 판정하신 말씀이다. 죄의 삯은 사망이기에 범죄한 아담은 죽어야만 했다. 흙으로 지음 받은 아담이 도로 흙으로 돌아가게 된 것이다. 19절에는 '흙'이라는 동일한 단어가 세 번 반복하여 등장한다. 우리말로는 모두 똑같은 '흙'이다. 그러나 히브리어 원문에는 다른 의미의 두 단어가 사용되어 있다. 하나님께서 "네가 흙으로 돌아갈 때까지 얼굴에 땀을 흘려야 먹을 것을 먹으리니"라고 말씀하실 때 '흙'은 원문에 '아다마אֲדָמָה'로 기록되어 있다. 우리말 '흙'과 똑같은 의미다. 그러나 "너는 흙이니 흙으로 돌아갈 것이니라"고 말씀하실 때의 '흙'은 '아파르עָפָר'로, '먼지' 혹은 '티끌'이라는 의미다. 창세기 2장 7절은 하나님께서 '흙'으로 사람을 지으셨음을 증언하고 있

다. 바로 그 '흙'이 원문에 '아파르'로 기록되어 있다. 인간은 '아파르'로 지어진 존재다. 인생은 '아파르', 곧 먼지요 티끌이다.

먼지와 티끌은 무가치하다. 무가치한 먼지와 티끌에 하나님께서 당신의 생기를 불어넣으심으로 먼지와 티끌이 생령이 되었다. 그러므로 하나님을 떠나서는 그 어떤 인간도 예외 없이 무가치한 존재일 수밖에 없다. 오죽하면 욥기 25장 6절이 인간을 가리켜 "구더기 같은 사람, 벌레 같은 인생"이라 한탄하겠는가?

먼지와 티끌은 또 추하다. 심산계곡 속의 바위나 나무는 자기 의지로 목욕이나 샤워를 할 수 없지만 언제나 깨끗하다. 그 심산계곡 속에 인간도 몇 달이든 가만히 있기만 하면, 목욕이나 샤워를 하지 않아도 바위나 나무처럼 깨끗해질 수 있을까? 천만의 말씀이다. 모든 것이 청정한 심산계곡 속에서 인간만은 더러워진다. 우리가 바위나 나무와는 달리 매일 씻어야 한다는 사실이 곧 우리가 더러운 존재라는 증거다. 아프리카의 원주민 부락에 가면 인간이 얼마나 더러운 존재인지 실감할 수 있다. 그것이 바로 인간의 본 모습이다. 인간이 원래 더러운 먼지와 티끌로 지어졌기 때문이다. 하나님의 생기 아니고는 먼지와 티끌은 단지 먼지와 티끌일 뿐, 어떤 경우에도 정결한 하나님의 생령이 될 수는 없다.

사람은 고생을 위하여 났으니 불꽃이 위로 날아가는 것 같으니라

(욥 5:7)

성냥불이든 횃불이든, 아니면 화재 현장의 불이든, 모든 불의 불꽃은 반드시 위로 향한다. 횃불을 아래로 숙인다고 불꽃마저 아래로 향하는

것은 아니다. 어떤 경우에든 불꽃의 방향은 항상 위쪽이다. 모든 불꽃이 위로 향하는 것이 자명한 이치이듯, 인생이 '고생'의 연속이라는 것 또한 자명하다. 인간은 태어나는 순간부터 울면서 태어난다. 평생 치열한 경쟁을 통해 먹고 살아야 하고, 자식을 키워야 하고, 사람과 세상에 대한 의무와 책임을 다해야 한다. 고생에서 벗어날 날이 없다. 불교에서 인생을 고해苦海라 부르는 것은 참으로 타당하다. 모세 역시 인생의 "자랑은 수고와 슬픔뿐"(시 90:10)이라 탄식하지 않았던가?

왜 인생은 고해인가? 왜 고생을 피할 수 없는가? 그것이 죄의 결과이기 때문이다. 앞에서 살펴본 것처럼 하나님께서 범죄한 아담에게 "땅은 너로 말미암아 저주를 받고 너는 네 평생에 수고하여야 그 소산을 먹으리라"(창 3:17)고 선포하셨다. 아담의 후예인 인간 가운데 그 누구도 고생과 수고로부터 벗어날 수 없게 된 것이다. 그러므로 인간이 아무리 고생하며 산들, 하나님과 무관하게 산다면 그 고생이 허무함 외에 무슨 의미를 지닐 수 있겠는가?

> 우리의 모든 날이 주의 분노 중에 지나가며 우리의 평생이 순식간에 다하였나이다 우리의 연수가 칠십이요 강건하면 팔십이라도 그 연수의 자랑은 수고와 슬픔뿐이요 신속히 가니 우리가 날아가나이다
> (시 90:9-10)

인생이 고생과 수고와 슬픔의 연속일 뿐인 것도 가슴 아픈데, 그나마 그 인생은 순식간에 '날아가' 버린다. 이 땅에서의 인생은 결코 천년만년 지속되지 않는다. 인간의 출생은 죽음을 향한 첫걸음이다. 태어나는

순간부터 죽음을 향한 카운트다운이 시작되는 것이다. 그 카운트다운의 속도는 일정하지 않다. 시간이 흘러갈수록 카운트다운의 속도가 점점 빨라지다가, 한순간에 송두리째 날아가 버린다. 유도 경기 시간은 단 5분에 불과하다. 그러나 올림픽에서 유도 경기 5분은 절대로 짧은 시간이 아니다. 특히 우리 선수의 포인트가 상대 선수보다 우세하여 금메달을 목전에 두고 있을 경우에는, 남은 시간 30초도 30시간처럼 길게만 여겨진다. 하지만 인생은 쏜살같이 날아간다. 눈 깜짝할 사이에 사라져 버리는 것이다.

인생이 눈 깜짝할 사이에 사라져 버린다는 것을 젊은이들은 실감하지 못할 수도 있다. 그러나 이 글을 읽는 그대가 혹 2, 30대 청년이라면 지난 시간들을 한번 되돌아보라. 눈 깜짝할 사이에 2, 30대가 되지 않았는가? 그렇게 몇 번만 더 눈을 깜짝이면, 그대의 인생은 모두 끝나 버린다.

> 다윗의 아들 예루살렘 왕 전도자의 말씀이라 전도자가 이르되 헛되고 헛되며 헛되고 헛되니 모든 것이 헛되도다(전 1:1-2)

눈 깜짝할 사이에 송두리째 날아가 버리는 인생이라면 헛될 수밖에 없지 않겠는가? 그러나 본문이 우리를 숙연케 하는 것은 이 고백의 당사자로 인함이다. 이 고백이 임종을 앞둔 거지의 고백이라면, 우리는 그러려니 하고 흘려 버릴 것이다. 우리가 이 고백 앞에서 숙연해지지 않을 수 없는 것은, 이 고백의 주인공이 솔로몬 왕이었기 때문이다. 솔로몬은 금은보화 속에서 주지육림酒池肉林에 빠져 처첩을 천 명이나 거느리고 살았던, 동서고금을 막론하고 부귀영화의 상징으로 불리는 인물이다. 그러나 그는 자신의 인생이 의미로웠다고, 가치 있었다고 고백하지 않았다. 오히려 '헛되다'고 한탄하였다. 히브리어에서 동일한 단어를 두 번 반복하는 것은 강조법이다. 그러나 솔로몬은 한 문장에 '헛되다'라는 단어를 두 번이 아니라, 무려 다섯 번이나 반복하였다. 인생의 헛됨을 솔로몬은 그런 식으로 강조하고, 다시 강조하고, 또다시 강조한 것이다.

세상에서 소유하고 누리는 것이 많은 사람일수록, 그가 이 세상을 떠날 때 맞닥뜨리는 헛됨의 골은 더 넓고 깊다. 자신의 많은 소유가 자기에게 닥친 가장 절박한 문제, 죽음의 문제를 전혀 해결해 주지 못함을 누구보다 뼈저리게 절감하기 때문이다. 오래전 사회적으로 이름이 널리 알려진 유명 인사가 죽는 순간 "내 돈, 내 돈" 하고 외치며 이 세상을 하직했다는 것은 참으로 시사하는 바가 크다. 태산처럼 쌓아 둔 돈 앞에서 숨이 넘어가는 순간, 그에게 돈은 대체 무슨 의미였을까? 헛되고 헛되며 헛되고 헛된 종이쪽지에 불과하지 않았겠는가?

> 너희는 인생을 의지하지 말라 그의 호흡은 코에 있나니 셈할 가치가 어디 있느냐(사 2:22)

우리는 생명을 목숨이라 말한다. 우리의 호흡인 숨이 목에 달렸다고 보는 것이다. 죽음은 숨이 더 이상 목으로 넘어가지 못하는 것이다. 그러나 하나님께서는 인간의 "호흡은 코"에 있다고 말씀하신다. 인간의 생명이 목숨이 아니라, 목보다 더 앞에 위치한 콧숨인 것이다. 하나님께서 먼지와 티끌로 사람을 지으시고, 그 코에 당신의 생기를 불어넣으심으로 사람이 생명을 지닌 생령이 되지 않았던가? 하나님께서 인간을 그렇게 창조하셨기에, 인간의 생명을 인간과는 달리 목숨이 아니라 콧숨이라 부르신다. 내가 지금 코로 내뱉은 숨을 다시 들이키지 못하면, 그것이 죽음이다. 죽음은 결코 멀리 있지 않다. 죽음은 언제나 그대의 코끝에 매달려 있다.

시인 김남조 선생은 나이 많은 노인들이 앉은 채로 소리도 없이 죽는 것을 이해할 수 없었다고 한다. 그러나 자신이 나이 들어 밤에 잠을 자다가 이따금씩 까닭 없이 심한 산소결핍증으로 호흡곤란을 겪으면서, 그 노인들도 갑작스러운 산소결핍증으로 세상을 하직한 것으로 이해하게 되었다고 한다. 그러나 실은 당사자를 둘러싼 대기의 산소가 결핍한 것이 아니라, 그의 콧숨이 갑자기 막히는 것이다. 콧숨이 막히면 책을 보다가도 가고, 사람들과 이야기를 나누다가도 간다. 인간의 생명은 어머니의 자궁에서부터 시작된다. 그러나 자궁 속의 생명은 태아일 뿐 사람이라 불리지는 않는다. 태아가 세상에 태어나 자기 코로 숨을 쉬는 순간부터 태아는 사람이 된다. 그리고 콧숨이 멎음과 동시에 사람은 더 이상 사람이 아니다. 그때부터는 시체다. 이처럼 사람은 콧숨을 쉬기 시작해서부터 콧숨이 멎을 때까지만 사람으로 불린다. 그렇다면 고작 콧숨에 불과한 인생이 대단하면 하나님 앞에서 얼마나 대단할 수 있겠는가?

> 여호와여 내가 알거니와 사람의 길이 자신에게 있지 아니하니 걸음을 지도함이 걷는 자에게 있지 아니하니이다(렘 10:23)

인생이 무가치하고 추하며, 고생의 연속이요, 그나마 눈 깜짝할 사이에 날아가 버리고, 헛되고도 헛되며, 단지 콧숨에 불과할 뿐이라면, 적어도 자기 뜻대로는 되어야 하지 않겠는가? 그러나 그런 것도 아니다. '사람의 길이 자신에게 있지 아니하다'. 인생이 자기 뜻대로 꾸려지지 않는 것이다. 인생이 자기 마음대로 꾸려진다면 인간 세상에서 실패, 절망, 좌절, 열등감 같은 단어는 아예 생겨나지도 않았을 것이다. 아무리 노력해도 인생은 자기 뜻과 어긋나는 경우가 더 많다. 바로 그것이 죄인인 인간의 인생이다.

지금까지 성경을 통해 살펴본 것처럼 인생의 실체를 바르게 깨달았다면, 이제 그대가 선택할 수 있는 길은 하나뿐이다. 그날이 오기 전에, 인간을 창조하신 하나님과 바른 관계를 확립하는 것이다. 인간의 생명은 거저 생긴 것이 아니다. 하나님께서 생生을 명命하심으로 인간에게 생명生命이 주어졌다. 그러므로 살라고生 숨命을 주신 하나님의 명命에 따라 자신의 생명을 가꾸어 가는 것, 다시 말해 하나님의 명命을 좇아 사명자使命者로 살아가는 것이 하나님과 바른 관계를 확립하는 것이다.

성경 속 사명자들이 남긴 믿음의 유언

성경에 등장하는 신앙의 위인들은, 하나님의 명령에 따라 사명자로 자신의 생명을 바르게 가꾸었던 믿음의 사람들이었다. 그들은 어느 날 불현듯 콧숨이 멈추는 그날을 맞았을 때, 남은 사람들에게 어떤 유언을 남기고 이 땅을 떠났을까? 먼저 믿음의 조상인 아브라함, 그리고 이삭과 야곱의 경우를 보자.

아브라함의 향년이 백칠십오 세라 그의 나이가 높고 늙어서 기운이 다하여 죽어 자기 열조에게로 돌아가매 그의 아들들인 이삭과 이스마엘이 그를 마므레 앞 헷 족속 소할의 아들 에브론의 밭에 있는 막벨라 굴에 장사하였으니 이것은 아브라함이 헷 족속에게서 산 밭이라 아브라함과 그의 아내 사라가 거기 장사되니라(창 25:7-10)

야곱이 기럇아르바의 마므레로 가서 그의 아버지 이삭에게 이르렀으니 기럇아르바는 곧 아브라함과 이삭이 거류하던 헤브론이더라 이삭의 나이가 백팔십 세라 이삭이 나이가 많고 늙어 기운이 다하매 죽어 자기 열조에게로 돌아가니 그의 아들 에서와 야곱이 그를 장사하였더라(창 35:27-29)

그가 그들에게 명하여 이르되 내가 내 조상들에게로 돌아가리니 나를 헷 사람 에브론의 밭에 있는 굴에 우리 선조와 함께 장사하라 이 굴은 가나안 땅 마므레 앞 막벨라 밭에 있는 것이라 아브라함이 헷 사람 에브론에게서 밭과 함께 사서 그의 매장지를 삼았으므로 아브라함과 그의 아내 사라가 거기 장사되었고 이삭과 그의 아내 리브가도 거기 장사되었으며 나도 레아를 그곳에 장사하였노라 이 밭과 거기 있는 굴은 헷 사람에게서 산 것이니라 야곱이 아들에게 명하기를 마치고 그 발을 침상에 모으고 숨을 거두니 그의 백성에게로 돌아갔더라(창 49:29-33)

아브라함과 그의 아들 이삭, 그리고 손자 야곱은 모두 헤브론 마므레의 막벨라 동굴무덤에 장사되는 것으로 유언을 대신했다. 그들이 모두 한 동굴무덤에 장사될 수 있었던 것은 우리나라 무덤과는 달리, 팔레스타인의 동굴무덤은 대개 가족 공동무덤이었기 때문이다. 아브라함, 이삭, 야곱에게 헤브론 마므레의 막벨라 동굴무덤이 왜 중요했는지는 창세기 13장이 답해 주고 있다.

아브라함이 고향을 떠나 하나님께서 명하신 가나안으로 이주할 때, 그의 조카 롯도 동행하였다. 가나안 이주 후 세월이 흐르자, 아브라함의 가축과 롯의 가축이 많아져 한곳에 함께 머무는 것이 어렵게 되었다. 하나님으로부터 가나안 땅을 약속받은 사람은 아브라함이었지만 그는 롯에게 선택권을 양보하였다. 롯으로 하여금 원하는 땅을 먼저 선택하도록 해준 것이다. 롯은 어리석게도 소돔과 고모라를 선택하고 아브라함과 헤어졌다. 하나님께서는 조카를 위해 자신의 기득권을 기꺼이 포기했던 아브라함에게 그가 바라보고, 그의 발길이 닿는 모든 땅을 주시리라 약속하셨다. 그러나 아브라함은 보다 넓은 땅을 확보하기 위해 동분서주하지 않았다. 그 대신 아브라함은 헤브론의 마므레를 선택하여 하나님께 제단을 쌓았다. 히브리어로 '헤브론חברון'은 '교제의 자리', 그리고 '마므레ממרא'는 '뜨거운'이란 의미다. 아브라함은 지상의 땅이 아니라 하나님과 뜨겁게 교제하는 믿음의 자리, 즉 믿음의 중심을 선택한 것이었다. 하나님과 뜨겁게 교제하는 믿음의 중심을 지키는 한, 나머지는 하나님께서 모두 책임져 주실 것을 믿었던 것이다. 역시 믿음의 조상다운 선택이었다.

아브라함은 아내 사라가 죽자 헤브론 마므레의 막벨라 동굴을 아내의 무덤으로 삼았다. 본래 그 동굴이 위치한 밭의 주인 에브론이 아브라함에게 밭과 동굴을 무상으로 주려 했다. 그러나 아브라함은 에브론을 설득하다시피 하여 값을 치르고 밭과 동굴을 증인들 앞에서 매입하여 아내를 장사 지냈다. 헤브론 마므레의 막벨라 동굴무덤을 자손대대에 유산으로 남겨 주기 위함이었다. 그리고 아브라함 역시 그날을 맞아, 그 동굴무덤에 장사되는 것으로 유언을 대신했다. 아들 이삭과 손자 야곱의 유언도 헤브론 마므레의 막벨라 동굴무덤으로 대체되었다. 그것은 남은 자손들에게, 살아 있는 동안 하나님과 뜨겁게 교제하는 믿음의 자리를 지키라는 유언이었다. 믿음의 자리를 떠나면 인생은 무의미하고 추하며 헛될 수밖에 없다. 그들이 그런 유언을 남길 수 있었던 것은 그들에게 비록 크고 작은 실수와 허물도 있었지만, 일평생 그들의 중심이 하나님과 뜨겁게 교제하는 믿음의 자리를 지향했던 결과였다.

다음은 요셉의 유언이다.

> 요셉이 그의 형제들에게 이르되 나는 죽을 것이나 하나님이 당신들을 돌보시고 당신들을 이 땅에서 인도하여 내사 아브라함과 이삭과 야곱에게 맹세하신 땅에 이르게 하시리라 하고 요셉이 또 이스라엘 자손에게 맹세시켜 이르기를 하나님이 반드시 당신들을 돌보시리니 당신들은 여기서 내 해골을 메고 올라가겠다 하라 하였더라
>
> (창 50:24-25)

이복형들의 시기로 이집트에 종으로 팔렸던 요셉은 하나님의 섭리 속에서 이집트의 총리가 되었고, 요셉의 초청으로 그의 아버지 야곱을 비롯한 모든 가족들은 가나안에서 이집트로 이주하였다. 요셉은 야곱의 열한 번째 아들이었다. 이를테면 요셉에게 열 명의 형들이 있었다. 그

렇지만 동생인 요셉이 열 명의 형들보다 먼저 그날을 맞았다. 태어날 때는 순서가 있지만, 죽을 때는 순서가 없다는 말이 요셉에게도 적용된 셈이다. 그대가 동생이라고 해서 그날을 반드시 형이나 언니보다 늦게 맞는 것은 아니다.

요셉은 하나님께서 아브라함에게 하셨던 약속의 말씀, 즉 아브라함의 자손들인 이스라엘 백성이 이집트에서 400년 동안 종살이를 하다가 가나안으로 돌아가게 될 것이라는 말씀(창 15:13-14)을 믿고 있었다. 그래서 요셉은 자신의 그날을 맞자, 살아 있는 혈족들에게 맹세를 시켰다. 이스라엘 자손이 언젠가 가나안으로 되돌아가게 될 때 반드시 요셉의 해골을 메고 가겠다는 맹세였다. 요셉은 이집트의 총리였다. 그러나 그의 유언은 총리에 걸맞은 거대한 무덤을 조성하라는 것이 아니었다. 요셉은 자신의 죽음을, 살아 있는 사람들을 위해 가나안을 향한 이정표가 되게 하였다. 만약 요셉이 자신을 위해 왕릉처럼 거대한 무덤을 조성하게 했다면, 그 무덤은 이스라엘 백성으로 하여금 이집트를 영원한 거주지로 삼으라는 메시지가 되었을 것이다. 그러나 자신의 해골을 수습해 두었다가 가나안으로 메고 가라는 유언을 남김으로써, 이스라엘 백성이 추구해야 할 최종 목적지는 이집트가 아니라 가나안임을 그들의 심령 속에 각인시켜 주었다. 요셉이 비록 몸은 이집트에 살아도, 그의 중심은 늘 가나안을 지향했기에 가능할 수 있었던 유언이었다. 그리고 400년이 지나 이스라엘 백성이 가나안을 향해 출애굽할 때, 요셉의 유언대로 모세가 그의 해골을 들고 나왔다(출 13:18-19). 이스라엘 백성이 요셉의 유언을 400년 동안 잊지 않고 있었던 것이다. 요셉의 유언이 400년이 지나서도 여전히 유효했다는 의미다.

생각 없이 살면 출생보다 더 중요한 죽음은 허망한 공동묘지를 향한 이정표가 될 뿐이다. 오직 지혜로운 사람의 죽음만 예수 그리스도 안에서 영원한 가나안―하나님의 나라를 향한 이정표로 남는다.

이제 모세의 경우를 보자.

8장에서 살펴보았듯이 신명기 34장은 모세가 어디에서 어떻게 죽었는지 상세하게 설명해 준다. 하지만 거기에는 모세의 유언이 전혀 나타나 있지 않다. 모세는 단 한 마디의 유언도 남기지 못하거나 않았는가? 아니다. 모세가 가나안을 목전에 두고 모압 땅에서 이스라엘 백성에게 마지막으로 남긴 신명기의 모든 말씀이 실은 모세의 유언이기도 하다. 《성숙자반》 4장 '말씀묵상'에서 언급한 것처럼, 신명기는 하나님께서 당신의 계명을 다시 주신 내용이다. 출애굽한 이스라엘 백성에게 당신의 계명을 주신 하나님께서, 그로부터 40년이 지나 이스라엘 백성이 약속의 땅 가나안에 입성하기 직전에 당신의 계명을 다시 주신 것이다. 그래서 그 내용의 제목이 '거듭 신申'에 '명령 명命'을 사용하여 '신명기申命記'다. 영어로는 'Deuteronomy'인데 'deutero'는 '두 번째', 'nomy'는 '법'이란 말이다. 한자어 '申命記'와 동일하게, 하나님께서 당신의 계명을 거듭 되풀이하여 주셨다는 의미다. 그 계명 가운데서도 가장 중요한 계명이 십계명이다. 모세는 이스라엘 백성에게 십계명을 다시 전하면서 먼저 이렇게 선포하였다.

> 모세가 온 이스라엘을 불러 그들에게 이르되 이스라엘아 오늘 내가 너희의 귀에 말하는 규례와 법도를 듣고 그것을 배우며 지켜 행하라 우리 하나님 여호와께서 호렙 산에서 우리와 언약을 세우셨나니

> 이 언약은 여호와께서 우리 조상들과 세우신 것이 아니요 오늘 여기 살아 있는 우리 곧 우리와 세우신 것이라(신 5:1-3)

호렙 산은 이스라엘 백성이 40년 전에 처음으로 하나님의 계명을 받았던 시내 산을 가리킨다. 그때 하나님으로부터 계명을 받은 사람들은 막 출애굽한 1세대의 성인들이었다. 그러나 40년이 지난 지금은, 그때 1세대 성인들은 모세와 여호수아 그리고 갈렙을 제외하면 모두 죽고 없었다. 지금 살아 있는 이스라엘 백성은 40년 전에는 어린아이였던 1.5세대거나, 태어나지도 않은 출애굽 2세대였다. 그렇지만 모세는 하나님께서 40년 전에 우리 부모, 혹은 우리 조상과 언약을 세우셨다고 말하지 않았다. 모세는 '여호와께서 호렙 산에서 우리와 언약을 세우셨다'고 선포했다. 모세는 자신이 말한 '우리'를 이스라엘 백성이 오해하지 않게끔 다시 "이 언약은 여호와께서 우리 조상들과 세우신 것이 아니요, 오늘 여기 살아 있는 우리, 곧 우리와 세우신 것이라"고 설명하였다. 대체 무슨 말인가? 하나님의 말씀은 어느 시대의 사람이든, 지금 현재를 살고 있는 사람에게 하나님께서 시간과 공간을 초월하여 주시는 명령이라는 뜻이다. 다시 말해 하나님의 말씀은 과거의 유물이 아니라 지금 살아 있는 자기 자신을 위한 명령임을 믿고 순종하는 사람에게는, 그 말씀의 주어이신 하나님께서 언제나 현재형으로 역사하신다는 의미다. 이것이 모세가 남긴 유언의 핵심이었다. 그것은 살아생전 모세의 신앙고백이기도 했다. 팔십 노인의 나이에 하나님의 부르심을 받아, 하나님의 은혜 속에서, 하나님의 명령을 좇아, 출애굽의 사명을 완수한 모세다운 유언이었다.

모세의 후계자 여호수아가 이스라엘 백성에게 남긴 유언은 이렇다.

> 그러므로 이제는 여호와를 경외하며 온전함과 진실함으로 그를 섬기라 너희의 조상들이 강 저쪽과 애굽에서 섬기던 신들을 치워 버리고 여호와만 섬기라 만일 여호와를 섬기는 것이 너희에게 좋지 않게 보이거든 너희 조상들이 강 저쪽에서 섬기던 신들이든지 또는 너희가 거주하는 땅에 있는 아모리 족속의 신들이든지 너희가 섬길 자를 오늘 택하라 오직 나와 내 집은 여호와를 섬기겠노라 하니
> (수 24:14-15)

모세가 죽은 뒤에 여호수아는 이스라엘 백성과 함께 요단 강을 건너, 꿈에도 그리던 약속의 땅 가나안에 입성하였다. 그리고 가나안 정복의 대업을 이룬 여호수아는 그날을 맞아, 이스라엘 백성에게 자신의 사후에도 여호와만 섬길 것을 당부했다. 그리고 만약 그것이 싫다면 마음 내키는 대로 우상을 섬겨도 좋지만, "오직 나와 내 집은 여호와를 섬기겠노라"고 천명했다. 그것은 이스라엘 백성이 정말 아무 우상이나 섬겨도 좋다는 말이 아니었다. 어떤 경우에도 이집트에서 종살이하던 자신들을 젖과 꿀이 흐르는 약속의 땅으로 인도해 주신 여호와 하나님만 섬길 것을 강조하는 반어법이었다. 그와 동시에 여호수아의 유언은 자기 혈족에 대한 강렬한 선포였다. '이 세상 모든 사람들이 하나님을 등져도 너희들만은 그때에도 하나님을 섬겨야 하고, 또 섬길 것을 굳게 믿는다'는 믿음의 선포였다. 여호수아가 일평생 그와 같은 삶으로 일관했기에 가능할 수 있었던 믿음의 유언이었다.

이번에는 다윗의 경우를 보자.

> 다윗이 죽을 날이 임박하매 그의 아들 솔로몬에게 명령하여 이르되 내가 이제 세상 모든 사람이 가는 길로 가게 되었노니 너는 힘써 대장부가 되고 네 하나님 여호와의 명령을 지켜 그 길로 행하여 그 법률과 계명과 율례와 증거를 모세의 율법에 기록된 대로 지키라 그리하면 네가 무엇을 하든지 어디로 가든지 형통할지라 (왕상 2:1-3)

천하의 다윗이, 자신의 그날이 코앞에 다가왔음을 알았다. 그는 자신의 후계자인 아들 솔로몬을 불러 유언을 남겼다. 그때 솔로몬의 나이는 20세 전이었던 것으로 추정되고 있다.

다윗의 첫마디는 '내가 이제 세상 모든 사람이 가는 길로 가게 되었다'는 것이었다. 죽음의 길은 '세상 모든 사람'이 예외 없이 가야 하는 길이기에, 천하의 제왕인 다윗도 그 길을 가야만 했다. 그러나 다윗이 언급한 '세상 모든 사람'은, 죽음에 직면한 다윗 자신만을 가리키지 않았다. '세상 모든 사람' 속에는 그의 아들 솔로몬도 포함되어 있었다. 다윗은 20세도 되지 않은 아들에게 이렇게 유언을 시작한 것이다. "아들아, 아버지는 이제 이 세상을 떠나간다. 아버지가 가는 이 죽음의 길은 세상 모든 사람이 가는 길이기에, 그러므로 아들아, 네가 지금은 비록 젊어도, 너 역시 언젠가는 반드시 이 길을 가야 함을 잊지 말거라."

그래서 다윗은 솔로몬에게 '너는 힘써 대장부가 되라'고 명했다. 얼핏 사내대장부답게 살라는 말처럼 보이지만, 그런 의미가 아니다. 히브리어에서 대장부다운 남성성을 강조하는 단어는 '자카르זָכָר'다. 하지만 본문에 사용된 히브리어 단어는 사람으로서의 남자를 강조하는 '이쉬אִישׁ'다. 다윗은 아들 솔로몬에게, '너는 힘써 사람이 되라'고 명한 것이다. 다윗 자신이 밧세바와 통간하고 그녀의 남편을 간접 살해할 때, 그는 사람이 아니라 사람의 탈을 쓴 짐승이었기 때문이다. 믿음은 바른 사람이 되기 위함이다. 하나님께서 사람을 창조하셨다. 그러므로 사람이 되면 좋은 부모, 좋은 자식, 좋은 목사, 좋은 대통령, 좋은 공직자, 좋은 교육자, 좋은 사회인이 될 수 있다. 어느 시대든 모든 사회 문제는 사람이 사람답지 못한 데서 비롯되고 있다. 그래서 다윗은 솔로몬에게 모든 사람이 가는 죽음의 길을 가기 전에 힘을 다해 사람이 될 것을, 사람다운 사람이 될 것을, 사람답게 살아갈 것을 명했다.

다윗은 계속하여 "네 하나님 여호와의 명령을 지켜 그 길로 행하여 그 법률과 계명과 율례와 증거를 모세의 율법에 기록된 대로 지키라"고 명했다. 인간을 창조하신 하나님께서 인간에게 주신 인생 사용설명서인 하나님의 말씀대로 살 때에만, 사람다운 사람이 되어 사람답게 살 수 있기 때문이다.

그리고 다윗은 "그리하면 네가 무엇을 하든지 어디로 가든지 형통할지라"고 끝을 맺었다. 우리말 '형통하다'로 번역된 히브리어 동사 '싸칼שָׂכַל'은 무엇이든 자신이 원하는 대로 이루어진다는 말이 아니라, '지혜롭게 이해하다', '지혜롭게 행하다'라는 의미다. 인생 사용설명서를 따르면 해야 할 것과 하지 말아야 할 것, 취할 것과 버려야 할 것을 분별하면서 지혜롭게 살아갈 수 있다. 이 말을 뒤집으면, 인생 사용설명서인 하나님의 말씀대로 살지 않으면 반드시 망한다는 뜻이다. 이것은 다윗이 인생 사용설명서를 도외시하고 남의 아내를 범하면서 짐승 같은 삶을 살았을 때, 친아들 압살롬이 아버지를 죽이겠다고 쿠데타를 일으켜 다윗의 가정과 나라가 한꺼번에 풍비박산 났던 다윗 자신의 처절한 자기 고백이었다. 그러나 다윗이 비록 잠시 실수했을망정, 그 이후 다윗은 예전처럼 하나님을 경외하는 삶으로 자신의 인생을 매듭지었다. 그렇지 않았던들 사랑하는 아들 솔로몬에게 이와 같은 믿음의 유언을 남길 수는 없었을 것이다.

아버지로부터 그 유언을 받았던 솔로몬은 다음과 같은 유언을 남겼다.

> 일의 결국을 다 들었으니 하나님을 경외하고 그의 명령들을 지킬지어다 이것이 모든 사람의 본분이니라 하나님은 모든 행위와 모든 은밀한 일을 선악 간에 심판하시리라(전 12:13-14)

솔로몬은 무엇이든 원하는 것을 주겠다고 하나님께서 백지수표를 내미셨을 때, 부귀영화나 무병장수가 아니라 지혜를 구할 정도로 순전한 마음으로 아버지 다윗에 이어 왕위에 올랐다. 하지만 권력의 정점에서 그는 우상 사당을 짓고 처첩을 천 명이나 거느릴 정도로 영육 간에 타락하고 말았다. 하나님의 은혜 속에서 믿음을 회복한 솔로몬은 전도서를 기록하였다. 전도서는 솔로몬의 회개문인 동시에 신앙고백문이며, 이 세상에 남기는 유언장이기도 하다. 그 유언장의 마지막 구절이 본문이다.

솔로몬은 '사람의 본분'은, '하나님을 경외하고 그의 명령들을 지키는 것'이라고 결론을 내렸다. 솔로몬은 그 이유를, '하나님은 모든 행위와 모든 은밀한 일을 선악 간에 심판하시기' 때문이라고 밝혔다. 무슨 말인가? 솔로몬이 영육 간에 타락의 늪에 빠져들 때, 그때 그는 하나님의 심판은 아랑곳하지도 않았다. 그러나 그가 하나님께 되돌아와 하나님께 순종하는 삶을 회복하게 된 것은, 하나님께서 심판의 하나님이심을 깨달았기 때문이다. 진실로 하나님의 심판을 믿기 전까지는, 인간은 하나님을 경외하고 하나님의 명령을 준행해야 하는 자신의 본분을 경홀히 여길 수밖에 없다.

이제 신약으로 옮겨 베드로의 유언을 보자.

> 그러므로 사랑하는 자들아 너희가 이것을 미리 알았은즉 무법한 자들의 미혹에 이끌려 너희가 굳센 데서 떨어질까 삼가라 오직 우리 주 곧 구주 예수 그리스도의 은혜와 그를 아는 지식에서 자라 가라 영광이 이제와 영원한 날까지 그에게 있을지어다(벧후 3:17-18)

베드로는 베드로후서 3장 10절에서 '도둑같이 임할 주의 날', 즉 하나님의 심판의 날에 대해 설명하였다. 그리고 본문에서 그 심판의 날을 '이것'이라고 표현하면서, "무법한 자들의 미혹에 이끌려 너희가 굳센 데서 떨어질까 삼가라"고 명했다. 하나님의 심판이 있음을 알았다면, 거짓 교사 혹은 불신자들의 미혹에 빠져 믿음을 상실하지 않도록 조심하라는 말이었다. 믿음의 방기放棄는 하나님의 심판대에서 영원한 멸망인 까닭이었다. 그리고 베드로는 "오직 우리 주 곧 구주 예수 그리스도의 은혜와 그를 아는 지식에서 자라 가라"고 명했다. 5장에서 언급한 것처럼 아는 만큼 보이고, 아는 만큼 들리고, 아는 만큼 이해된다. 같은 연주장에 앉아 있어도 음악에 대해 더 많이 아는 사람이 음악을 더 섬세하고도 폭넓게 듣고, 더 깊이 이해한다. 믿음도 이와 같다. 주님을 아는 만큼 주님이 보이고, 주님을 아는 만큼 주님의 말씀이 들리고, 주님을 아는 만큼 주님을 이해할 수 있다. 그래서 베드로는 주님을 아는 지식에서 자라 가라고 명했다. 하나님의 심판―하나님의 셈하심과 상 주심을 그보다 더 잘 준비하는 길은 없기 때문이다.

그리고 베드로는 "영광이 이제와 영원한 날까지 그에게 있을지어다"라고 끝을 맺었다. 영광은 오직 영원하신 주님께만 있다. 그렇기에 오직 주님만, 당신을 믿는 당신의 백성을 영원히 영화롭게 해주실 수 있다. 이것이 베드로가 이 땅에 남긴 마지막 말이다. 그리고 베드로는 그가 남긴 유언대로, 그가 믿었던 주님 안에서 지금도 영원한 사도 베드로의 영광을 입고 있다.

마지막으로 사도 바울의 유언이다.

> 전제와 같이 내가 벌써 부어지고 나의 떠날 시각이 가까웠도다 나는 선한 싸움을 싸우고 나의 달려갈 길을 마치고 믿음을 지켰으니 이제 후로는 나를 위하여 의의 면류관이 예비되었으므로 주 곧 의로우신 재판장이 그날에 내게 주실 것이며 내게만 아니라 주의 나타나심을 사모하는 모든 자에게도니라(딤후 4:6-8)

디모데후서는 참수형을 당하기 직전의 바울이 로마의 감옥에서 이 땅에 남긴 마지막 서신이다. 이를테면 유언장이다. 그 유언장의 핵심이 본문이다. '전제奠祭'는 포도주처럼 액체를 하나님께 부어 드리는 제사다.

포도주를 따르다 보면 주전자가 완전히 비는 것을 알 수 있듯이, 바울은 이 땅에서 자신의 생명이 다했음을 알았다. 다시 말해 바울은 인생에는 끝이 있음을 알았고, 그날이 자신을 찾아왔음을 알았다. 바울은 늘 그 날을 준비하며 산 사람이었기 때문이다. 그날을 맞은 바울이 이 땅에 남긴 유언을 한 단락씩 살펴보자.

"나는 선한 싸움을 싸우고": 그리스도인의 인생은 싸움이어야 한다. 단, 세상 사람들의 싸움과는 달리 진리를 위한 선한 싸움이어야 한다. 먼저는 자신과의 싸움이다. 아담과 하와는 선악과를 먹으면 눈이 밝아져 하나님과 같이 된다는 사탄의 유혹에 빠져 하나님의 명령을 어기고 선악과를 범했다. 자신과의 싸움에서 패한 것이다. 그러므로 아담과 하와의 후예인 우리는 끊임없이 하나님의 자리에 앉으려는 자신과의 싸움에서 이겨야 한다. 그것이 주님께서 말씀하신 자기 부인이다. 다음으로 그리스도인은 자신을 무너뜨리려는 외부의 불의와 악과 싸워야 한다. 사람들은 멀리 있는 의인에게는 박수를 보낸다. 자신의 이해관계와 아무 상관이 없는 까닭이다. 그러나 그 의인이 자기 곁에 위치하고 그로 인해 자기 이익이 침해된다고 여기면, 그 즉시 온갖 불의와 악을 동원하여 그를 모함하고 짓밟는다. 그때 굴하면 안 된다. 진리는 어떤 경우에도 불의와 악과 벗하지 않고, 사명자는 그런 경우를 위해 부르심을 받았기 때문이다.

"나의 달려갈 길을 마치고 믿음을 지켰으니": 바울은 주님께서 당신의 복음을 위해 택하신 주님의 그릇이었다. 바울은 주님의 부르심을 받은 이후 끊임없는 박해와 모함 속에서도 그 소명의 길, 그 사명의 길을 끝까지 완주하였다. 무의식 중에라도 그 길에서 벗어난 적이 단 한 번도 없었다. 그것이 가능할 수 있게끔 바울은 늘 믿음을 지켰다. 믿음은 결코 추상적인 관념이 아니다. 믿음은 구체적으로 지키는 것이다. 무엇을 지킨다는 말인가? 삶의 우선순위다. 삶의 전반에 걸쳐 주님께 우선순위를 드리는 것—그것이 믿음을 지키는 것이요, 그 사람이 달려가야 할 사명의 길을 끝까지 완주할 수 있다.

"이제 후로는 나를 위하여 의의 면류관이 예비되었으므로 주 곧 의로우신 재판장이 그날에 내게 주실 것이며": 바울도 우리와 동일한 성정을 지녔던 인간 아니었던가? 바울인들 왜 놀고 싶지 않았겠으며 편히 살고 싶지 않았겠는가? 그럼에도 그가 일평생 선한 싸움을 싸우고, 달려갈 길을 완주하며, 어떤 경우에든 믿음을 지키는 삶으로 일관했던 것은, 그날이 오면 의로우신 재판장 앞에 서야 할 것을 알았고, 그날 재판장이신 하나님으로부터 받을 영원한 의의 면류관을 사모했기 때문이다. 하나님의 재판정과 그 재판정에서 받을 하나님의 상 주심에 대한 믿음과 소망이 없었던들, 우리가 성경을 통해 알고 있는 위대한 사도 바울은 이 세상에 존재하지 않을 것이다. 그래서 바울의 유언은 다음과 같이 결론을 맺는다.

"내게만 아니라 주의 나타나심을 사모하는 모든 자에게도니라": 하나님의 재판정에서 상을 받을 사람은 바울 자신만이 아니라, 주님의 재림 즉 주님의 재판정을 믿고 주님을 좇는 모든 사람이라는 것이다. 그러므로 자신의 유언을 읽는 너희도 그렇게 살라는 것이, 바울이 이 땅에 남긴 마지막 유언이었다. 바울 역시 자신의 죽음마저 영원한 하나님의 나라를 향한 이정표로 승화시킨 진정한 사명자였다.

유언의 무게

　지금까지 살펴본 성경 인물들에게는 몇 가지 공통점이 있다. 첫째, 그들은 그날을 맞았을 때 누구도 자신의 지난 삶에 대해 후회하지 않았다. 그들에게도 한때 허물과 과오는 있었지만 자신들의 잘못을 깨달은 이후에는, 그들의 삶이 초지일관 하나님의 나라를 목적 삼았기 때문이다. 진정 행복한 사람은, 그날 그 순간을 맞았을 때 후회하지 않는 사람이다. 둘째, 그들은 하나님께로부터 부여받은 소명의 삶에 충실한 사명자들이었다. 그들은 자신들의 삶을 다른 사람들과 비교하지 않았다. 다른 사람들의 삶의 언저리를 기웃거리지도 않았다. 그들은 자신들에게 주어진 사명이 무엇이든, 그 삶의 현장에 하나님의 절대적인 의미가 있음을 알고 있었다. 그래서 그들의 삶은 모진 비바람 속에서도 사명자행전으로 엮어질 수 있었다. 셋째, 그들은 그날이 오면 예외 없이 하나님의 심판대 앞에 서야 함을 알고 있었다. 그들이 믿는 하나님은 셈하시는 하나님, 상주시는 하나님이셨다. 마지막으로 그들의 유언은 남은 자들에게 영원한 삶을 위한 이정표가 되었다. 그래서 그들의 유언은 21세기를 살고 있는 우리에게까지 귀중한 교훈을 던져 주고 있다.

　사명자로 살아가는 사람의 인생은 충분히 길다. 해야 할 일을 못 다 하는 것은 결코 인생이 짧아서가 아니다. 어리석게도 주어진 사명을 망각하고 인생을 허망하게 허비하기 때문이다. 인생을 허비하기에는 100년도 짧지만, 부르심을 좇아 살기에는 인생은 언제나 넉넉히 길다. 예수님께서는 단 3년간의 공생애로 인류의 역사를 새롭게 하시지 않았는가? 주님께는 하루가 천년 같고 천년이 하루 같다(벧후 3:8). 그대가 사명자로 살기만 하면 단 하루를 살아도 주님께서는 그 하루를 천년 같게 하신다.

사명자로 살아가는 사람의 인생은 충분히 의미 있다. 사명자로 살아가는 사람에게는 어떤 사건, 어떤 시간치고 절대적인 의미를 지니지 않은 것이 없다는 말이다. 의미를 부여하시는 분이 사명을 주신 하나님이시기 때문이다. 사명자의 길을 걷는 바울에게 고난과 고통과 괴롬이 얼마나 많았는지 모른다. 그러나 그는 이렇게 고백하지 않았던가?

> 생각하건대 현재의 고난은 장차 우리에게 나타날 영광과 비교할 수 없도다(롬 8:18)

> 우리가 알거니와 하나님을 사랑하는 자 곧 그의 뜻대로 부르심을 입은 자들에게는 모든 것이 합력하여 선을 이루느니라(롬 8:28)

되씹으면 되씹을수록 감사하고도 감사한 말씀이다.

사명자로 살아가는 사람의 인생은 충분히 아름답다. 사람 보기에 아름답다는 말이 아니다. 사람 보기에는 얼마든지 추하고 미련하고 어리석어 보일 수 있다. 그러나 사명자로 살아가는 사람은 하나님께서 아름답게 보신다. 하나님께서 사명자들을 얼마나 아름답게 보시면 당신의 말씀인 성경 속 주인공들이 되게 하셨겠는가? 사명자로 일관한 그들의 삶은 이 세상 그 어떤 보석, 그 어떤 예술 작품보다 더 아름답다.

사명자로 살아가는 사람의 인생은 신비롭다. 비가 쏟아지면 쏟아질수록 노아의 방주가 점점 더 높이 올라간 것이 신비 아닌가? 나일 강 갈대 상자 속의 아기가 이집트 공주에 의해 모세로 건져 올려지고, 미디안 땅에서 세상의 소망이 끊어진 팔십 노인 모세가 출애굽의 지도자로 하나님의 부르심을 받은 것이 신비 아닌가? 천하 무식꾼인 베드로와 교회를 짓밟던 폭도 바울이 예수 그리스도 안에서 사명자행전을 엮은 것이 신비 아닌가? 하나님의 신비는 아무에게나 보이지 않는다. 그러나 보려는 사람에게는, 하나님의 신비는 언제나 확실하게 보인다. 사명자로 살아가는 사람에게는 그의 인생 자체가 하나님의 신비다.

사명자로 살아가는 사람의 인생은 영원하다. 모든 인간의 육체는 반드시 그날을 맞고, 콧숨이 멎음과 동시에 죽는다. 여기까지는 모든 인간이 동일하지만, 그다음부터는 다 동일하지 않다. 어떤 이의 인생은 물거품처럼 사라지는가 하면, 어떤 이의 인생은 영원히 살아남는다. 성경 속 사명자들 역시 이 세상에서 모두 죽었지만, 동시에 그들은 영원 속에 영원히 살아 있다. 그들에게 사명을 주신 하나님께서 영원하시기 때문이다.

그렇기에 사명자로 살아가는 사람의 유언 역시 영원히 유효하다. 그들이 영원 속에서 영원히 살아 있기에, 그들의 유언에도 유효기간이 있을 수 없다. 성경 속 사명자들의 유언은, 길게는 4천 년에서 짧게는 2천 년이 지난 오늘날까지 우리로 하여금 옷깃을 여미게 하고 있지 않는가?

오늘이 만약 그대의 콧숨이 멎는 그날이라면, 그대는 그대의 주위 사람들에게 어떤 유언을 남기겠는가? 기도하는 심정으로 그대의 유언장을 작성해 보라.

년   월   일

작성자 _____

유언의 무게는 그날을 맞기까지의 삶의 무게와 정비례한다. 그대가 지금 바른 삶을 살고 있지 않다면, 그날을 맞아 아무리 그럴 듯한 내용의 유언을 남기더라도, 그 유언은 울리는 꽹과리처럼 한순간 공기의 진동으로 끝날 뿐이다. 반면에 그대가 주님 안에서 바른 삶을 구축하고 있다면, 그날을 맞아 별다른 내용의 유언을 남기지 못할지라도, 그대 삶의 족적 자체가 영원한 삶을 향한 이정표로 남게 될 것이다. 그대가 지금부터 사명자로 살아야 할 이유가 바로 여기에 있다. 자신의 삶을 사명자행전으로 엮어 가는 것보다 더 자신을 위하는 길은 없다.

20세기 프랑스의 사상가이자 시인이었던 폴 발레리Paul Valery는 귀중한 금언金言을 남겼다.

> 그대가 용기를 내어 생각하는 대로 살지 않으면, 그대는 머지않아 사는 대로 생각하게 될 것이다.

그대가 그대의 욕망을 좇아 마음 내키는 대로 살면, 머지않아 그대는 그대의 생각으로 그대의 어리석은 삶을 합리화하며 살게 될 것이다. 그것은 그날이 오면, 그대가 통탄하며 후회하게 될 지름길이다. 그러나 그날, 그대가 가슴을 치며 후회한다 한들 아무 소용이 없다. 그대가 그날을 맞았다는 것은, 그대에게는 이 세상에서 더 이상의 기회가 없음을 뜻하기 때문이다.

《성숙자반》에서 믿음은 '용기'라고 정의하지 않았던가? 주님께서 현재형으로 그대와 함께하고 계신다. 어떤 상황 속에서든 용기를 내어라. 그대의 삶의 현장에서 그리스도인답게 생각하고, 예수 그리스도를 의지하여 생각한 대로 힘써 살라. 그대의 삶은 하나님에 의해 이 어둡고 혼탁한 시대를 맑히고 밝히는 사명자행전으로 엮어질 것이다. 그리고 그날이 오면, 살아 있는 사람들을 위한 생명의 유언으로 길이길이 남게 될 것이다.

우리 중에 누구든지 자기를 위하여 사는 자가 없고 자기를 위하여 죽는 자도 없도다 우리가 살아도 주를 위하여 살고 죽어도 주를 위하여 죽나니 그러므로 사나 죽으나 우리가 주의 것이로다(롬 14:7-8)

책을 닫으며

《새신자반》이 1994년에 출간되었으니, 《성숙자반》을 거쳐 《사명자반》을 탈고하기까지 20년이 걸린 셈이다. 그리고 이 세 권의 책 속에 25년 동안 주님의교회, 제네바한인교회, 100주년기념교회를 섬긴 나의 목회가 모두 농축되어 있다.

목회하면서 책을, 그것도 상당한 분량의 책을 집필하는 것은 여간 어려운 일이 아니다. 그러나 《새신자반》과 《성숙자반》의 종결판인 《사명자반》을 재촉하는 독자들의 요구를 마냥 외면하는 것도 마음 편한 일은 아니었다. 올해 1월, 2주간의 피정을 맞아 나는 《사명자반》을 쓰기로 했다. 20년 전 《새신자반》을 2주 만에 탈고했던 터라, 그때보다 나이가 들긴 했지만 집중하기만 하면 이번에도 가능하리라고 생각했다. 그러나 현실은 생각과는 너무나도 달랐다. 처음부터 진행 속도가 더디기만 하더니, 며칠 지나지 않아 그만 온몸이 탈진해 버리고 말았다. 그리고 도무지 멎을 기미가 보이지 않는 탈진 상태로 인해, 나는 어쩔 수 없이 시작한 지 며칠 만에 《사명자반》 집필을 포기해야만 했다. 그래도 나이가 많아 체력이 부치기 때문이라고만 여겼지, 다른 이유가 있으리라는 생각은 전혀 하지 않았다.

　그로부터 3개월이 경과한 4월 말, 나는 전립선암 선고를 받았다. 올해 초 《사명자반》 집필을 시작한 지 겨우 며칠 만에 왜 그토록 심하게 탈진했었는지, 그제야 그 까닭을 이해할 수 있었다. 나는 6월 17일에 전립선암 제거 수술을 받았다. 임상학적으로 3기말에서 4기초에 해당하는 암덩어리였다. 그 후 나는 4개월간의 요양 기간을 가지게 되었다. 그 무엇에도 구애받지 않는 시간적 여유를 갖게 된 것이다.

　의사의 지시에 따라 7월 말까지는 앉지 못하고, 하루 종일 누워 있거나 서 있어야만 했다. 누워 있는 동안 오랜만에 《삼국지》를 다시 읽었다. 인간이 얼마나 탐욕스럽고, 거짓되고, 잔인한 존재인지, 새삼스럽게 인간 공부를 다시 한 것이다. 삼국지는 1800년 전 중국 땅에서 일어난 이야기였던 것만은 아니다. 자고이래로 오늘날에 이르기까지 동서양을 막론하고 인간의 이야기는 모두, 고작 공동묘지에서 한 줌의 흙으로 허망하게 끝나 버릴 삼국지에 지나지 않는다. 아담과 하와의 범죄 이후 타락한 인간이 조금도 변하지 않았기 때문이다.

7월 하순에 《삼국지》 읽기가 끝남과 동시에 《사명자반》을 집필하기 시작했다. 끝도 없이 삼국지가 반복되는 인간 세상 속에서 자신과 세상을 동시에 살리는 길은, 인간을 본질적으로 거듭나게 하는 복음의 사명자로 살아가는 것뿐이기 때문이다. 처음에는 앉을 수 없어, 보면대 위에 컴퓨터 자판을 올려놓고 선 채로 자판을 두드렸다. 8월에 들어서는 앉고 서기를 병행하면서 자판을 두드리다가, 9월이 되어서야 대부분의 시간을 앉아서 집필할 수 있었다. 그리고 10주 만에 드디어 《사명자반》을 탈고하였다. 내가 암에 걸리지 않았더라면 이토록 귀하고도 긴 시간적 여유를 가질 수 없었을 테니, 《사명자반》은 결과적으로 전립선암과 맞바꾼 책이 되었다. 나이 들어 갈수록 더욱 절감하지만, 하나님의 섭리는 언제나 나의 상상을 초월하신다.

　책을 쓸 때마다 어김없이 확인하게 되지만, 《사명자반》 역시 나 자신의 실력이 아니다. 나 자신의 실력이나 능력으로는 절대로 이런 책을 쓸 수 없다. 모두 주님께서 주신 것이요, 주님의 은혜다. 주님께서 보잘것없고, 내세울 것도 없고, 부족하기 짝이 없는 나를 계속 사용해 주심을 생각하면, 한편으로는 감사하면서도 또 한편으로는 늘 송구스러운 마음뿐이다. 그 고마우신 주님께, 암 환자인 내 곁을 지키느라 자신의 진이 다하기까지 수고하는 사랑하는 아내의 이름으로, 이 책을 바쳐 올린다.

2013년 9월 29일 양화진에서

이재철

고작 공동묘지에서 한 줌의 흙으로 허망하게 끝나 버릴
헛된 삼국지의 이야기가 끝도 없이 반복되는 이 세상에서,
생명의 복음이신 주님의 사명자로 살기 원하는 분이
지금 주님 앞에 머리를 조아리고 있습니다.
이분이 이런 마음을 지닐 수 있도록,
주님께서 먼저 이분에게 은혜를 베풀어 주신 것을 감사드립니다.
이제부터 이분의 삶이 주님 안에서 사명자행전으로 엮어져 가는
복음의 피리, 복음의 연주, 복음의 화판이 되게 해주십시오.
이분의 삶의 현장이 삼국지의 소용돌이 한복판이라 할지라도
이분으로 인해 그곳에 하나님의 나라가 회복되게 해주십시오.
이분이 그날을 맞았을 때,
일말의 후회도 없이 상 주시는 주님의 심판대 앞에
기쁨으로 서게 하시고,
이분의 삶의 족적이 이 땅에 남아 있는 사람들을 위한
영원한 생명의 이정표로 승화되게 해주십시오.
아멘.

사명자반
From Gospel to Acts

지은이 이재철
펴낸곳 주식회사 홍성사
펴낸이 정애주
국효숙 김의연 박혜란 송민규 오민택 임영주 차길환

2013. 12. 4. 초판 발행　2025. 4. 15. 27쇄 발행

등록번호 제1-499호 1977. 8. 1.
주소 (04084) 서울시 마포구 양화진4길 3
전화 02) 333-5161　**팩스** 02) 333-5165
홈페이지 hongsungsa.com　**이메일** hsbooks@hongsungsa.com
페이스북 facebook.com/hongsungsa
양화진책방 02) 333-5161

ⓒ 이재철, 2013

• 잘못된 책은 바꿔 드립니다.　• 책값은 뒤표지에 있습니다.

ISBN 978-89-365-0317-8 (03230)